하이데거철학

하이데거철학

이서규 지음

서광사

하이데거철학

이서규 지음

펴낸이 — 김신혁, 이숙
펴낸곳 — 도서출판 서광사
출판등록일 — 1977. 6. 30.
출판등록번호 — 제 406-2006-000010호

(413-756) 경기도 파주시 교하읍 문발리 534-1
대표전화 · (031)955-4331 / 팩시밀리 · (031)955-4336
E-mail · phil6161@chol.com
http://www.seokwangsa.co.kr / http://www.seokwangsa.kr

지은이와의 합의하에 인지는 생략합니다.

제1판 제1쇄 펴낸날 · 2011년 2월 28일

ISBN 978-89-306-2116-8   93160

글쓴이의 말

하이데거의 철학은 서양철학의 전개에 있어서 아주 중요한 의미를 갖고 있다. 우리는 수많은 하이데거의 저작 속에서 그의 철학이 지닌 영향력을 발견할 수 있을 것이다. 우리 시대의 철학적 분위기를 각인하고 있는 현상학, 존재론, 형이상학, 해석학, 실존철학을 이해하기 위해서는 하이데거의 철학에 대한 기본적인 이해가 필요하다는 점에서도 그의 영향력을 확인할 수 있을 것이다. 또한 현대철학을 이끌어갔던 사르트르, 아렌트, 가다머, 데리다와 같은 현대철학자들도 하이데거의 영향과 그에 대한 비판 속에서 자신들의 철학적 논의를 전개하였다는 점에서 우리는 하이데거철학의 중요성을 인정할 수 있을 것이다.

그러나 이러한 하이데거의 영향력에도 불구하고 그의 사상을 이해하는 것은 결코 쉬운 일이 아니다. 우리는 우선 그의 저서 『존재와 시간』을 손에 쥐고 읽어본다면 이러한 어려움을 실감나게 체험할 수 있을 것이다. 우리는 『존재와 시간』 속에서 너무나 큰 사유의 난해함과 혼란스러움을 경험할 수 있을 것이다. 글쓴이가 생각하기에 그 첫 번째 이유는 하이데거가 이전의 철학자들에게서 찾아볼 수 없는 독특한 언어들, 심지어 이해할 수 없는 난해한 용어들을 사용하여 자신의 사상을 전개하고 있기 때문이다. 이러한 경향은 탈개념적, 탈논리적, 탈언어적인 방식으로 이루어졌으며 일종의 신비주의적인 분위기로 존재의 문제를 다루는 후기에서뿐만 아니라 전기의 작업들에서도 쉽게 살펴볼 수 있다. 하이데거가 『존재와 시간』에서 사용하는 현존재, 세계-내-존재, 내던져있음, 개시성, 본래성과 비본래성과 같은 표현들은 그의 사상이 지닌 난해한 특징을 잘 드러내주는 것인데, 그것의 정확한 의미를 읽어내는 것은 결코 쉬운 일이 아니다. 두 번째 이유는 하이데거의 철학이 특정한 철학과 철학자에 대한 비판만을 시도하는 것이 아니라 존재라는 주제를 통해서 서양철학 전반에 대한 비판과 해체를 수행하기 때문에 그의 사상을 이해하기 위해서는 서양철학 전반에 대한 심도 있는 이해와 비판이 전제되어야 한다는 점이다.

그러나 여기에서 우리가 주목할 것은 비록 그의 철학을 이해하는 것이 어렵지만 그의 철학이 문제 삼고 있는 존재의 중요성은 서양철학의 전개에 있어서 결코 간과할 수 없다는 점이다. 하이데거가 그토록 문제 삼는 존재의 문제는 철학의 중심문제이다. 그리스철학의 태동기에 활동하였던 소크라테스 이전의 철학자들에서 시작하여 현대에 이르기까지의 수많은 철학자들의 문제의식은 어떤 식으로든 존재의 문제와 연결되어 있기 때문이다. 특히 오늘날처럼 극단적인 과학기술문명의 병폐 속에서 살아가면서 삶의 의미를 상실해버리는 현대인에게 있어, 존재문제에 관심을 갖는 것은 그 무엇보다도 절실한 일이기 때문에 우리는 결코 존재의 의미를 회복하려는 하이데거의 철학을 외면할 수 없을 것이다. 특히 존재에 대한 하이데거의 논의를 잘 드러내주는 『존재와 시간』에서의 기초존재론이나 현존재분석론은 전통철학에 대한 비판과 해체를 수행할 뿐만 아니라 오늘날 현대

인의 무의미한 삶에 새로운 의미를 제공해줄 수 있다는 점에서 그 중
요성을 찾아볼 수 있을 것이다.

하이데거철학을 이해하기 어려운 세 번째 이유는 그의 철학의 중
심주제인 존재개념이 다양한 주제 분야, 예를 들면 인식론, 가치론,
예술철학, 사회철학, 언어철학 등의 분야와 연결시켜 논의되기 때문
에 다양한 철학의 분야에 대한 이해가 필수적이라는 점에 있다. 특히
그의 대표적인 저서라고 할 수 있는『존재와 시간』은 20세기의 다양
한 사상의 흐름이 격동하던 시기의 저작이었던 만큼 다양한 철학적
인 주장과 논쟁거리를 우리에게 제시하고 있다는 점을 간과해서는
안 될 것이다. 이런 이유에서 우리는 하이데거의 철학을 이해하는 데
야기되는 어려움과 난해함을 수긍해야 할 것이다.

이 책은 하이데거사상에 대한 기본적인 이해를 제시하고 그 위에
서 하이데거의 주저인『존재와 시간』에 대한 해석을 제공하는 것을
목적으로 하는데, 하이데거의 사상을 통해서 서양철학의 기본적인
흐름과 문제들을 탐구해보려는 사람에게 이 책을 권하고 싶다. 이 책
은 2장으로 구성되어 있는데, 1장에서는 하이데거의 시각에서 서양
철학의 기본적인 주장들과 문제들, 하이데거에게 영향을 주고받은
철학자들의 철학사상, 하이데거의 전기와 후기 사상의 주요 내용들
그리고 하이데거의 주요 저작들의 내용을 다루도록 할 것이다. 1장
의 작업은 존재라는 개념을 중심으로 서양철학자들의 다양한 입장을
조명해보는 것이다. 2장에서는 1장의 내용을 기반으로 해서 하이데
거의 주저『존재와 시간』의 1절에서 60절까지의 내용에 대해서 논의
할 것이다. 하이데거의 철학을 이해하기 가장 좋은 것은 우선적으로
그의 주저인『존재와 시간』을 접하는 길이기 때문이다. 글쓴이의 생
각으로는 우선 1장의 내용을 읽은 다음에 2장을 읽어가는 것이 좋을

듯하지만『존재와 시간』에 대한 기본적인 해설이 필요한 경우에는 2장의 내용을 먼저 읽어도 별 문제는 없으리라고 생각한다.

　하이데거의 철학은 20세기에 전개된 다양한 철학의 흐름을 이해하기 위한 근원적인 지평을 제시해주는 것인 만큼 그의 철학을 한눈에 파악하기란 결코 쉽지 않다. 글쓴이가 바라건대『존재와 시간』을 중심으로 하이데거철학의 기본적인 이해를 제공해주는 이 책이 어려운 하이데거의 사유를 이해하려는 독자에게 조그만 길잡이가 되었으면 한다. 끝으로 이 책의 원고 교정에 도움을 준 제주대 철학과 조교에게 고마움을 전하고 싶다.

2011년 1월
고독의 섬에서
이서규

| 차 례 |

들어가는 말

    하이데거는 고향상실성(Heimatlosigkeit)과 존재망각(Seinsvergessen-heit)이라는 용어를 통해서 현대인의 삶 속에 깃든 공허와 소외감을 잘 표현하고 있다. 인간의 소외현상에 대해서 관심을 가졌던 현대철학자들 중에서 하이데거는 대표적인 사람이다. 실제로 온통 기계장치와 인공적인 구성물로 둘러싸인 현대인들의 삶 속에서 끊임없이 일어나는 상실감과 고독 그리고 방황들은 우리로 하여금 현대인이 처한 삶의 상황을 '소외된 상태'로 규정하기에 충분한 것이다. 또한 대중문화의 전개 속에서 그리고 대중사회의 전개 속에서 일어나는 비인간적인 관계 맺음 속에서 솟구쳐 나오는 현대인의 절망감, 한치 앞도 예측할 수 없이 빠르게 변해가는 문명의 속도감에서 느껴지는 인류의 미래에 대한 불확실성. 이 모든 것은 우리를 '고독한 군중'으로 전락시키고 나아가 우리로 하여금 현대문명으로부터 끝없는 도피행각을 벌이도록 요구하고 있다. 영화 "모던타임즈"에서는 주인공이 컨베이어 벨트가 끊임없이 뱉어내는 기계부품과 씨름하다가 결국 미치게 되는데, 이것은 현대산업사회에서 인간이 겪는 소외현상을 잘 드러내주는 대목이기도 하다.

오늘날 현대사회는 다양한 대중매체가 급속도로 전파되는 것이 특징이다. 이러한 현대사회를 특징짓는 산업화, 도시화, 전문화는 다양한 대중매체의 발전을 토대로 대중문화의 시대를 열어나간다. 한편으로 보면 이러한 대중매체의 발전이 현대인이 느끼는 소외감을 덜어주는 것은 사실이다. 그러나 이러한 대중매체사회에서 정보 흐름의 불균형이 야기되어 특정인이 정보를 장악하게 될 수도 있으며 대중으로 변해버린 현대인에게 이러한 대중문화 속에서 단지 수동적인 존재로 전락해버리는 위험이 도사리고 있다. 물론 대중매체의 발달로 해서 정보를 기록하고 보급, 복제하는 기술이 새로워지면서 문화의 급속한 전파가 이루어지는 것이 사실이다. 그러나 대중매체는 점점 더 많은 다수에게 정보를 제공하려고 시도하면서 문화적 내용이 저속한 것으로 변질되거나 폭력적으로 되는 것이 오늘날 우리가 처한 현실이다. 대중매체는 대중으로서의 현대인에게 수동성과 무관심을 조장하고 개인들의 삶을 고립시키는 극단적인 이기주의를 강화시킴으로써 현대인으로 하여금 더욱 더 소외감을 느끼게 할 수도 있다.

현대사회에서 발생하는 소외현상에 대해서는 하이데거뿐만 아니라 일찍이 헤겔과 마르크스와 같은 철학자들이 중요한 철학적 탐구주제로 다루었다. 마르크스는 인류의 역사를 '계급투쟁의 역사' 그리고 '소외의 역사'로 규정한다. 마르크스에 의하면 인간은 원래 창조적인 노동을 통해서 자신의 참된 존재를 실현하며, 이러한 노동은 인간이 자기 자신의 의지대로 삶을 개척해가는 근원적인 행위로 규정된다. 노동은 인간의 보편적인 본질을 구현하는 궁극적인 행위인 것이다. 그러나 자본주의체제 아래에서의 생산관계 속에서는 인간이 자기실현을 위한 이러한 과정이 차단되며 오히려 노동에 의한 소외현상이 일어나게 된다. 인간은 자신이 살고 있는 현실세계 속에서 능동적인 행위자로서의 역할을 상실해버리고 현실세계로부터 점점 단절된 상태에 처하게 된다. 마르크스에 따르면 이러한 소외는 노동자들의 삶에서 구체적으로 나타난다. 노동자들은 자기가 일해서 만든 생산물로부터 소외당한다. 더욱이 노동자들은 생산하기 위해 주어진 생산수단으로부터도 소외를 당하게 된다. 여기에서 인간의 노동력은 단순한 상품가치 이상의 의미를 갖지 않게 된다. 우리는 이러한 소외의 상황이 현대산업사회에서 대규모의 생산체계 구축, 관료체계화, 전문직종의 분화 등을 통해서 점점 더 심해지는 것을 쉽게 목격할 수 있을 것이다.

현대인이 소외로부터 벗어나는 것은 불가능할지도 모른다. 좀 더 회의적으로 말하자면 소외현상은 유한한 인간에게 주어진 본성일지도 모르며 타인과 함께 살아가야만 하는, 우리가 숙명적으로 받아들여야 할 현상인지도 모른다. 그러나 하이데거에 따르면 인간은 실존을 통해서 이러한 소외현상을 극복할 수 있다. 아니 인간의 본질은 실존에 있으며 인간은 어떤 식으로든 이러한 실존을 방해하는 것들을 극복해야만 하는 존재자인 것이다.

현대사회는 1, 2차 대전을 겪으면서 엄청난 산업화의 과정을 구축해나가지만 인간은 상대적으로 상실감, 공허감을 느끼면서 자신의 존재의미를 탐구하는 것의 필요성을 절실하게 느끼게 된다. 이런 상황 속에서 하이데거, 야스퍼스, 사르트르, 레비나스와 같은 철학자들이 나와서 현대문명의 부정적인 측면들을 지적하면서 인간 실존의 중요성을 강조하고 있다. 그중에서도 하이데거는 독특한 용어법을 사용하여 현대의 문제점을 언급하는데, 그는 여기에서 인간이 실존할 수 있는 가능성을 논의하고 있다. 하이데거는 『존재와 시간』에서 이러한 실존의 의미와 역할을 현상학적으로, 그리고 해석학적으로 전개하고 있다.

잘 알려졌듯이 하이데거의 『존재와 시간』은 전통 형이상학과 존재론이 존재물음을 올바르게 제시하지 못했다는 점을 지적하면서 이 문제를 해결하기 위해서는 존재와 존재자 사이의 차이에 주목해야 한다고 강조한다.[1] 존재와 존재자를 구분하는 존재론적 차이(ontologische Differenz)는 인간의 실존수행을 위해서 필수적이며 나아가서 서양 형이상학을 특징짓는 '존재망각의 역사'(Geschichte der Seinsvergessenheit)로부터 '존재역사'(Seinsgeschichte)를 구현해줄 수 있게 해주는 것이다.[2] 그러나 여기에서 주목할 것은 존재론적 차이는 존재와 존재자의 차이에만 관심을 두는 것이 아니라 존재와 존재자 사이의 적극적인 '관계'에 관심을 둔다는 점이다. 왜냐하면 하이데거가 강조하듯이 존재는 존재자 없이 그리고 존재자는 존재 없이 있을 수 없기 때문이다. 하이데거는 Seinsvergessenheit, Seinsverlassenheit이라는 독일어를 사용해서 전통철학의 태만을 비판한다. 하이데거에 따르면 이제까지의 철학은 존재에 대한 올바른 물음을 제기하지 못했는데, 그것은 전통철학이 존재가 아니라 존재자에 대해서만 관심

[1] Thomas Rentsch에 따르면 『존재와 시간』은 전통적인 실체존재론(Substanzontologie)에 대해 비판하고 진리의 문제를 새로운 방식으로 제시하며 현실성과 가능성이라는 고전적인 양태개념에 대한 논의, 고전적인 범주론을 변형시키는 역할을 한다. Thomas Rentsch, *Heidegger Handbuch. Leben-Werk-Wirkung*, Dieter Thomä (Hrsg.), Stuttgart 2005, 52쪽.
[2] 존재론적 차이라는 용어는 하이데거철학의 특징과 문제의식을 가장 잘 드러내주는 용어 중의 하나이다. 이 점은 존재론적 차이라는 말의 의미를 설명하기가 결코 쉽지 않다는 것을 암시해주는 것이기도 하다. 여기에서 이해를 돕기 위해 간략하게 설명하자면 노란색과 파란색의 관계와 차이를 설명해주는 것이 색깔이라는 말인데, 개별적인 것인 노란색과 파란색이 보편적인 개념인 '색깔'이라는 용어를 통해서 그들의 차이와 관계가 이해되듯이 존재자와 존재 사이의 구별과 관계를 우선적으로 설명할 수 있겠다.

을 가졌기 때문이다. 따라서 서양철학의 역사는 존재망각의 역사로
규정할 수 있는데, 하이데거에 따르면 플라톤의 이데아론에서부터
니체의 허무주의에 이르기까지의 철학의 역사가 이 점을 말해준다.
그런 점에서 철학의 역사는 진리의 상실 또는 세계의 붕괴, 인간의
소외를 야기했던 것이다.

하이데거는 『존재와 시간』에서 인간이 실존을 통해서 자신의 본
래성(Eigentlichkeit)을 획득하여야 한다고 주장한다. 인간은 자신의 존
재와 진정으로 만날 때 비로소 자신의 본래적인 모습을 발견하게 된
다. 그러나 하이데거는 인간이 항상 이러한 본래성, 즉 존재에만 관
심을 갖고 있다고 주장하지는 않는다. 오히려 인간의 유한성을 강조
하고 있는 하이데거는 인간이 쉽게 자신의 존재를 상실하는 비본래
적인 상태에 빠진다는 점을 지적한다.[3] 하이데거는 자신의 존재가
아니라 존재자(사물)에만 관심을 두는 비본래성(Uneigentlichkeit) 속
에 내던져 있는 인간을 일상인(das Man)이라고 부른다. 인간은 쉽게
'우선 대개'(zunächst und zumeist) 자신으로부터 소외되고 일상인으
로 전락하는 것이다. 이러한 일상인은 존재가 아니라 존재자와 관계
한다. 일상인은 호기심(Neugier)과 잡담(Gerede) 속에서 쉽게 자신의
존재를 상실하기 때문에 '아무도 아닌 존재자'(Niemand)인 것이다.
하이데거가 말하는 일상인은 현대사회 속에서 자신의 존재의미를 상
실하면서 소외되는 현대인을 지칭하는 것이기도 하다.

우리는 인간의 소외문제가 현대철학의 중요한 쟁점이라는 점을

>3 Margot Fleischer에 의하면 하이데거의 『존재와 시간』에서보다도 더 인간의 유한
성이 적극적으로 묘사된 곳은 없다. 이것은 하이데거의 철학이 인간의 유한성에 대한
적극적인 승인 속에서 시작된다는 것을 말해준다. Margot Fleischer, *Die Zeitana-
lysen in Heideggers "Sein und Zeit"*, Würzburg 1991, 7쪽.

부인할 수 없을 것이다. '실존은 본질에 앞선다'라고 주장하면서 독특한 휴머니즘을 전개했던 사르트르는 현대사회 속에서 인간이 사물화된다고 지적하고 있다. 이러한 인간의 사물화는 인간을 인간이게끔 하는 자유의 상실을 의미한다. 2차 대전 당시 포로수용소 생활을 경험했던 사르트르에게 있어서 인간은 자유를 누릴 수 있는 존재, 누려야만 하는 존재이다. 자유를 갖지 않은 인간은 인간으로서 존재하는 것이 아니다. 이런 점에서 사르트르는 『존재와 무』에서 인간의 존재가 자유라는 점을 강조한다. 물론 이러한 자유는 타인의 자유를 훼손해서는 안 되는 것이다. 그렇기 때문에 사르트르는 『실존주의는 휴머니즘이다』에서 나의 자유뿐만 아니라 타인의 자유를 존중할 것을 강조하는 것이다.

인간을 자유로운 존재로 규정하는 사르트르는 이러한 자유가 실현되기 위해서는 삶을 다양한 방식으로 선택할 수 있어야 한다고 주장한다. 자유는 다른 것이 아니라 선택할 수 있는 자유인 것이다. 인간의 자유로운 행위는 스스로가 주어진 여건을 선택하고 변경하는 데서 이루어지는 것이다. 그러나 인간은 주어진 여건을 임의대로 선택하기만 하는 존재는 아니다. 사르트르는 이러한 선택이 반드시 그에 대한 책임을 동반한다고 강조하고 있다. 인간은 자신에게 주어진 상황을 선택할 수 있지만 이러한 자신의 선택행위에 대해서 자신이 어떤 식으로든 책임을 져야 하는 존재인 것이다.

사르트르는 우선적으로 인간이 자유를 획득할 수 있다고 주장하지만 그는 인간이 너무나 쉽게 이러한 자유를 상실할 수 있다고 지적하고 있다. 이러한 자유의 상실은 인간이 스스로 자신의 삶의 무대에 주어진 상황들을 변화시킬 수 있다는 점을 망각하게 될 때 일어난다. 인간은 자신의 삶을 제약하는 다양한 상황들을 자신의 실존적인 선택(결단)을 통해서 자기에게 맞는 상황으로 변화시키려고 하지 않을 때 자유를 상실하게 되는 것이다. 이렇게 자유를 상실하게 될 때 인간은 자발적으로 삶을 이끌어갈 수 있는 실존적인 능력을 상실하고 하나의 사물 또는 물건으로 전락하게 되는 것이다. 사르트르에 따르면 자유의 상실은 인간의 사물화를 의미하는 것이다. 인간이 사물이 되어버리는 것은 현대인이 겪는 소외현상의 핵심인 것이다.

타자(他者)의 철학을 전개하는 레비나스는 이러한 현대인의 소외현상을 윤리적인 관점에서 언급하고 있다. 레비나스에 따르면 현대인의 소외는 우선적으로 이기주의적인 삶의 방식에서 유래한다. 타인보다 자기 자신을 우월하게 생각하는 방식, 타인을 생각한다고 해도 기껏해야 자기 자신을 기준으로 승인하는 방식을 통해서 우리는 변형된 또 다른 이기주의만을 산출해낼 뿐이다. 이러한 이기주의 속에서 타인뿐만 아니라 자신도 결국 소외될 수밖에 없다. 그렇기 때문에 레비나스는 타자의 중요성을 강조하면서 타자의 철학을 전개한다. 그러나 레비나스는 여기에서 타자가 나와 동일한 존재라는 것만을 주장하는 것이 아니라 타자는 나와 완전히 다른 존재라는 것을 강조하고 있다. 타자의 권리와 존재의미는 결코 나의 잣대로 환원되어 측정할 수 없는 절대타자의 영역인 것이다. 이러한 레비나스의 철학은 오늘날 우리 시대와 같은 가치다원주의 시대에서 점점 더 상실해가는 타인의 중요성과 타인과의 원만한 삶을 구축해가는 것의 중요성을 일깨워주는 것이다.

이처럼 우리 시대의 어두운 면을 잘 드러내주는 용어인 소외는 우리가 누구인가라는 물음을 통해서 그 우선적인 해결의 방향이 주어질 수 있지만 무엇보다도 타자의 존재, 타인의 삶을 전적으로 승인하고 타인과 의미 있는 공존관계를 구축하는 데서 보다 더 나은 해결

책이 마련될 수 있을 것이다. 인간은 상호존재(Mitsein)일 수밖에 없다는 실존철학자 하이데거의 철학을 접하지 않더라도 오늘날 우리는 결코 혼자서 살아갈 수 없는 존재라는 점을 부인할 수 없을 것이다. 화려한 현대문명의 그늘 뒤에서 더 이상 참을 수 없는 고독감, 상실감, 소외감을 느낄 때 우리는 그 누군가를 만나서 삶을 이야기하고 위로받기를 간절히 원할 것이기 때문이다. 그러나 하이데거에 따르면 이러한 소외의 극복은 존재에 대한 올바른 이해를 통해서 비로소 가능할 뿐이다. 이런 이유에서 그는 『존재와 시간』을 우리에게 제시했는지도 모르겠다.

제 1 장
하이데거와 서양철학

1. 서양철학의 역사

1) 고대에서 중세로

철학은 지금까지 인간과 세계의 본질에 대해서 끊임없이 물음을 제기해왔다. 고대 그리스시대의 철학자들이 아르케가 무엇인가라는 물음을 제기하면서 인간과 세계의 본질에 대한 철학의 항해가 시작되었다. 그들은 세계의 근거와 본질에 대해서 다양한 방식으로 물음을 제기하면서 동시에 인간에 대해서도 다양한 물음을 제기하였다. 물론 고대 그리스시대의 철학자들은 오늘날처럼 체계적인 방식으로 물음을 제기하지는 않았지만 어떤 점에서는 오늘날보다도 더 근원적이고 심도 있는 방식으로 인간과 세계의 본질에 대해서 탐구하였다. 그러나 여기에서 주목할 것은 초기에 철학이라는 학문이 지금처럼 세분화된 학문의 성격을 띤 것이 아니라 다른 학문들, 즉 천문학, 수학, 종교 등과 밀접한 연관성 위에서 전개되었다는 점이다.

우리는 여기에서 철학이 전개된 시점에 대해서 생각해볼 필요가 있는데, 그것은 신화적인 사고방식을 극복하는 데서 시작되었다는 점이다. 철학자들이 활동하기 이전에는 신화를 통해서 우주의 생성

과 소멸, 인간의 운명들을 설명하려고 하였으나 이러한 설명방식은
철학적인 사유가 등장하기 시작하면서부터 쉽게 받아들여지지 않았
다. 이러한 신화적인 설명방식은 오르페우스교에 의존했던 고대 그
리스를 비롯해서 다양한 신화에 의존했던 고대 인도인들의 세계관,
조로아스터교에 영향을 입고 있던 고대 페르시아인들, 하늘을 숭배
하였던 고대 중국인들의 세계관 속에서도 쉽게 살펴볼 수 있는 것이
다. 이러한 신화적인 설명방식은 그 오랜 역사와 다양한 해석에도 불
구하고 인간의 입장에서는 쉽게 받아들일 수 없는 것이었다. 이런 이
유에서 사람들은 인간의 이성 또는 판단력에 의지해서 좀 더 명확하
게 세계의 근원과 인간의 삶의 의미에 대해서 설명할 필요성을 느꼈
던 것이다.

　신화적인 설명방식을 벗어나서 세계를 설명하려 했던 서양철학
의 흐름은 다양한 방향으로 진행된다. 이러한 서양철학은 인간중심
주의, 주지주의, 주의주의, 로고스중심주의, 주관성철학, 합리론과
경험론, 관념론과 실재론, 논리주의, 형식주의 등 다양한 이름으로
불리면서 서로 내적으로 대립과 갈등을 겪으면서 다양한 체계를 구
축하게 된다. 세계를 구성하는 근원적인 재료인 아르케를 물이라고
보고 이러한 물이 만물을 생성하게 하고 변화시킨다고 주장하였던
탈레스, 무한정자(apeiron)를 상정하였던 아낙시만드로스, 물, 불, 공
기, 흙을 언급했던 엠페도클레스, 수에 의해서 모든 것을 설명했던
피타고라스, 이데아를 말했던 플라톤, 우시아를 상정했던 아리스토
텔레스, 단자를 말했던 라이프니츠, 이성에 의해서 역사의 전개를 확
신했던 헤겔, 맹목적인 삶에의 의지를 말했던 쇼펜하우어, 힘에의 의
지와 영겁회귀의 세계를 언급했던 니체, 이들 철학자들의 주장들은
내용면에서는 서로 많은 차이점을 갖고 있지만 인간과 세계의 본질

을 신화적이 아니라 철학적으로 설명하려 했다는 점에서 공통점이 있다. 비록 현대에는 이전의 철학자들이 제시하는 인간과 세계이해의 방식이 더 이상 받아들여지지 않지만 각각의 철학자들이 자신들이 살았던 시대에 직면해서 인간과 세계에 대해서 심오하게 숙고하면서 제시했던 주장들은 세계의 근원을 밝혀내려는 철학의 작업으로 이해되어야 할 것이다.

고대의 각 나라들에서는 시기적으로 그리고 내용적으로 차이가 있음에도 불구하고 인간의 본질과 세계의 근원에 대해서 물음을 제기하는 철학적 사유가 싹텄다. 베다와 우파니샤드철학에 근거한 고대 인도의 형이상학적 체계는 궁극적으로 인간의 본질과 세계의 근원에 대해서 집요하게 물음을 제기하는 것이었다. 또한 석가모니에 의해서 창시된 불교도 어떤 의미에서는 종교라기보다 인간과 세계의 본질에 대해서 물음을 제기하는 철학적인 성찰이라고 할 수 있다. 고대 중국인의 정신세계를 이끌었던 노자와 공자의 사상도 하늘과 인간이 어떻게 조화롭게 이루고 그 본성을 실현할 수 있는가를 묻고 있는 철학인 것이다. 이러한 철학적인 성찰과 물음들은 고대 그리스에서도 쉽게 찾아볼 수 있다.

우리는 고대 그리스문명에서 서구문명의 시원을 찾아볼 수 있는데, 본격적인 철학적인 물음의 전개도 역시 고대 그리스에서부터 시작되었다고 할 수 있다. 약 기원전 600년경에 처음으로 철학적인 물음들이 등장하는데, 흔히 이 시기는 소크라테스 이전의 철학자들이 활동했던 시기이다. 이때에는 우주론적이고 자연철학적인 주장들이 대두된다. 이 시기의 철학자들은 세계를 구성하는 근원적인 요소가 무엇인지에 대해서 관심을 가졌다. 그러나 여기에서 주목할 점은 이 시기의 철학자들이 생각하는 세계는 근대적인 의미에서의 자연(natu-

ra)이 아니라 인간과 세계전체를 의미하는 자연(physis)이라는 점이
다. 본래 그리스어로 physis라는 용어는 성장하다, 나타나다라는 의
미를 지니고 있는데, 이 용어는 세계의 모든 존재의 역동적인 상태를
지칭하였다. 고대 그리스의 자연철학자들은 이러한 세계를 가능하게
하는 원인이나 궁극적인 근거를 아르케라고 불렀는데, 여기에서 철
학적 물음은 이러한 세계의 근원에 대해서, 즉 아르케가 무엇인가를
탐구하는 것을 의미하였다.

서양철학사에서 최초의 철학적인 물음을 제기했던 밀레토스학파
중의 한 사람이었던 탈레스는 이러한 아르케가 물이라고 생각했는
데, 물론 오늘날 이러한 주장은 결코 받아들일 수 없는 것이지만 그
의 이러한 주장은 우리로 하여금 신화적인 세계설명에 의존하는 방
식을 벗어나게 한다. 이 시기의 철학자들은 특정한 아르케로 이루어
진 세계가 끊임없이 변화하는 것인지 아니면 그러한 세계의 변화가
불가능한지의 문제에 주목하는데, 여기에서 세계의 생성과 변화를
적극적으로 부정하는 엘레아학파의 철학이 나타난다. 엘레아학파의
대표자인 파르메니데스는 빈 공간의 존재를 철저하게 거부하면서 존
재하는 세계의 모든 변화와 운동을 부정하게 된다. 그에 따르면 감각
기관을 통해서 경험하는 세계는 끊임없이 변화하는 것처럼 보이지만
진정으로 존재하는 세계는 실제로는 불변하는 것이다. 우리가 생각
할 수 있는 것은 오로지 존재하는 것뿐이며, 존재하지 않는 것, 즉 생
성하거나 소멸한다는 것은 생각할 수 없다. 이런 이유에서 존재하는
세계는 역사 속에서 변화하는 것이 아니라 항상 지속적으로 현존하
는 것을 의미하며 존재하는 세계는 서로 차별적으로 구분되는 것이
아니라 하나의 전체를 이루고 있다. 모든 사물들은 연결되어 있으며
서로 분리되어 있는 것이 아니다. 파르메니데스에게 있어서 존재의

근원적인 특성은 '하나' 또는 통일성이다. 이에 반해서 헤라클레이토스는 어떤 누구도 똑같은 강물에 두 번 들어갈 수 없다고 주장하면서 세계는 끊임없이 생성하고 변화할 뿐이며 불변하는 것은 결코 존재하지 않는다는 점을 강조한다. 그는 만물이 서로 대립과 갈등상태에 놓여 있다고 생각하는데, 이런 이유에서 존재하는 사물들은 끊임없이 변화할 수밖에 없다. 만물은 끊임없이 변하는 것이다.

그러나 파르메니데스와 헤라클레이토스의 서로 대립적인 세계이해는 이후에 양자를 종합하는 방식으로 전개된다. 존재의 불변성과 만물의 끊임없는 변화를 강조하는 철학은 이후에 다양한 형태로 변형되는 것이다. 피타고라스는 만물이 수(數)로 이루어져 있으며 사물들의 변화도 이러한 수가 갖고 있는 비례관계를 통해서 잘 설명할 수 있다고 생각하였다. 이에 반해서 엠페도클레스와 같은 다원론자는 세계가 몇 가지 기본적인 요소들로 구성되어 있다고 생각한다. 엠페도클레스는 세계가 그 자체로는 불변하는 물, 불, 공기, 흙으로 이루어져 있으며 여기에 사랑과 미움의 힘이라는 일종의 동력인이 결합하여 세계가 변화하거나 운동한다고 생각하였다. 원자론자인 데모크리토스는 세계가 더 이상 쪼갤 수 없는 물질로 이루어졌다고 보는데, 그는 이것을 원자(atom)라고 불렀다. 원자로 이루어진 세계는 끊임없이 변화하는데, 이러한 변화는 원자가 본래 운동성을 존재특성으로 갖고 있기 때문에 일어난다.

소크라테스 이전의 사상가들은 주로 자연, 즉 physis가 어떻게 이루어져 있는가에 대해서 관심을 가졌는데, 이런 점에서 흔히 그들은 자연철학자라고 불린다. 그러나 이때에 주목할 것은 대부분의 사상가들은 인간도 자연의 일부분일 뿐이며 자연은 근대의 자연과학자들이 생각하는 것처럼 죽어 있는 것이 아니라 살아 있는, 즉 스스로 생명력을 갖고 있다는 것을 전제하였다는 점이다.

　그러나 이후에 고대 그리스문명이 본격적으로 발전함에 따라 철학의 관심은 자연 자체가 아니라 인간에 대한 관심으로 향하게 된다. 이 시기에 소위 소피스트라고 불리는 사상가들 중에서 프로타고라스가 '만물의 척도는 인간'이라고 주장하면서 철학의 관심을 인간에 대한 탐구로 전환시키게 된다. 프로타고라스의 이러한 주장은 모든 가치와 세계를 설명하는 데 있어서 인간이 중심이 된다는 것이다. 그러나 그는 비록 인간중심주의적인 주장을 하였으나 내용적으로는 상대주의적인 세계관을 옹호한다. 보편적이고 객관적인 지식이나 가치 그리고 세계관은 존재하지 않으며 모든 것은 각 사람의 관점이나 주관에 따라서 상대적일 수밖에 없다고 주장한다. 이러한 상대주의는 고르기아스와 같은 소피스트에게서는 세계에 대한 어떤 종류의 지식도 가질 수 없다고 하는 극단적인 회의주의로 이어지게 된다.

　고대 그리스시대에 인간에 대한 철학적 탐구는 소크라테스에서 본격적으로 시작된다. 소피스트들과는 대립적인 주장을 전개했던 소크라테스는 인간을 인간이게끔 하는 불멸하는 인간의 영혼을 언급하면서 진정한 지식은 상대적인 것이 아니라 객관적이고 보편적이라고 주장한다. 그러나 영혼의 불멸성을 확고하게 주장하는 소크라테스의 철학은 아폴로 신을 섬기면서 수많은 종교적 제례와 주술적인 행위가 행해졌던 당시의 그리스인들에게는 쉽게 받아들일 수 없는 것이었다. 소크라테스는 신을 섬길 것을 강조하는 것이 아니라 일종의 숨은 신(deus absconditus)인 다이모니온, 즉 내면의 소리에 귀를 기울일 것을 강조했다. 그에 따르면 참된 지식은 인간의 삶을 올바른 길로 이끄는 것이며 인간의 영혼을 선하게 만들어주는 일종의 덕(arete)인 것이다. 즉 참된 지식은 인간을 인간이게끔 해준다는 것이다. 그렇기 때문에 소크라테스는 참된 지식이 인간을 행복한 삶으로 이끌 수 있다고 주장한다.

소크라테스의 철학에 많은 영향을 받았던 플라톤은 이데아설을 주장한다. 불멸하는 영혼과 객관적이고 절대적인 지식의 존재를 역설한 소크라테스에게 깊은 영향을 받은 플라톤은 참된 철학의 대상은 혼란스럽고 끊임없이 변하는 경험세계를 다루는 것이 아니라 불변하고 영원한 존재인 이데아의 세계를 다루어야 한다고 생각한다. 왜냐하면 눈앞에 펼쳐진 경험세계는 끊임없이 변화하고 불완전한 세계이지만 이데아의 세계는 불변하고 영원한 세계이기 때문이다. 플라톤에 따르면 이러한 이데아의 세계는 우리가 살고 있는 경험세계의 원형이며 참된 지식의 대상이다. 이데아의 세계는 감각경험에 의존해서 파악할 수 있는 세계가 아니고 오로지 순수 사유에 의해서만 도달할 수 있는 세계이다. 여기에서 플라톤은 이데아설을 통해서 경험세계를 벗어난 초월적인 세계의 존재를 우리에게 제시하고 있으며 서양철학이 형이상학적 주제를 본격적으로 논의하게 하는 역할을 한다.

그러나 아리스토텔레스는 자신의 스승이었던 플라톤이 말하는 이데아의 초월적인 성격을 비판하면서 세계는 반드시 형상(eidos)과 질료(hyle)라는 요소가 서로 결합하여 있으며, 이렇게 경험세계 속에 존재하는 구체적인 사물들을 우시아라고 부른다. 그에 따르면 우시아로 이루어져 있는 지금 여기의 세계 이외에 그 어떤 초월적인 세계는 결코 존재할 수 없다. 인간이 살고 있는 경험세계 이외의 세계를 상정하는 것은 결코 받아들일 수 없다.

이처럼 소크라테스, 플라톤, 아리스토텔레스에 의해서 전개된 철학은 고대 그리스의 철학을 체계화하는 역할을 한다. 다양한 문화적인 유산들과 함께 고대 그리스의 철학은 헬레니즘을 구축하는 데 많

은 영향을 끼치게 된다. 그러나 이러한 그리스문명의 전성기는 얼마
지속되지 못하는데, 알렉산더 대왕의 죽음 이후에 그리스 전역은 혼
란스러운 상황에 빠지게 된다. 이러한 상황에서 복잡한 정치적인 현
실에 대한 관심에서 벗어나서 개인의 행복과 쾌락을 추구하려는 경
향이 생겨나게 되는데, 이 시기에 생겨난 철학이 바로 스토아철학과
에피쿠로스철학이다.

스토아학파는 모든 세계현상을 신적인 것에서 이끌어낸다. 또한
그들에게 인간은 하나의 소우주이며 이러한 인간은 신적인 세계영혼
을 본으로 삼아서 만들어진 존재이다. 스토아학파는 외부세계에 대
한 일체의 관심을 버리고 오로지 내면의 세계에 침잠하여 특정한 감
정과 기분에 매이지 않는 부동의 상태(apatheia)에 이르는 것을 삶의
진정한 목표로 제시하고 있다. 이러한 스토아학파의 길은 원래 금욕
주의적인 퀴니코스학파의 영향을 받은 것인데, 그런 점에서 참된 행
복은 세계를 이끄는 신적인 원리인 로고스와 합치해서 사는 삶에서
얻어진다고 생각한다. 나아가 스토아학파는 모든 세계의 사물들의
존재와 운행이 이성적으로 질서 지어져 있다고 생각한다. 이러한 이
성적인 질서를 파악하는 자는 모든 우연적인 삶과 운명을 극복할 수
있다고 보았다. 스토아학파에 속하는 철학자로는 제논, 아우렐리우
스, 세네카 등이 있다.

이에 반해서 에피쿠로스학파는 쾌락(hedone)의 추구를 목표로 삼
았는데, 그들은 이러한 쾌락을 극대화하는 것이 유일한 삶의 목표라
고 주장한다. 퀴레네학파의 영향을 받았던 이들은 좀 더 지속적인 강
한 쾌락을 강조하였으나 오히려 진정한 쾌락은 물질적인 만족에서
오는 것이 아니라 자신의 욕구와 집착에서 벗어난 몰아적인 상태
(ataraxia)에서 도달할 수 있다고 생각한다. 이러한 에피쿠로스학파는

유물론자인 데모크리토스의 영향을 받았기 때문에 세계와 그 변화를 원자의 운동과 빈 공간을 통해서 설명하였다. 그들에게 있어 소크라테스에서 볼 수 있는 영혼의 불멸성은 받아들여지지 않는다. 이러한 에피쿠로스학파의 철학은 많은 영향에도 불구하고 이후에 신플라톤주의, 스토아철학에 근거를 둔 기독교사상이 전파되면서 윤리적인 이유에서 에피쿠로스철학을 거부하게 되자 쇠퇴해버린다.

이후에 철학은 세계와 인간을 지배하는 초월적인 존재에 대해 관심을 갖게 되고 여기에서 신플라톤주의가 전개된다. 신플라톤주의는 플라톤의 철학에서 출발해서 초월자에 대한 인간의 관계를 설명해주는 철학이다. 대표적인 신플라톤주의자는 플로티누스가 있는데, 그는 세계와 인간이 신적인 존재인 일자에서 유출되었다고 주장한다. 이러한 일자는 그 자체로 충만하며 통일적인 존재인데, 마치 태양의 빛이 모든 사물들의 존재를 비추는 것처럼 이로부터 세계에 존재하는 각각의 사물들이 유출된다. 플로티누스의 철학은 개별적인 사물들이 이러한 일자에로 회귀해야 한다고 주장하는데, 이러한 플로티누스의 철학은 이후에 기독교사상의 정초에도 영향을 끼치게 된다.

기원후 3세기 이후에는 서구의 다양한 사상과 유대교적인 세계관을 배경으로 해서 기독교가 전파되기 시작한다. 로마황제들의 공인 속에서 기독교는 서구의 정신세계를 각인하는 중요한 역할을 하게 된다. 중세철학은 이러한 기독교의 교리와 지배를 옹호하였는데, 이 시기의 철학은 주로 기독교의 교리의 토대를 제공하거나 체계화하는 데 중요한 역할을 한다. 기독교의 사상을 정초하는 데 도움을 주었던 시기의 철학은 흔히 교부철학이라고 불리는데, 여기에는 유스티누스, 클레멘스, 오리게네스, 테르툴리아누스, 아우구스티누스와 같은 사상가들이 있다. 이 중에서 아우구스티누스의 역할이 중요한데, 그

는『신국론』,『고백록』 등에서 기독교의 기본적인 교리를 체계화하고
있다. 이러한 교부철학은 나중에 스콜라철학으로 발전하게 된다. 8
세기에서 15세기 사이에 전개된 스콜라철학은 교부시대에 전개된 기
독교 교리를 좀 더 체계화하는 작업을 전개한다. 안셀무스, 아퀴나
스, 보나벤투라와 같은 사람이 있는데, 특히 아퀴나스는 아리스토텔
레스의 철학에 근거해서 이성과 신앙의 관계를 명확하게 규정하고
조화시키려는 작업을 전개한다. 그러나 스콜라철학이 깊어짐에 따라
이성과 신앙의 조화는 점점 깨지게 된다.

2) 근대에서 현대로

　　기원후 4세기에서 기원후 16세기까지 이어진 중세철학은 상당히
오랜 시간 동안 전개되었지만, 이것은 주로 신의 존재와 신에 대한
신앙을 구축하기 위한 철학이었다. 그러나 중세 말기에 이르러서 이
러한 세계관을 거부하는 경향이 일어난다. 자연과학의 발달과 근대
적인 국가의 성립이 더 이상 기독교적인 세계관을 허용하지 않는다.
특히 동로마제국의 멸망 이후에 생긴 문예부흥과 종교개혁을 통해서
중세적인 세계관은 사라지고 근대가 성립한다. 근대철학은 중세의
신중심주의, 신앙과 교회중심적인 관점을 벗어나서 인간과 이성에
근거해서 세계를 설명한다. 이 시기에는 코페르니쿠스와 같은 과학
자가 나와서 지동설을 주장하였으며, 베이컨은 "아는 것은 힘이다"
(scientia est potentia)라고 외치면서 전통적인 지식체계에 대한 비판을
시도하면서 우상의 타파를 역설하였고, 홉스는 기계론적인 입장을
토대로 하여 인간과 사회의 적나라한 현실을 탐구하였는데, 이들은

신중심주의였던 중세를 극복하여 새로운 시대의 도래, 즉 근대의 세
계관을 전개하는 데 많은 영향을 주었다.

그러나 근대철학의 출발점은 합리론자였던 데카르트에 의해서
본격적으로 주어진다. 그는 전통 속에서 주어진 모든 것을 의심함으
로써 확고한 앎의 출발점을 찾아내려고 하였다. 데카르트는 끊임없
는 회의 속에서 마침내 이러한 출발점을 찾아내었다. 그가 찾아낸 것
은 의심하는 자아 또는 사유하는 자아였다. 즉 모든 것을 의심할 수
는 있지만 의심하고 있는 나의 존재는 결코 부인할 수 없는데, 이러
한 의심하는 나, 즉 사유하는 자아가 모든 앎의 확고한 출발점이 되
는 것이다. 이처럼 사유하는 나의 존재로부터 모든 것을 연역해내는
데카르트의 철학은 근대철학의 특징인 인간중심주의와 주관성철학
의 토대를 제공해준다.

물론 이러한 데카르트의 합리주의를 반대한 사람도 있다. 경험론
을 전개했던 로크는 경험 이전의 인간 의식 속에는 아무런 지식이 주
어지지 않으며 정신의 상태는 '백지상태'(tabula rasa)일 뿐이라고 주
장한다. 합리론자들이 말하는 본유관념이라는 것은 존재하지 않는
다. 모든 지식은 비로소 경험을 통해서, 즉 감각과 반성이라는 경험
의 과정 속에서 우리에게 주어지기 때문이다. 그러나 로크는 비록 앎
의 출발점이 감각경험이라고 주장하면서 경험론을 전개하였지만 여
기에서 우리는 합리론자와 마찬가지로 로크 역시 인간을 세계의 중
심에 놓고 있다는 점을 살펴볼 수 있다. 근대철학의 두 가지 줄기인
합리론과 경험론은 모두 중세의 신중심주의를 극복하려는 근대철학
의 인간중심주의적인 특성을 잘 드러내준다고 할 수 있다.

근대철학 초기의 경향은 합리론과 경험론의 대립으로 설명할 수
있다. 볼프와 라이프니츠 같은 사람은 합리론의 입장에서 그리고 흄

과 같은 사람은 경험론의 입장에서 각각 합리론과 경험론의 주장들을 극단화시킨다. 그러나 합리론은 이성의 역할을 전적으로 신뢰한 나머지 독단주의에 빠지게 되고 경험론은 모든 앎의 출발점을 경험 속에서 정초하기 때문에 형이상학적 대상과 자연과학에서 인과법칙의 필연성에 대해서 회의하게 된다. 이러한 상황에서 칸트철학이 전개된다. 칸트는 이성과 경험의 중요성을 강조하면서 합리론과 경험론을 종합시키는 철학을 구축하는데, 그는 이러한 자신의 철학을 선험철학 또는 비판철학이라고 규정한다. 칸트의 이러한 철학적 작업은 독일관념론 철학의 출발점을 제시하는 것인데, 칸트의 문제의식을 매개로 해서 이후에 피히테, 셸링, 헤겔에 의해서 철학사에서 소위 독일관념론이라고 불리는 철학사조가 형성된다. 다양한 형태로 전개되는 독일관념론자들의 주장을 한마디로 요약하기는 힘들지만 이들은 대체로 자아 또는 주관의 역할과 이성의 적극적인 활동을 토대로 인간과 자연 그리고 역사의 관계를 적극적으로 기술한다. 특히 헤겔에 이르러서 독일관념론은 이성에 대한 적극적인 신뢰 속에서 방대한 체계를 갖추고 완성되는데, 그는 여기에서 이성적인 것이 현실적이고 현실적인 것이 이성적이라고 주장하게 된다.

그러나 독일관념론이 전개되는 과정에서 적극적인 역할을 했던 이성에 대해서 불신하는 철학자들이 생기게 된다. 쇼펜하우어, 키르케고르, 니체, 프로이트 같은 철학자들은 이성을 비판하면서 맹목적인 삶에의 의지, 불안과 절망, 힘에의 의지, 리비도와 같은 개념으로 인간과 세계의 본질을 설명하고 있다. 다른 한편으로 마르크스와 같은 철학자는 인간의 근본적인 존재상태를 계급투쟁의 역사로 규정하고 유물사관에 의해서 인간과 역사의 전개과정을 설명하고 있다.

19세기 말 20세기 초에 들어서서 철학은 다양한 방향으로 전개된다. 독일관념론의 연장선상에서 신칸트학파가 생겨나게 되며 실증주의에 영향을 받은 철학이 전개된다. 다른 편으로는 삶의 철학이나 실존철학 또는 실존주의가 전개되는데, 여기에 속하는 철학자로는 지멜, 베르그송, 하이데거, 사르트르 등이 있다. 그리고 영국과 미국을 중심으로 언어철학, 분석철학이 전개되는데, 러셀, 비트겐슈타인, 오스틴 등이 대표적인 사람이다. 또한 순수논리학의 이념을 철학에 적용하여 엄밀한 학으로서의 철학을 구축하려는 현상학이 전개되는데, 이러한 현상학은 후설에 의해서 정초되고 하이데거, 사르트르 등의 철학자들에게 영향을 끼치게 된다. 그리고 해석학이 철학의 주요한 분야로 자리잡게 되는데, 여기에는 하이데거의 현상학적 해석학, 가다머의 해석학이 있다. 이외에 의사소통이론에 근거한 하버마스 그리고 사회정의론에 근거한 롤스 등의 사회철학이 있다. 또한 프랑스를 중심으로 전개된 구조주의가 있는데, 이러한 구조주의는 구조라는 개념을 중심으로 서구의 이성중심주의를 비판하면서 전개된다. 구조주의는 언어, 사회, 문화를 통시성이 아니라 공시성에 근거해서 연구하는 것이 특징이다. 이러한 구조주의는 근대철학이 전제하는 초경험적인 주관이나 관념 등의 존재를 거부하고 모든 역사와 인간 사회 속에서 개인과 개인, 개인과 사회의 관계를 가능하게 하는 구조 개념을 탐구한다. 이 밖에 후기 구조주의, 포스트모더니즘, 동일성철학을 거부하고 차연(différance)의 철학을 강조하는 데리다의 해체주의 등이 현대철학의 주요한 경향을 이루고 있다. 이들은 근대철학에서 인식론의 전제였던 주관과 객관의 대립, 인간중심주의, 목적론적인 역사관, 역사의 진보사관, 동일성의 철학, 체계의 철학을 적극적으로 비판하면서 현대철학의 전개에 있어서 중요한 역할을 하고 있다.

2. 하이데거와 고대철학

1) 하이데거와 소크라테스 이전

존재론을 올바르게 구축하려는 하이데거의 작업은 고대 그리스철학에 대한 적극적인 관심으로 이어진다. 진정한 존재의 의미를 밝히려는 하이데거는 이미 알려진 대로『존재와 시간』의 첫 페이지에서 자신의 철학과 고대 그리스철학과의 연관성을 암시해주고 있다. 그에 따르면 존재에 대한 논의는 고대 그리스철학에서부터 시작되었기 때문이다.>4 존재의 문제를 철학의 근본주제로 삼는 하이데거에게 고대 그리스철학에 대한 관심은 당연한 것이라고 할 수 있을 것이다. 그런데 하이데거의 고대 그리스철학에 대한 관심은 전기에서가 아니라 후기에 들어서서 구체화된다. 고대 그리스철학에 대한 그의 관심은 1931년 강의인『진리의 본질에 관하여』(Vom Wesen der Wahrheit), 1942년의『파르메니데스』(Parmenides), 1943년의『헤라클레이토스』(Heraklit)에서 구체적으로 드러나고 있다.

>4 Martin Heidegger, *Sein und Zeit*, Tübingen 1986(16. Aufl.), 1쪽(이하 SZ로 표기).

　　하이데거가 그리스철학에 관심을 갖는 이유는 고대 그리스철학
자들에게서 존재물음의 올바른 답변을 위한 실마리를 찾을 수 있다
고 생각했기 때문이다.[5] 그리스인의 사유는 자연에 대한 관심에서
시작되는데, 하이데거는 여기에서 존재물음의 시원을 발견한다. 하
이데거는 『헤라클레이토스』에서 자신이 서양철학의 시원 또는 시원
적 사유에 관심을 갖고 있음을 언급하면서 고대 그리스철학자들 중
에서 세 명의 사상가, 즉 아낙시만드로스, 파르메니데스 그리고 헤라
클레이토스에 관심을 갖고 있음을 강조하고 있다.[6] 이 점은 하이데
거가 이들 세 명의 사상가를 중요하게 평가하고 있음을 말해줄 뿐만
아니라 동시에 고대 그리스철학의 중요성을 인정하고 있다는 것을
말해준다. 왜냐하면 이들 사상가는 고대 그리스철학의 기본적인 출
발점을 제공해주는 사상가들이기 때문이다.[7]

　　헤라클레이토스는 그리스의 식민지였던 에베소스에서 태어나서
활동한 철학자이다. 그는 파르메니데스와 함께 고대 그리스철학의
전개방향을 제시했던 사람이다. 헤라클레이토스는 대중들을 경멸했
으며 은둔하면서 살았던 사람이다. 그는 '어두운 사람'이라고 불렸
는데, 이것은 그가 일상인들과 접촉하지 않고 거리를 두고 살았기 때
문에 붙여진 것이다. 또한 그의 성격뿐만 아니라 그의 사상을 이해하
기가 어려워서 사람들이 붙인 별명이기도 하다. 헤라클레이토스의

[5] 하이데거는 1962년에 처음으로 그리스로 여행을 한다.
[6] 헤라클레이토스에 대한 하이데거의 관심은 1926년 여름 강의인 『Grundbegriffe der antiken Philosophie』, 1935년 여름강의인 『Einführung in die Metaphysik』, 1943년 여름강의인 『Heraklit』와 1951년의 논문인 「Logos」 등에서 잘 나타난다.
[7] Martin Heidegger, Gesamtausgabe Bd. 55, *Heraklit*, Frankfurt a.M., 1979, 4쪽 참고(이하 하이데거전집은 GA로 표기).

사상은 약간의 단편적인 글들만이 남아 있을 뿐인데, 여기에서 그의 사상을 체계적으로 언급하는 것은 결코 쉬운 일이 아니다. 그러나 우리는 밀레토스학파의 탈레스에서부터 시작된 철학적 사유가 헤라클레이토스에게 이르러서 보다 강력한 영향력을 발휘한다는 점을 부인할 수 없을 것이다.

헤라클레이토스가 존재에 대해서 언급한 내용은 다른 것이 아니라 존재하는 모든 것은 항상 대립과 갈등 속에 놓여 있다는 것이다. 이전의 자연철학자들이 탐구하였던 자연(Physis)은 이러한 갈등과 대립 속에서 끊임없이 움직이고 변화하는 것이다. 헤라클레이토스에 따르면 존재하는 모든 것들은 항상 서로 대립과 갈등 속에서 놓여 있다. 비록 이러한 대립과 갈등이 특정한 상황 속에서는 해소될 수 있고 사물들이 일시적으로 서로 조화로운 상태에 놓일 수 있지만, 이러한 상태는 변해서 또다시 새로운 갈등 속에 내던져질 뿐이다. 그러나 이처럼 만물 속에 깃들어 있는 갈등은 사물들을 새롭게 생성하게 하거나 또는 소멸하게 하면서 지속적으로 변화시키는 역할을 한다. 이런 점에서 헤라클레이토스는 "전쟁은 만물의 아버지이다"라고 말한다.

헤라클레이토스의 존재론적 입장은 존재하는 모든 것은 끊임없이 생성과 소멸 속에 내던져 있다. 그는 "만물은 흐른다"라고 말하기도 하고 "어떤 사람도 똑같은 강물에 두 번 들어갈 수 없다"고 주장한다. 이런 점에서 헤라클레이토스는 불변하는 존재가 있을 수 없다고 생각한다. 만물은 항상 그리고 끊임없이 이런 상태에서 저런 상태로 변화하기 때문이다. 사물들 사이에 깃들어 있는 갈등적인 요소들이 사물들을 항상 새로운 상태로 변화시킨다. 사물들은 활활 타오르는 불처럼 역동적으로 변화하는 것이다.

그러나 우리가 여기에서 주목할 것은 이러한 변화의 과정을 관할

하는 법칙이 존재한다는 것이다. 즉 사물들은 끊임없이 변화하지만
이러한 변화를 이끄는 법칙이 존재한다는 것이다. 세계는 밤과 낮,
젊음과 늙음, 남자와 여자, 고통과 즐거움과 같은 대립의 쌍으로 이
루어져 있으며 이러한 대립의 쌍 속에 내재해 있는 갈등의 요소가 세
계를 끊임없이 변화하게 한다. 이러한 변화 속에는 일정한 법칙이 있
는데, 이것이 바로 로고스라는 것이다. 헤라클레이토스의 사상이 이
후의 철학자들에게 주목을 받게 된 이유는 세계를 다양한 대립의 쌍
으로 이루어진 갈등 속에서 파악했다는 점 그리고 이러한 갈등에 의
해서 야기되는 세계의 끊임없는 생성과 변화를 이끌어가는 법칙의
존재에 주목했다는 점이다. 하이데거뿐만 아니라 이전의 철학자인
헤겔과 니체도 헤라클레이토스의 사상이 지니고 있는 이러한 특징에
많은 관심을 보인 철학자들이다. 헤라클레이토스가 세계를 끊임없이
대립, 투쟁 그리고 갈등 속에서 존재하는 것으로 파악하지만, 이러한
대립과 갈등 속에서 일정한 법칙이 존재하며 이것을 통해서 변화가
일어난다는 점에 주목했다는 사실이 이러한 철학자들의 관심을 불러
일으킨 것이다.[8]

헤겔은 헤라클레이토스가 말한 로고스를 자신의 철학체계를 이
끌어가는 원리인 변증법 속에서 받아들인다. 헤겔에 따르면 세계는
대립과 갈등 속에서 존재한다. 왜냐하면 세계 속에 어떤 것이 정립되

---

[8] 변화와 로고스를 강조하는 헤라클레이토스의 입장은 정립과 반(反)정립 사이의
모순을 변증법에 의해서 지양시키는 헤겔의 입장, 그리고 존재하는 모든 것들이 힘에
의 의지를 추구하지만 이것을 영겁회귀사상으로 융화시키려 했던 니체의 입장과 깊
은 연결고리를 갖고 있다. 하이데거 또한 존재와 존재자 사이의 존재론적 차이를 강
조하면서 존재와 존재자의 숙명적인 만남을 그려나간다는 점에서 우리는 하이데거의
존재론과의 연결고리도 쉽게 발견할 수 있다.

면, 즉 테제가 존재하면 이에 대해서 반정립, 안티테제가 나타나게 되고 이들 사이에 모순이 나타나기 때문이다. 그러나 이러한 모순은 어떤 식으로든 지양되는데, 이것은 로고스, 즉 이성에 의해서이다. 헤겔에 따르면 로고스는 세계의 변화를 이끌어가는 궁극적인 힘이며, 이러한 힘의 움직임을 드러내주는 법칙이 바로 변증법인 것이다.

니체의 철학 또한 고정된 존재나 가치를 부정하면서 세계가 끊임없이 변화하고 생성한다는 점을 강조하고, 니체 자신도 그의 철학이 변화에 대한 헤라클레이토스의 주장을 배경으로 하고 있다는 점을 인정한다. 플라톤이나 소크라테스가 주장하는 불멸하는 진리나 이데아와 같이 영속적인 존재는 허구적인 것이며 우리가 만들어낸 가상일 뿐이라는 것이 니체철학의 기본적인 입장으로, 이러한 입장은 자연(physis)의 본질을 탐구하면서 존재의 불변성을 전적으로 부정하는 헤라클레이토스에게서 영향을 받은 것이다. 소위 "플라톤주의의 전복"을 시도하는 니체의 철학의 출발선에는 헤라클레이토스의 사상이 자리 잡고 있다.

파르메니데스 역시 자연의 본질에 대해서 고찰한다. 파르메니데스는 자연을 구성하는 아르케를 탐구했던 이오니아철학자들의 문제의식을 받아들이지만 그는 세계가 특정한 아르케에 의해서 구성되어 있다는 차원의 논의에서 벗어나서 좀 더 형이상학적인 관점에서 철학적 논의를 전개한다.[9] 파르메니데스의 관심은 세계가 어떤 요소들

---

[9] 파르메니데스에 대한 하이데거의 관심은 1926년 여름학기 강의인 『고대철학의 근본개념들』(Grundbegriffe der antiken Philosophie), 1935년 여름학기 강의인 『형이상학입문』(Einführung in die Metaphysik), 1942년 겨울학기 강의인 『Parmenides』, 1952년 여름학기 강의인 『사유란 무엇인가?』(Was heißt denken?)에서 잘 나타난다.

에 의해서 구성되어졌는가의 문제가 아니라 진정한 세계가 어떤 방식으로 존재하는가의 문제였기 때문이다. 파르메니데스는 이오니아 학파의 철학자들이 아르케가 지녀야 하는 특징들 사이에 존재하는 모순을 파악하고 진정한 존재는 변화해서는 안 된다고 주장한다. 그에 따르면 세계는 변화하는 것이 아니라 지속적으로 존재하는 것이어야 한다. 우리가 생성과 소멸 속에서 경험하는 일상적인 세계는 진정한 세계가 아니다. 이러한 파르메니데스의 입장을 좀 더 단순화하면, 존재하는 것은 존재하며 존재하지 않는 것은 존재하지 않는다는 것이다. 여기에서 우리가 유일하게 생각할 수 있는 것은 존재하는 것이다. 그런데 이러한 파르메니데스의 주장은 비존재 또는 빈 공간의 존재를 부정하는 것이 되는데, 이러한 파르메니데스의 입장은 세계가 특정한 시점에 만들어졌다는 주장과는 구분되어야 한다. 그에 따르면 존재로 충만해 있는 세계는 어떤 특정한 순간에 무(無)에서부터 생겨난 것이 아니다. 우리 눈앞에 있는 세계는 말 그대로 원래부터 존재했던 세계이다. 또한 이러한 세계가 어떤 특정한 시점에 완전히 사라진다는 것도 생각할 수 없다. 세계가 사라진다는 것은 세계가 비존재의 상태로 변해버리는 것을 의미하는데, 빈 공간의 존재를 거부하는 파르메니데스에게 이것은 받아들일 수 없다. 그에 따르면 세계의 지속적인 변화나 운동도 이런 이유에서 불가능한 것이다. 이러한 파르메니데스의 주장에서 귀결되는 중요한 점은 우리가 생각할 수 있는 어떤 것이 존재하고 사유가 이러한 존재에게 다가갈 수 있는 유일한 통로라는 점인데, 여기에서 그는 사유와 존재의 긴밀한 관계를 설정하고 있다. 파르메니데스에 따르면 존재하는 것만이 유일하게 사유될 수 있다. 반면에 우리는 존재하지 않는 것을 결코 사유할 수 없다는 것이 파르메니데스가 제시하는 존재론의 입장이다.

하이데거는 파르메니데스와 헤라클레이토스를 서양사유의 시원을 제시한 철학자로서 평가한다. 하이데거는 이 두 사상가에 의해서 서양철학의 본격적인 전개가 가능했다고 생각한다.>10 하이데거가 이들 사상가를 서양철학의 전개에 있어서 시원적 사유를 제공한 사상가로 평가하는 것은 당연한 일이다. 왜냐하면 하이데거는 플라톤과 아리스토텔레스 이래로 전개된 잘못된 존재물음이 파르메니데스와 헤라클레이토스처럼 시원적 사유를 제공한 철학자들에게는 발견되지 않는다고 보기 때문이다.

2) 하이데거와 플라톤

하이데거는 존재물음을 새롭게 제기하면서 서양 형이상학의 시원에 대해서 관심을 갖는다. 이러한 관심은 하이데거로 하여금 형이상학의 본질과 역할에 대한 비판을 전개하게 한다. 하이데거가 『존재와 시간』에서 언급한 내용들은 어떤 점에서는 이러한 형이상학을 새롭게 구축하기 위한 것이라고 할 수 있다. 즉 그의 존재물음은 전통 형이상학을 해체하고 새로운 형이상학을 구축하려는 시도로서 이해할 수 있을 것이다. 하이데거에 따르면 이러한 형이상학의 중심물음

>10 GA 55권, 1쪽 참고. 하이데거는 또한 최초의 시원적 사유를 전개한 철학자로서 아낙시만드로스를 언급하고 있다. 같은 책, 2쪽 참고. 가다머 역시 하이데거가 고대 그리스철학에 관심을 가지면서 아낙시만드로스, 파르메니데스, 헤라클레이토스에 주목한다는 점을 지적한다. 그에 따르면 니체와 마찬가지로 하이데거는 형이상학의 해체를 시도하면서 이들 고대 그리스 사상가에게 관심을 갖게 된다. H.-G. Gadamer, *Heideggers Wege*, Tübingen 1983, 70쪽.

은 다른 것이 아니라 존재의 의미에 대한 물음이다. 이러한 존재의
의미에 대한 논의는 오래된 철학의 과제이다. 하이데거가 『존재와 시
간』 첫 장에서 플라톤의 『소피스테스』를 인용하여 설명하듯이, 존재
의 의미에 대한 논의는 고대 그리스시대부터 시작되었던 철학의 중
심주제이다.

우리는 이러한 존재에 대한 본격적인 논의를 플라톤에게서 찾아
볼 수 있다. 플라톤의 사상을 대표하는 이데아설은 다른 것이 아니라
존재에 대한 물음에 답변하는 것이기 때문이다. 플라톤은 참된 앎의
대상을 이데아라고 규정하는데, 이데아는 참된 존재이며 경험세계의
모든 사물들, 즉 존재하는 모든 것을 가능하게 한다. 이러한 이데아
의 존재를 상정하는 플라톤의 작업은 서양 형이상학의 기본적인 토
대를 제시하는 작업이다.>11

플라톤에 따르면 이데아는 완전히 비물질적인 것이며 그런 점에
서 경험세계의 사물들과 구분된다. 이러한 플라톤의 이데아설은 그
의 스승이었던 소크라테스와 논쟁을 벌였던 소피스트들의 상대주의
적 입장을 비판하고 보편적이고 객관적인 앎의 가능성을 확보하기
위한 역할을 한다. 플라톤은 참된 앎과 참된 존재가 무엇인가를 밝혀
내기 위해서 이데아의 존재를 역설했던 것이다.

플라톤에 따르면 이데아는 경험세계의 사물들과 다른 존재론적
인 특징을 가진다. 그것은 결코 감각경험을 통해서 파악할 수 없는
점이다. 감각경험은 이데아의 모사물에 불과한 경험세계의 파악을
대상으로 할 뿐이다. 반면에 이데아의 세계는 지성을 통해서 파악할

>11 물론 하이데거의 입장에서는 이러한 고대 그리스의 형이상학은 다른 것이 아니
라 "존재에 대한 물음의 커지는 망각"(die wachsende Vergessenheit der Frage nach
dem Sein)일 수 있다. H.-G. Gadamer, *Heideggers Wege*, Tübingen 1983, 72쪽.

수 있는 세계이다. 지성을 통해서 파악된 지식은 episteme로서 우리를 참된 진리의 세계로 이끌어준다. 이러한 이데아가 지닌 특징은 비물질적이며, 변화하지 않으며 영원한 존재라는 점이다. 이데아는 시간과 공간 속에서 존재하는 경험적 대상들과는 달리 초시간적이며 초공간적으로 존재하기 때문에 특정한 시점에서 생성하거나 소멸하지 않으며 따라서 지속적으로 존재하고 영원불변하는 것이다. 비록 플라톤은 이러한 이데아가 인간의 이성 속에서 상기를 통해 알려질 수 있다고 인정하지만, 이러한 이데아가 인간의 의식과 독립해서 존재하는 것, 즉 객관적으로 존재하는 것이라고 주장한다.

플라톤은 동굴의 비유, 선의 비유, 태양의 비유를 통해서 이러한 이데아의 존재를 확신하고 있다. 이러한 이데아설은 그의 스승이었던 소크라테스의 주장에 영향을 받은 것이었다. 즉 플라톤은 확고한 보편적 가치와 객관적 진리의 존재를 뒷받침해주기 위해 이데아의 존재를 주장했던 것이다. 특히 이데아설은 모든 윤리적인 삶의 기준이 되는 선(agathon)의 존재를 뒷받침해주기 위한 것이었다.>12 그러나 플라톤은 여기에서 멈추지 않고 경험세계가 아니라 이데아의 세계만이 참된 세계이며 경험세계 속에서 살고 있는 인간이 이러한 이데아의 세계로 다가가야 함을 역설한다. 플라톤은 유명한 동굴의 비유를 통해서 인간은 마치 어두운 동굴 속에서 쇠사슬에 묶여 있는 존재와

>12 플라톤이 말한 선의 이데아에 대해서는 논쟁의 여지가 있다. 이러한 선의 이데아는 한편으로는 다양한 이데아들의 종합으로서 해석할 수 있고 다른 한편으로는 다른 이데아들과는 완전히 다른 독립된 이데아라고 해석할 수 있다. 가다머에 따르면 이러한 선의 이데아는 다른 이데아들과는 다른 것, 즉 모든 이데아를 벗어나 있는 것으로 해석할 수 있다. 이런 점에서 가다머는 아리스토텔레스의 해석에 의존하여 선의 이데아가 다양한 이데아들 중의 하나가 아니라 가장 근원적인 이데아라는 점을 강조한다. H.-G. Gadamer, *Heideggers Wege*, Tübingen 1983, 76쪽.

같으며 그는 동굴의 어둠 속에서 벽에 비친 사물들의 그림자를 실재로 간주하면서 살아갈 뿐이라고 지적한다. 따라서 인간에게 주어진 과제는 이러한 동굴로부터 벗어나서 빛이 비치는 곳에서 사물들의 참다운 모습을 파악하는 것이다. 플라톤에 따르면 사물들의 참된 모습을 드러내주는 것이 바로 이데아이기 때문이다.

그러나 하이데거에 따르면 이러한 이데아에 대한 플라톤의 관심은 존재에 대한 올바른 물음을 제기하는 것과 상관이 없다.[13] 특히 플라톤은 이러한 이데아설을 통해서 세계를 이원론적으로 파악했다는 오해의 여지를 제공했으며, 이데아의 세계와 경험세계 사이의 분유(methexis)와 임재(parousia)의 문제를 야기하면서 존재에 대한 논의를 왜곡시키게 된다. 또한 플라톤의 이데아설은 참된 진리가 다른 것이 아니라 이데아와의 합치 또는 일치를 의미한다고 보기 때문에 진리의 본래적인 의미, 즉 비은폐성(Unverborgenheit)으로서의 역동적인 진리의 의미를 왜곡시키는 결과를 가져온다.[14]

>13 물론 플라톤의 이데아설이 존재에 대한 논의를 본격적으로 시작하게 했다는 점은 부인할 수 없을 것이다. 그러나 하이데거의 입장에 따르면 존재를 이데아로 파악하는 플라톤의 태도는 존재의 역동적인 모습을 드러내기에는 부족한 것이다. 하이데거는 플라톤의 이데아뿐만 아니라 아리스토텔레스의 에네르게이아, 칸트의 정립(Position), 헤겔의 절대개념, 니체의 힘에의 의지 모두 이러한 존재의 역동성을 드러내주지는 못하는 것으로 간주한다. GA 14권, 9쪽.
>14 가다머의 해석에 따르면 플라톤에게서 이러한 비은폐성으로서의 진리가 진술의 올바름으로서의 진리개념으로 변화된다. H.-G. Gadamer, *Heideggers Wege*, Tübingen 1983, 75쪽.

3) 하이데거와 아리스토텔레스

아리스토텔레스에 대한 하이데거의 관심은 1907년 Conrad Gröber가 브렌타노의 박사학위 논문인 「아리스토텔레스의 존재자의 다양한 의미에 관하여」(Von der mannigfachen Bedeutung des Seienden nach Aritstoteles, 1862)를 접하면서부터 시작되었다. 아직 어린 나이의 하이데거는 이 논문을 접하면서 존재의 의미에 대한 관심을 갖게 되었고, 이것은 나중에 하이데거로 하여금 철학의 길로 다가서게 하였다.

아리스토텔레스의 철학에 대한 관심은 하이데거로 하여금 마르부르크대학으로 가게 되는 원인 중의 하나로 작용하는데, 그가 아리스토텔레스의 철학에 대해서 독창적인 해석을 전개했던 것이 마르부르크대학의 나토르프로 하여금 관심을 불러일으켰기 때문이다. 프라이부르크대학에서 1923년에 행해진 하이데거의 강연인 『존재론. 현사실성의 해석학』이 마르부르크학파에서 중심역할을 했던 나토르프에게 신선한 자극을 주었기 때문인 것이다.[15]

아리스토텔레스의 철학은 처음에 신학을 공부하였던 하이데거에게 많은 영향을 주었던 것은 당연한 일이었을 것이다. 아리스토텔레스의 영향은 하이데거로 하여금 스콜라철학에 대해 관심을 갖게 하고 이러한 관심은 교수자격 논문인 『둔스 스코투스의 범주론과 의미론』(Die Kategorien-und Bedeutungslehre des Duns Scotus)에서 잘 드러나게 된다.[16]

[15] 하이데거는 마르부르크대학과 괴팅겐대학의 교수직에 관심을 가졌다. 그러나 하이데거는 괴팅겐대학에서 거부했기 때문에 마르부르크대학으로 가게 된다. 1923년 겨울학기부터 하이데거는 마르부르크대학에서 강의하게 된다.

아리스토텔레스의 철학은 플라톤철학에 대한 비판에서 시작된다. 아리스토텔레스는 플라톤의 이데아설을 비판하는데, 왜냐하면 그는 플라톤이 주장하는 이데아의 초월적인 특성을 받아들일 수 없다고 생각하기 때문이다. 아리스토텔레스는 우리 눈앞에 존재하는, 세계를 벗어나 있는 이데아의 존재를 받아들일 수 없다고 본다. 아리스토텔레스는 세계가 우시아로 이루어져 있으며 그런 점에서 현실세계 너머에 초월적인 세계를 상정하는 것은 잘못된 것이라고 생각한다. 그는 세계를 현실세계와 이데아의 세계로 나누는 것을 거부한 것이다. 물론 플라톤은 현실적인 경험세계와 이데아의 세계가 어떤 식으로든 연결되어 있음을 부인하지는 않았지만, 경험세계의 의미와 가치를 적극적으로 인정하지 않았다는 점에서 아리스토텔레스로부터 비판을 받는다. 이러한 아리스토텔레스의 비판은 플라톤을 넘어서 파르메니데스에 대한 비판으로 이어진다. 아리스토텔레스에 의하면 진정한 세계는 불변하며 전적으로 비물질적인 것으로 이루어진 것이 아니라 우리가 일상생활 속에서 경험하는 것처럼 변화하고 움직이는 대상들로 구성된 세계일 뿐이다.

여기에서 아리스토텔레스는 현실세계를 구성하고 있는 것을 우시아라고 부르게 된다. 세계의 모든 사물들은 형상과 질료로 구성되어 있는데, 이것이 실제로 현실 속에서 존재하는 우시아인 것이다. 아리스토텔레스는 경험세계의 사물들이 질료와 형상이 결합한 것이라고 규정함으로써 경험세계와 초월적 이데아의 세계를 구분했던 플

>16 Figal에 따르면 아리스토텔레스는 하이데거에게 인간이해를 위한 이념을 제공했던 철학자이다. Figal은 나아가서 하이데거가 아리스토텔레스의 철학을 "극단적인 현상학적 인간학"(radikale phänomenologische Anthropologie)으로 받아들인다는 점을 지적한다. Figal, *Heidegger zur Einführung*, Hamburg 1992, 28쪽.

라톤철학의 문제점을 극복하려고 했다. 물론 우리는 여기에서 질료와 결합하는 형상을 플라톤의 이데아와 같은 것이라고 생각해서는 안된다. 아리스토텔레스의 형상은 플라톤의 이데아처럼 경험세계와 분리되어서 존재하는 것이 아니기 때문이다. 형상은 질료에게 구체적인 사물의 형태를 제공해주면서 경험세계의 사물을 구성하는 역할을 한다. 그런데 중요한 점은 이러한 형상이 질료와 결합할 때에 비로소 구체적인 사물로 존재할 수 있다는 것이다. 형상은 그 자체로 존재하는 것이 아니라 질료와 결합하여 사물을 존재하게 하는 것이다. 형상과 질료는 개별적인 사물들을 구성하는 두 가지의 구성요소인 것이다. 따라서 형상은 질료 없이 그리고 질료는 형상 없이 존재할 수는 없다.

질료와 형상의 관계는 아리스토텔레스에 따르면 가능태와 현실태라는 용어를 통해서 설명할 수 있다. 질료는 현실 속에서 구체적인 형태의 사물로 될 수 있는 가능성을 갖고 있기 때문에 가능태(dynamis)라는 존재특성을 지니고 있다. 반면에 형상은 질료가 특정한 형태의 사물로, 구체적으로 존재하게 하기 때문에 현실태(energeia)라는 존재특성을 지닌다고 말할 수 있다. 그런데 여기에서 주목할 것은 가능태와 현실태는 그 자체로 존재하는 것이 아니라 구체적으로 존재하는 사물들이 지닌 존재특성을 드러내주기 위한 표현이라는 점이다. 아리스토텔레스에 따르면 가능태와 현실태라는 용어를 통해서 사물들의 변화를 잘 설명할 수 있다. 사물들은 가능태에서 현실태로 나아가면서 구체적인 사물로 존재하게 된다. 가능태와 현실태라는 용어는 어떤 점에서는 상대적인 개념이라고 할 수 있는데, 이것은 현실태에 도달한 사물들은 또 다른 현실태를 위한 가능태의 역할을 할 수 있기 때문이다. 아리스토텔레스는 이처럼 사물들이 가능태에서 현실태로 나아가는 과정을 운동(kinesis)이라고 규정한다. 세계 내에 존재하는 사물들의 변화와 운동은 가능태에서 현실태로 나아갈 때, 즉 질료가 구체적인 형상에 도달하면서 일어나는 자연스러운 과정인 것이다. 세계 내에 존재하는 사물들은 자신들의 가능태를 현실태로 실현하면서 변화하거나 운동하는 것이다.

아리스토텔레스는 세계를 지속적으로 변화하는 역동적인 것으로 파악하고 있다. 이러한 세계 속에서 개개의 사물들은 자신들의 가능성을 지속적으로 현실성으로 옮겨놓으면서 자신들의 목적(telos)에 도달한다. 세계 내에서 일어나는 사물들의 변화와 운동은 자연스러운 것인데, 이러한 아리스토텔레스의 입장은 변화를 부정적으로 생각하는 파르메니데스와 플라톤의 주장과는 구분된다. 왜냐하면 이들에게는 변화는 잘못된 것이며 진정한 존재는 변화하지 않는 것이기 때문이다. 반면 아리스토텔레스는 사물들의 존재는 가능태에서 현실태에 도달할 때 비로소 가능하다고 보는데, 이러한 아리스토텔레스의 존재론은 이전의 철학자들과는 달리 세계의 변화와 다양성을 긍정하는 결과를 야기하게 된다.

이러한 아리스토텔레스의 존재론이 존재물음을 제기하는 하이데거에게 영향을 주었다는 점은 부인할 수 없는 사실이다. 하이데거는 『존재와 시간』의 원래 계획에도 아리스토텔레스의 시간이해를 첨부할 계획을 가지고 있었다는 점이 이를 뒷받침해준다. 그러나 전통적인 존재론을 비판하면서 존재론적 차이를 강조하는 하이데거의 입장은 존재와 존재자, 또는 있음(einai)과 있는 것(on)을 동일시하는 아리스토텔레스의 입장을 받아들이지 않는다.[17] 하이데거는 가능태에서

>17 아리스토텔레스는 그의 『형이상학』에서 있음과 있는 것 또는 존재와 존재자를 같은 것으로 규정한다. Aristoteles, *Metaphysik*, Hamburg 1994, 139쪽 이하.

현실태에 도달할 때 사물들이 존재하고 변화한다는 점에 주목하는 아리스토텔레스의 소박한 존재론이 존재의 근원적인 의미를 드러내 주지 못한다고 생각한다. 물론 하이데거는 아리스토텔레스가 존재를 유비적으로 파악하면서 이후 스콜라철학에서 존재에 대한 논의를 전개하도록 영향을 주었다는 점을 인정하지만, 존재와 존재자 사이의 근원적인 차이점을 드러내는 데는 실패했다고 생각한다. 하이데거에 따르면 아리스토텔레스는 존재의 다양한 의미에 대해서 올바르게 논의하지 않았다.[18]

>18 하이데거는『존재와 시간』에서 중세의 존재론도 고대의 존재론과 마찬가지로 존재 자체가 어떤 의미를 갖고 있는지 묻지 않았다고 비판한다. 하이데거가 보기에 중세의 존재론은 존재의 의미를 너무 자명한 것으로 받아들였기 때문에 이런 일이 일어났다.

3. 하이데거와 근대철학

1) 하이데거와 칸트

　우리는 칸트의 철학을 선험철학으로 이해하고 이러한 선험철학의 이념이 다른 것이 아니라 인식의 가능성과 그 한계를 밝혀내는 것이라고 이해할 때, 이러한 칸트의 철학과 존재의 의미를 추구하는 하이데거의 철학이 별다른 연관성을 지니고 있지 않을 것이라고 생각할 수 있다. 하이데거가 모든 전통철학을 존재물음의 결여 또는 망각으로 규정한다는 점에서 그가 칸트의 철학에 대해서 관심을 두지 않을 것이라고 추측할 수 있을 것이다. 그러나 하이데거는 실제로는 칸트의 철학에 대해서 많은 관심을 드러낸다. 이 점은 그가 칸트철학에 대한 논의를 다시 불러일으켰던 신칸트학파의 중심지였던 마르부르크대학에서 파울 나토르프와 같은 사람과 교류했다는 점에서도 알 수 있다. 하이데거는 『존재와 시간』의 원래 계획에 칸트의 도식주의(Schematismus)와 시간에 대한 논의를 첨부하였는데, 여기에서도 우리는 칸트철학에 대한 하이데거의 관심을 읽어낼 수 있다. 특히 우리는 하이데거가 『칸트와 형이상학의 문제』와 『칸트의 순수이성비판에 대한 현상학적 해석』에서 칸트철학에 대한 깊은 관심을 드러내고 있음을 발견할 수 있다.

　그러나 하이데거철학과 칸트철학 사이의 직접적인 연관성을 읽어내기는 쉽지 않다. 물론 앞서 언급했듯이 칸트철학에 대한 하이데거의 관심은 컸다는 점을 부인할 수는 없을 것이다. 그럼에도 하이데거에 따르면 칸트의 선험철학이 존재물음을 올바로 제기하지 못했다는 비판을 피해가기는 어렵다. 이러한 비판에도 불구하고 하이데거는 칸트의 『순수이성비판』의 작업에 큰 관심과 의미를 둔다. 하이데거는 『순수이성비판』에서의 칸트의 작업을 형이상학의 토대를 놓기 위한 작업으로 이해한다. 하이데거는 이러한 칸트의 작업을 이성의 유한성을 규명하는 것으로 파악하는데, 이것은 하이데거가 칸트의 인식작용의 핵심인 구상력(Einbildungskraft)을 시간성(Zeitlichkeit) 속에서 해석한다는 점에서 잘 드러난다.

　칸트는 『순수이성비판』의 서문에서 지금까지 끊임없이 다툼의 장소가 되어왔던 철학의 분야가 바로 형이상학이라고 지적한다.[19] 비록 한때는 형이상학은 '모든 학문의 여왕'이라고 불렸던 적이 있지만, 칸트가 보기에 자신의 시대에는 이러한 명칭은 더 이상 사용될 수 없는 것이었다. 이것은 형이상학이 다른 학문들의 토대와 전개방향을 제시해주지 못할 뿐만 아니라 자신의 정체성조차도 확립하지 못하는 상황에 처해있음을 드러내주는 것이다. 이런 이유에서 칸트는 형이상학의 새로운 정초를 시도한다. 그는 『순수이성비판』에서 '어떻게 학문으로서의 형이상학이 가능한가?' (Wie ist Metaphysik als Wissenschaft möglich?)라는 물음을 제기하는데, 이것은 『순수이성비

>19 I. Kant, *Kritik der reinen Vernunft*, Hamburg 1990, 5쪽(이하 KdrV로 표기).

판』에서의 작업이 다른 것이 아니라 형이상학을 정초하기 위한 것이라는 점을 잘 말해준다.[20] 칸트는 이러한 형이상학의 정초가 이성의 독단적 사용을 비판함으로써 가능하다고 보는데, 그에 따르면 전통철학에서 이성의 역할을 너무 과대평가하거나 반대로 너무 과소평가하는 것은 비판받아야 한다.

칸트는 형이상학의 정초가 무엇보다도 인간의 인식능력과 인식과정에 대한 비판적 고찰을 필요로 한다고 생각한다. 이러한 입장은 합리론과 경험론에 대한 비판으로 이어진다. 물론 그는 인식의 가능성을 확신하지만 그렇다고 인식이 이성만을 통해서 또는 감각지각(감각경험)만을 통해서 이루어진다고 생각하지 않는다. 칸트는 대상에 대한 인간의 인식이 두 가지의 줄기를 통해서 이루어진다고 생각하는데, 그것은 각각 직관(Anschauung)과 오성(Verstand)이다. 그런데 칸트는 이러한 직관과 오성이 서로 인간인식능력의 공통적인 뿌리에서 유래한다고 보는데, 여기에서 그는 이전의 철학에서와는 달리 인식을 위해서 이 두 가지 요소가 반드시 필요하다는 점을 강조한다.[21] 칸트가 말하는 감각은 경험론자들이 인식에 있어서 강조한 감각지각을 의미하며, 오성은 합리론자들이 중요하게 생각했던 인식능력을 의미한다. 칸트에 따르면 인식은 시간과 공간이라는 직관형식 속에 주어진 내용물들과 오성이 지닌 범주가 결합하여 생겨난다. 그런데 칸트가 『순수이성비판』에서 강조하는 것은 직관과 오성이라는 인식능력이 인간에게 선험적으로 주어져 있다는 점인데, 이와 함께 제시되는 것은 인식의 문제에 있어서 인간이 주체의 역할을 한다는 점이

---

[20] KdrV, 53쪽.

[21] KdrV, 58쪽.

다. 칸트는 이것을 소위 '코페르니쿠스적 전회'라는 용어로 설명하고 있다.

그러나 하이데거는 칸트가 인식주관에 대한 신뢰 속에서 존재물음을 올바르게 제시하지 못했다고 생각한다. 즉 칸트는 인식주관의 존재론적 특성을 제대로 분석하지 못했는데, 하이데거는 이것이 데카르트의 인식론적 입장을 그대로 계승한 결과라고 생각한다. 하이데거에 따르면 데카르트는 cogito sum(나는 생각한다, 존재한다)의 의미를, 즉 cogito에 대한 집착 때문에 sum의 존재론적인 의미를 올바르게 제시하지 못했는데 칸트도 이 점을 그대로 이어받는 태만을 범했다.[22]

존재에 대한 하이데거의 진지하고 적극적인 물음은 이러한 데카르트적이고 칸트적인 주관에 대한 비판을 의미한다. 인간을 이러한 주관으로서 규정하는 것은 서양철학이 존재에 대한 물음을 왜곡시키는 결정적인 결과를 야기한다. 이러한 입장은 하이데거에 따르면 서양철학의 태만이며 숙명인 것이다. 하이데거는 이 점을 다음과 같이 비판한다: "'존재는 실제적인 술어가 아니다'라는 칸트의 진술은 앞에서 말한 데카르트의 명제를 반복한 것에 불과하다. 이를 통해서 근본적으로 존재에 대한 순수한 문제성의 가능성이 포기되고 그래서 앞에서 말한 실체의 규정들이 얻어지는 도피로가 찾아지게 될 뿐이다."[23] 하이데거는 인간이라는 존재자를 이러한 비공간적이고 비시간적인 주체로서 규정하는 것을 반대하고 대신에 인간을 그의 시간성 및 그의 역사성 속에서 파악하는데, 이러한 하이데거의 태도는 존

---

[22] SZ, 24쪽.
[23] SZ, 94쪽.

재에 대한 그의 독특한 이해에서 기인하는 것이다.

칸트는 주관의 인식론적 역할에 주목한 나머지 이러한 주관에 대한 존재론적 고찰을 간과했으며 여기에서 존재, 즉 존재의 의미를 적극적으로 논의할 수 없었던 것이다. 비록 칸트의 철학적 작업은, 특히 『순수이성비판』에서의 작업은 형이상학에 대한 논의를 전개했다는 점에서 높이 평가할만한 것이다. 그러나 존재물음을 통해서 진정한 형이상학과 존재론의 정초를 시도하였던 하이데거의 입장에서 본다면 칸트가 정초한 형이상학은 만족할만한 것이 아니었다. 비록 칸트의 선험철학이 형이상학을 일반 형이상학의 영역에 정착시키고 감성계(현상계)와 초월적 세계(물자체)를 구분하면서 보편타당한 인식의 가능성을 정초하였던 것은 의미 있는 일이다. 이러한 칸트의 작업은 합리론과 경험론이 대립하고 있던 당시 철학의 흐름을 융합시키면서 근대인의 세계관을 잘 드러내주었던 것이다. 한편으로 본다면 칸트의 이러한 선험철학적인 작업은 근대적인 인식론의 정초를 가능하게 해주었던 것이지만, 다른 한편으로 본다면 형이상학과 존재론을 제한하는 역할을 하는 것이다. 존재물음을 올바르게 제기함으로써 전통 형이상학의 한계를 극복하려는 하이데거의 입장에서 본다면 칸트의 선험철학의 이념은 존재물음에 대한 근본적인 답변을 제시해 줄 수 없다.

2) 하이데거와 니체

하이데거의 철학과 니체의 철학은 서양철학의 전통에 대한 적극적인 비판이었다는 점에서 서로 연결고리를 형성하고 있다. 하이데거는 플라톤 이래로 전개된 서양철학의 흐름을 비판하는 니체의 철학에 대한 깊은 공감대를 형성하고 있으며 나아가서 유럽문명의 허구성을 폭로했던 니체철학의 과제를 자신의 존재물음을 통해서 이어가고 있다. 하이데거의 존재물음은 니체의 신의 죽음, 허무주의, 초인사상, 힘에의 의지, 영겁회귀사상과의 연관성 속에서 논의할 수 있다. 왜냐하면 이러한 니체의 사상들 역시 서양 형이상학과 존재론에 대한 새로운 해석을 위한 시도라고 볼 수 있기 때문이다.

인간의 삶에 대한 논의에서 출발하는 니체의 사상은 "모든 가치의 가치전도"를 통해서 서양철학의 중심적인 주장들을 해체한다. 니체는 동일성, 주체, 이성, 피안의 세계, 보편적인 진리와 같이 서양 형이상학의 본래적인 내용을 이루고 있는 핵심적인 주장들을 계보학적인 입장에서 그 근원에서부터 철저하게 비판하고 있다. 니체에 따르면 이러한 형이상학적 가치들은 인간을 현실세계로부터 격리시키고 진정한 삶의 의미를 상실하게 하였으며 자신의 삶의 터전으로부터 도피하게 하는 가상일 뿐이다.

전통철학 속에서 등장하였던 형이상학적 가치들은 마치 쇠사슬처럼 인간의 자유로운 삶을 구속할 뿐이다. 특히 이러한 상황은 철학이 삶의 진정한 의미와 가치를 창조하는 것이 아니라 학문이라는 편협하고 영양실조에 걸린 초라한 형태로 변해버렸을 때 더욱 악화된다. 니체에 따르면 삶은 어떤 식으로든 억압되거나 부정되어서는 안된다. 삶에 대한 적극적인 신뢰, 삶에의 의지의 적극적인 긍정, 특히 보다 강력한 힘에의 의지를 근원적인 존재특성으로 하는 인간의 삶은 어떤 식으로든 긍정되어져야만 한다. 이런 점에서 니체의 철학은 전통철학과 결별하고 새로운 철학의 여정을 떠나게 된다.

니체철학의 영향은 당대에서는 미미했으나 2차 세계대전 이후에 프랑스를 중심으로 영향력을 행사하게 된다. 비록 한편에서는 니체 철학이 나치즘의 사상적 배경을 제공했다는 비판도 있었으나 근대적 세계관이 붕괴되고 새로운 세계관의 형성이 절실하게 요청되었던 시기에 니체의 사상이 지닌 영향력은 커다란 것이었다. 니체의 동생이었던 엘리자베스 푀르스터 니체(Elizabeth Förster-Nietzsche)에 의해서 니체의 발표되지 않은 글들이 『힘에의 의지』라는 제목으로 출간되면서 니체의 철학이 지닌 파괴적인 힘이 잘 알려지게 된다. 물론 이 작품은 니체 자신이 아니라 그의 여동생에 의해서 임의적으로 편찬된 것이지만, 니체의 사상들을 "힘에의 의지"의 측면에서 잘 드러내주고 있다. 힘에의 의지사상은 중세의 기독교적 세계관과 19세기에 정점에 도달했던 근대적 세계관에 대한 극단적인 불신감과 비판을 잘 드러내준다. 니체의 저작 곳곳에서 나타나는 독특하면서도 파괴적인 문체양식, 그 자체로도 이전의 철학적인 텍스트 해석을 해체하기 충분한 것이었다. 니체의 이러한 해체적인 글쓰기양식과 사유방식은 나아가서 서양의 세계관, 문화, 예술에 대한 극단적인 불신과 비판으로 이어진다. 니체는 서양의 전통 속에서 주어진 모든 가치들을 재해석하고 극복하는 작업을 전개한다.[24]

이러한 니체의 사상에 대한 관심은 하이데거 이전에는 게오르그 지멜의 저서 『쇼펜하우어와 니체』(1920), 야스퍼스의 『니체』(1936)에서 잘 나타나 있다. 그러나 니체철학에 대한 심도 있는 해석과 의미있는 비판은 1961년 하이데거가 2권짜리로 출간한 『니체』에 잘 드러나 있다. 30년대의 소위 '전회' 이후에 하이데거의 철학적인 작업은 니체를 통해서 구체화된다고 볼 수 있다. 물론 이러한 시기가 하이데

>24 Brian Leiter, *Nietzsche on Morality*, London 2002, 26쪽 이하.

거에게는 정치적으로 어려웠던 시기였음을 부인할 수 없다. 그러나 하이데거는 자신의 존재물음을 이후에는 니체 해석을 통해서 지속적으로 전개하고 있다. 하이데거는 지속적인 존재물음 속에서 서양 형이상학을 해체하고 나아가 새로운 형이상학의 시원을 구축하려고 하는데, 이 점은 니체철학에 대한 논의에서도 잘 드러난다.

하이데거는 『니체』에서 니체철학의 특징들을 잘 설명하고 있지만 그렇다고 니체철학을 무조건적으로 수용하지는 않는다. 오히려 우리는 하이데거가 여기에서 니체철학을 서양철학의 정점에 놓여 있는 것으로 규정하면서 비판하고 있다는 점에 주목할 필요가 있다. 하이데거에 따르면 니체의 힘에의 의지사상과 영겁회귀사상은 서양 형이상학의 본질과 특징을 잘 드러내주는 것이다. 그럼에도 불구하고 여기에서 주목할 것은 이러한 니체의 철학이 하이데거의 철학과 연관성을 갖고 있다는 점이다.

하이데거의 사상과 니체의 사상이 지닌 내적인 연관성은 니체가 근대철학과는 달리 인간을 주관으로서 이해하지 않고 초인으로 이해하려고 했고 하이데거가 인간을 현존재로서 이해한다는 점에서 찾아볼 수 있을 것이다. 니체의 초인은 추상적이고 관념적인 인간이해가 아니라 지금 여기의 현실세계에서 삶의 의미를 적극적으로 창조해나가는 인간이다. 초인은 인간을 추상적인 인식주체나 이성적인 동물로 규정했던 전통철학에서의 인간이해와는 다르게 구체적인 현실세계를 살아가는 인간인 것이다. 하이데거의 현존재도 그것이 구체적인 삶의 한가운데로 내던져진 존재자로 규정되는 한 그리고 시간성 속에서 살아가는 존재자로 이해되는 한에서 니체의 인간이해와 같은 맥락에서 언급될 수 있을 것이다. 현존재는 인간이라는 존재자가 어떤 실체적인 규정성 속에서 이해될 수 있는 것이 아니라 구체적인 현실 속에서 그리고 유한한 삶의 지평 속에 놓여 있다는 것을 말해준다. 하이데거는 이러한 현존재의 존재론적 특성을 세계-내-존재라고 부르는데, 이것은 구체적인 현실세계 속에서 새로운 가치를 창조하면서 실존해야만 하는 니체의 초인의 특성과 연결될 수 있을 것이다.

하이데거는 어떤 철학자보다도 전통 형이상학에 대한 니체의 적극적인 비판을 긍정적으로 평가하지만 존재에 대한 니체의 이해를 올바르지 않다고 비판한다. 하이데거에 따르면 니체가 강조한 힘에의 의지나 영겁회귀는 존재자체가 아니라 존재자의 존재특성을 드러낼 뿐이다.[25] 니체에 따르면 힘에의 의지는 초월적인 세계에 설정해 놓은 최고의 가치들이 모두 사라져버린 상황에서 인간이 허무를 극복하기 위해서 추구해야 할 가치이다. 존재하는 모든 것들은 이러한 힘에의 의지를 추구할 수밖에 없다. 니체의 주장에 따르면 전통철학은 이러한 존재의 본질을 왜곡했으며 이런 이유에서 인간의 삶은 점점 소극적으로 변하고 현실세계의 의미는 왜곡되어버린다. 반면에 존재의 본질이 힘에의 의지라는 점을 깨달은 사람들은 삶 속에서 보다 많은 힘에의 의지를 추구하게 되고 다양한 삶의 가치를 추구하게 된다. 인간은 이러한 힘에의 의지 속에서 지금 여기에서 일어나는 모든 일들을 긍정하게 되고 나아가서 동일한 것의 영원한 되돌아옴, 즉 영겁회귀를 긍정하게 된다. 하이데거에 따르면 니체가 말하는 힘에의 의지와 영겁회귀는 신의 죽음 이후에 전개되는 허무주의와 초인사상을 잘 뒷받침해주는 사상이지만 이들 역시 존재의 근원적인 의미가 아니라 단지 존재자의 의미를 드러내주는 것에 불과한 것이다.

---

[25] 하이데거 해석자인 G. Haeffner는 니체의 힘에의 의지사상과 하이데거의 현존재가 서양철학 비판에 있어서 같은 역할을 한다는 점을 강조하고 있다. G. Haeffner, *Heideggers Begriff der Metaphysik*, München 1981, 48쪽 이하.

또한 하이데거는 전적으로 생성의 세계만을 긍정하면서 존재를 비판하는 니체의 입장을 무조건적으로 수용하지는 않는다. 사실 니체는 고대 그리스 이후에 불변하는 존재를 철학의 중심주제로 삼는 서양철학의 전통을 해체하려고 했던 것이다. 그에게 이러한 존재는 힘에의 의지에 의해서 역동적으로 변화하고 생성해가는 세계의 진정한 의미를 드러내줄 수 없는 것이었다. 따라서 존재에 무게중심을 둔 모든 서구의 형이상학적 작업은 마땅히 해체되어야 한다는 것이 니체의 지적이다. 그러나 하이데거에 따르면 이러한 존재에 대한 니체의 이해는 그 자체로 왜곡된 것이다. 하이데거가 관심을 두는 존재는 니체가 비판하는 전통철학에서의 존재가 아니라 모든 존재자들 사이의 역동적인 관계를 가능하게 해주고 현존재에게 존재의미를 가져다주는 것이다. 하이데거가 말하는 존재는 니체가 비판했던 것처럼 생명력이 없는 것, 죽어 있는 것, 구체적인 지금 여기의 세계를 벗어나 있는 초월적인 대상이 아니다. 파르메니데스, 플라톤에 의해서 시작된 존재에 대한 논의를 해체하려는 하이데거의 입장은 전통철학 속에서 전개되었던 존재개념을 거부하는 니체와는 달리 이러한 존재개념의 근원에 대한 논의를 전개한다. 하이데거의 시각에서 보자면 니체는 이러한 전통철학, 즉 형이상학에서의 존재이해를 적극적으로 극복하려고 하지 않았기 때문에 니체도 또 하나의 형이상학자일 뿐이다. 말하자면 하이데거는 니체의 철학 속에서 전통 형이상학의 완성을 보고 있는 것이다. 하이데거의 입장에서 본다면 니체의 철학은 이전의 철학과 비교해서 다른 점이 있지만 이러한 니체의 철학도 여전히 존재와 생성의 이분법적 구분에 사로잡혀 있기 때문에 전통 형이상학의 영역에 머물러 있는 것이다.

하이데거는 이러한 현존재의 존재론적인 특성을 세계-내-존재

(In-der-Welt-sein)라고 부르는데, 이 용어는 지금까지 철학에서 제시된 인간이해를 해체하려는 하이데거의 입장을 잘 드러내주는 것이다. 인간을 주체 또는 주관, 인격으로 이해하려 했던 전통철학의 입장과는 달리 인간을 현존재라고 규정하는 하이데거는 이러한 현존재의 존재론적 특성을 세계-내-존재라고 부른다. 세계-내-존재로서의 인간은 근대의 인식론적인 전통에서 말하듯이 객관 또는 대상과 대립하고 있는 주관이나 주체가 아니라 자신의 존재이해를 토대로 이미 세계 속에 거주하고 있다는 것을 말해준다. 현존재는 세계 없이 존재할 수 없다.>26 인식론자들이 주관과 객관을 구분하고 이들 사이의 관계를 인식론적인 장치를 통해서 연결하려는 시도는 하이데거에 따르면 인간이 이미 세계 내에 존재한다는 사실에서 간접적으로 이끌어지는 이차적인 작업일 뿐이다. 전통철학은 인간과 세계의 관계를 인식론적인 관점에서 주관과 객관으로 구분하면서 출발하기 때문에 인간이 본래 현존재로서 세계-내-존재라는 점에 관심을 갖지 못했던 것이다. 다른 측면에서 말하자면 전통철학, 특히 근대 이후의 주관성철학이 인식의 문제에 전적인 무게를 두었기 때문에 현존재로서의 인간이 세계-내-존재라는 점에 관심을 드러내지는 못했던 것이다. 이 점은 니체에게도 해당된다.

>26 이 점은 니체가 인간에게 대지의 의미를 부여하는 것에 비교할 수 있을 것이다.

4. 하이데거와 현대철학

1) 하이데거와 후설

우리는 하이데거의 철학이 후설의 현상학에 많은 영향을 받으면서 시작했다는 사실을 기억해야 할 것이다. 이 점은 하이데거 자신이 곳곳에서 자신의 철학을 현상학이라고 특징짓는 것에서 잘 알 수 있다. 또한 우리는 하이데거가 그의 전기의 주저인 『존재와 시간』을 후설에게 헌정하고 있다는 점에서 하이데거와 후설 사이의 긴밀한 연관성을 읽어낼 수 있다.

하이데거와 후설의 만남은 하이데거가 후설의 『논리연구』를 접하면서 시작된다. 하이데거는 이 책을 대학 도서관에서 빌려서 2년 동안이나 관심을 갖고 읽어갔다. 하이데거는 나중에 「현상학으로의 나의 길」에서 당시에 후설의 저서가 자기에게 많은 영향을 끼쳤다는 것을 언급한다. 『논리연구』는 브렌타노의 「아리스토텔레스에게 있어서의 존재자의 다양한 의미에 관하여」라는 논문과 함께 대학시절의 하이데거를 철학적으로 고무시켰던 책이다. 그러나 하이데거와 후설의 직접적인 관계는 1916년 후설이 괴팅겐대학에서 프라이부르크대학으로 부임하면서부터 본격적으로 전개된다. 하이데거는 후설과 함께 연구하면서 그의 현상학에 많은 영향을 받게 된다.

후설은 프라이부르크대학에서 괴팅겐대학에서와는 다른 현상학의 길을 제시하였다. 그는 『논리연구』에서 인식과 논리학의 토대를 심리작용 속에서 정초하려는 심리주의를 비판하는데, 그는 이제 여기에 머무르지 않고 소위 선험적 현상학 또는 초월적 현상학으로의 길을 걷게 된다. 후설은 이미 『엄밀한 학으로서의 철학』과 『이념들』 (Ideen zu einer reinen Phänomenologie und phänomenologischen Philosophie)을 통해서 그의 독자적인 현상학의 토대를 구축하였는데, 이러한 현상학의 작업은 하이데거가 마르부르크대학으로 갔던 시점인 1923년까지 진행되며 하이데거에게 많은 영향을 주게 된다.

19세기 말에 널리 전파된 심리주의에 반대하는 후설은 『논리연구』에서 순수논리학으로서의 철학의 역할을 강조하면서 인식론과 논리학의 토대에 대한 물음을 제기하면서 현상학으로의 길을 예비한다. 또한 후설의 현상학은 오래전부터 전개되어온 '제일학문'으로서의 철학의 역할을 확립하는 것인데, 그는 이것을 엄밀한 학으로서의 철학을 구축하는 것을 통해서 실현하려고 하였다.

이러한 후설의 현상학은 근대철학에서 전개되었던 주관과 객관의 문제에서 출발하는데, 후설은 소위 의식의 지향성이라는 용어로 주관과 객관 사이의 관계를 기술한다. 후설의 현상학의 중요한 출발점을 제공해주는 지향성(Intentionalität)이라는 용어는 본래 브렌타노에 의해서 본격적으로 사용된 용어인데, 그것은 인간의 의식작용이 갖고 있는 역동성을 드러내주는 용어이다. 브렌타노에 따르면 의식은 모나드와 같이 자기 세계에만 갇혀 있는 것이 아니고 항상 대상과 관계를 맺고 있는 의식, 즉 항상 어떤 것에 대한 의식이다. 즉 의식은 스스로 고립되어 있는 로빈슨 크루소적인 것이 아니라, 항상 타자 또는 대상을 지향하고 있는 의식인 것이다.

후설은 이러한 브렌타노의 지향성이라는 개념을 적극적으로 받아들여서 그의 현상학의 출발점으로 제시하고 있다. 이 위에서 후설은 이전의 철학자들이 언급했던 개념들, 예를 들면 사유하는 자아, 선험적 통각, 자기의식, 인격이라는 용어를 현상학적으로 적극적으로 해석해서 의식의 지향성이라는 용어를 자신의 철학의 출발점으로 제시한다.

의식의 지향성은 후설이 『논리연구』 처음 언급하였으며 이후에 『이념들』에서 본격적으로 논의되고 있는데, 이 개념은 후설의 현상학을 관통하고 있는 근본개념이라고 할 수 있다. 후설은 『논리연구』의 2권의 "5. 지향적인 체험과 그 내용들에 관하여"(Über intentionale Erlebnisse und ihre Inhalte)에서 지향성개념에 대한 논의를 전개하고 있다. 그러나 후설은 여기에서 브렌타노가 지향성이라는 용어를 경험적인 심리학의 입장에서 논의하는 것과는 달리 의식의 지향성이, 즉 의식의 지향적인 작용(intentionaler Akt)이 대상과의 사실적인 관계들(reale Bezüge)을 기술해주는 것이 아니라는 점을 강조한다.[27] 지향성은 근대철학에서처럼 대상과 구분되는 주관의 인식론적인 우월성을 지칭하는 것이 아니라 의식이 항상 대상을 향하고 있음을 드러내주는 존재론적인 기술인 것이다. 이러한 지향성은 의식작용 속에서 전통적인 의미에서의 주관과 객관이 만나고 있는 상태를 기술해주는 용어이다. 후설은 의식의 지향성을 통해서 의식과 의식대상 사이의 긴밀한 상관관계를 제시해준다. 후설에 따르면 의식의 지향성은 '형

>27 Edmund Husserl, Gesammelte Werke Bd. 19, *Logische Untersuchungen*, Den Haag 1975, 387쪽(이하 HG로 표기).

상과 질료의 상관관계'(Korrelation von Form und Stoff)를 표현해주는
용어인 것이다.

후설은 이러한 의식의 지향성을 노에시스와 노에마라는 개념을
통해서 설명하고 있다. 이때에 노에시스는 의식의 역동적인 작용 속
에서 주체적인 역할을 하는 것이고 노에마는 객체적인 역할을 하는
것이다. 그런 점에서 노에시스는 의식주체, 그리고 노에마는 의식객
체라고 이해할 수 있을 것이다. 여기에서 주목할 것은 이러한 노에시
스와 노에마는 항상 긴밀하게 결합하고 있다는 것인데, 이런 점에서
어떤 의식주체적인 계기도 의식객체적인 계기 없이는 존재할 수 없
다라고 말할 수 있다. 즉 우리가 생각을 할 때 그 생각은 항상 어떤
것에 대한 생각인 것과 마찬가지인 것이다.

후설은 지향성이 의식의 근원적인 특징을 드러내주는 용어라는
확신 속에서 이러한 지향성의 구조와 기능을 현상학적으로 기술해내
는 작업을 전개하는데, 이것이 그의 현상학의 출발점이다. 그러나 이
러한 지향성이라는 용어는 전기의 현상학뿐만 아니라 소위 선험적
현상학으로 각인되는 후기의 현상학에서도 중요한 역할을 하는데,
이것은 후설의 후기저작인 『형식논리학과 선험논리학』(Formale und
transzendentale Logik)과 『데카르트적 성찰』(Cartesianischen Meditation-
en)에서 잘 드러난다.

후설의 현상학은 의식이 근대의 사변철학에서처럼 어떤 실체적
인 규정을 통해서 설명되는 것이 아니라 항상 어떤 것과 만나고 있다
는 점을 강조하면서 그러한 만남의 역동적인 과정을 설명해주는 것
이다. 의식의 지향성을 통해서 이전 철학에서 언급된 주관과 객관,
물질과 정신, 형상과 질료라는 실체적인 구분은 애매해졌으며, 더 나
아가서 인식과 존재 사이의 거리감은 줄어들게 된 것이다. 후설은

『이념들』에서부터 이러한 의식이 선험적인 의식 또는 순수 자아라는 점을 강조한다. 이러한 의식작용에 대한 분석을 통해서 우리는 명증성을 확보할 수 있고 엄밀한 학으로서의 철학을 구축할 수 있다는 것이 후설의 주장이다. 이처럼 의식의 지향성에 대한 확고한 신뢰 속에서 후설은 "사태 자체로"(zu den Sachen selbst) 나아갈 수 있는 현상학의 정초를 외칠 수 있었던 것이다.

의식의 지향성은 의식 없이 어떤 것도 존재하지 않으며 모든 존재는 항상 의식의 상관자로서 존재한다는 것을 말해준다. 이런 점에서 보면 의식 외부에 독립적으로 존재하는 존재 자체, 즉 칸트적인 의미에서의 사물 자체, 물자체는 생각할 수 없다. 따라서 후설은 의식 속에 주어진 대상들을 현상학적으로 기술하는 것을 중요하게 생각한다. 다양한 과정을 거쳐서 전개되는 후설의 환원작업은 의식 속에 주어진 대상들을 명확하게 밝혀내는 일련의 인식구성의 작업이며, 이것은 자연적인 태도 속에서, 즉 "자연적 태도의 일반화"(Generalthesis der natürlichen Einstellung)에서 주어지는 사물에 대한 왜곡된 앎을 제거하여 명증한 인식을 구축하려는 작업이다. 이러한 환원의 작업은 자연적인 태도 속에서 사물의 존재에 대한 일상적인 믿음을 제거하여 사물의 엄밀한 존재의미를 구축하려는 작업인 것이다.

우리는 이러한 후설의 현상학을 "정적 현상학"(statische Phänomenologie)과 "발생적 현상학"(genetische Phänomenologie)으로 구분할 수 있다. 정적 현상학은 『논리연구』에서부터 『이념들』까지의 저서들에서 나타나고, 발생적 현상학은 후기의 저작들인 『형식논리학과 선험논리학』, 『데카르트적 성찰』과 같은 저작에서 나타난다. 정적 현상학은 순수 의식의 본질내용을 주로 다루고, 발생적 현상학은 의식의 활동적인 형태를 다룬다. 후설은 이처럼 정적 현상학에서 발생적 현상학으로 이행하면서 다양한 환원의 작업, 즉 형상적 환원, 선험적 환원, 현상학적 환원을 전개하는데, 이러한 환원은 모두 그의 현상학이 추구하는 명증성을 확보하기 위한 현상학적 작업이다.

존재물음을 제기하는 하이데거의 철학은 이러한 후설의 현상학과의 만남을 통해서 시작하고 있다. 하이데거는 프라이부르크대학에 있을 때 1919/20 겨울학기에 『현상학의 근본문제들』(Grundprobleme der Phänomenologie) 그리고 1920년에는 『직관과 표현의 현상학』(Phänomenologie der Anschauung und des Ausdrucks)에서 현상학에 대한 관심과 이해를 잘 드러내주고 있다. 그러나 하이데거는 점점 더 후설의 현상학을 소극적으로 받아들이게 된다. 비록 하이데거는 곳곳에서 현상학이라는 용어를 사용하지만, 이때에 그는 자신만의 고유한 현상학을 구축해 나갔던 것이다. 이러한 하이데거의 작업은 『아리스토텔레스에 대한 현상학적인 해석』(Phänomenologische Interpretationen zu Aristoteles)에 잘 드러나 있다. 이것은 원래 프라이부르크대학에서 1921/22년에 개최된 강의인데, 마르부르크대학에 있던 파울 나토르프는 이 저작에 많은 관심을 갖게 된다. 이를 통해서 하이데거는 마르부르크대학에서 강의를 하게 된다.

하이데거는 1928년 후설의 후임으로 프라이부르크대학으로 옮겨가기까지 후설과는 구분되는 자신만의 독특한 현상학적 태도를 제시하는데, 이러한 하이데거의 입장은 1927년 마르부르크대학에서 여름학기에 개최된 강의인 『현상학의 근본문제들』(Die Grundprobleme der Phänomenologie)에 잘 나타나 있다. 특히 하이데거는 이 강의에서 후설의 지향성개념을 적극적으로 비판하는데, 그는 후설의 지향성을 "전도된 주관화"(eine verkehrte Subjektivierung)라고 비판하고 있다.[28] 특히 후설에 대한 하이데거의 비판은 '환원'이라는 용어와 '순수 자아' 라는 후설의 개념에 집중된다. 하이데거는 마르부르크대학에서 칸트철학을 현상학적으로 논의하는 것으로 시작해서 서양철학의 중요한 문제를 후설과는 구분되는 그의 독특한 현상학적 관점으로 전개하였다. 특히 하이데거는 『존재와 시간』에서 독자적인 현상학을 전개하는데, 후설의 현상학이 의식의 현상학이라고 한다면 하이데거의 현상학은 현존재의 현상학 또는 존재의 현상학이라고 부를 수 있을 것이다.>29 하이데거는 『존재와 시간』에서 다음과 같이 후설을 비판하고 있다: "'순수 자아' 그리고 '의식 일반' 이라는 이념들은 그것들이 현존재의 현사실성과 존재구성틀의 존재론적인 특성들을 간과하거나 보지 못하는 것처럼 실제적인 주관성의 아프리오리를 포함하고 있지 않다."">30 하이데거는 자신의 현존재의 현상학에 딜타이의 역사주의와 삶의 철학 그리고 키르케고르의 실존철학, 또한 신학적인 요소들을 접목시키면서 후설의 현상학을 벗어난다.

2) 하이데거와 신칸트학파

신칸트학파의 철학은 현상학과 함께 20세기를 전후로 해서 독일 철학계에 많은 영향을 주었던 철학이다.>31 이러한 신칸트학파의 철

>28 GA 24권, 89쪽 이하.

>29 하이데거가 존재와 시간에서 주로 현존재에 대한 물음을 통해 존재의 의미를 밝혀나가려고 했다는 점에서 현존재의 현상학이라고 할 수 있다. 이에 반해서 후기에는, 즉 소위 전회 이후에 하이데거는 현존재가 아니라 존재 자체에 대해서 논의하는데, 이때는 존재의 현상학을 특징으로 한다고 할 수 있을 것이다.

>30 SZ, 229쪽.

학은 인식론과 가치론 그리고 문화 분야에서 두드러진 영향력을 행사하였다. 신칸트학파의 철학은 현상학의 정초에도 그 영향을 끼쳤다. 신칸트학파의 철학은 니체와 쇼펜하우어를 중심으로 하는 삶의 철학과는[32] 다르게 칸트의 철학 그리고 칸트 이후의 독일관념론의 문제점들을 논의하고 있다. 이러한 신칸트학파의 철학은 당시에 많은 영향을 끼쳤던 역사주의의 입장을 비판하는데, 이들 역사주의는 모든 철학적인 논의를 상대주의적인 관점에서 전개하기 때문이다. 여기에서 신칸트학파는 삶의 철학, 역사주의와는 다른 독자적인 철학적 노선을 전개한다.

신칸트학파는 "칸트로 돌아가자"(Zurück zu Kant)라는 슬로건 아래에서 보편타당성, 학문으로서의 철학, 이론과 체계의 필요성을 강조하였던 칸트의 『순수이성비판』에서의 주장을 배경으로 해서 출발하고 있다. 그러나 여기에서 우리가 주목할 것은 신칸트학파는 칸트철학의 단순한 수용이 아니라 적극적인 비판을 전개하고 있다는 점이다. 이러한 신칸트학파의 철학은 이론적이고 논리주의적인 주제에만 관심을 두는 것이 아니라 문화, 가치의 문제에도 많은 관심을 두었다.

그러나 20세기 초의 다양한 철학에 끼친 역할에도 불구하고 신칸

>31 Herbert Schnädelbach, *Philosophie in Deutschland 1831-1933*, Frankfurt a. M. 1983, 219쪽.

>32 여기에서 우리는 쇼펜하우어의 칸트 해석이 칸트에 대한 새로운 해석을 시도했던 신칸트학파의 전개에 어떤 식으로든 영향을 주고 있음을 부인해서는 안 된다. 쇼펜하우어의 철학은 흔히 의지의 철학으로서 칸트철학을 비판하는 것을 내용으로 하지만 이러한 작업을 위해서 쇼펜하우어는 칸트철학에 대한 신중한 해석과 이해를 제시하고 있다. 그는 『의지와 표상으로서의 세계』의 부록에서 방대한 분량의 칸트 해석을 전개하고 있다. Arthur Schopenhauer, *Die Welt als Wille und Vorstellung*, Erster Band(hrsg. vom W.F. von Löhneysen), Frankfurt a. M. und Leipzig 1996, 559-715쪽.

트학파의 철학은 그 내용과 문제의식이 무엇인지는 명확하게 드러나
지 않는다. 이런 점에서 많은 철학자들에 신칸트학파의 철학은 오해
와 비판의 대상이 된다. 예를 들면 신칸트학파는 역사주의 또는 심리
주의라고 오해를 받기도 한다. 이런 이유에서 카시러는 신칸트학파
의 철학을 "새로운 철학의 희생양"(Sündenbock der neueren Philoso-
phie)라고 평가한다.

신칸트학파의 철학이 전개될 때에 다양한 철학의 경향들이 병행
해서 나타났다. 예를 들면 실증주의와 유물론의 등장이다. 실증주의
자들은 경험론의 흐름을 이어받으면서 관념론철학에 대한 비판을 전
개한다. 이들은 이성의 역할에 대해서 비판적인 작업을 전개했던 칸
트의 비판철학을 받아들이지 않는다. 실증주의자들은 자연과학의 진
보를 신뢰하면서 신학적이거나 형이상학적인 전제들에 의존하지 않
는 확실한 학문의 체계를 구축하려고 하였다. 이들은 결정론과 기계
론에 근거한 세계관 속에서 실증적인 지식체계를 구축하려고 하였
다. 콩트와 벤담 그리고 밀이 이러한 입장을 전개했으며 독일에서는
마흐(Ernst Mach)가 이러한 세계관을 이어갔다. 마흐는 모든 형이상
학적인 주장들을 거부하였으며 경험주의적 입장에서 물리학과 심리
학에 근거한 학문체계를 구축하려고 하였다.

실증주의와 긴밀하게 연결되어 있는 유물론은 포이에르바흐(R.
Feuerbach)에 의해서 본격적으로 전개된다. 이러한 유물론에 따르면
모든 자연현상은 물질과 연결해서 설명할 수 있고 나아가서 모든 사
상과 관념도 물질의 현상으로 이해할 수 있다. 특히 스티르너(Max
Stirner)는 헤겔의 절대정신을 유령(Gespenster)이라고 부르고 어떠한
실재를 갖지 않는 허황된 것일 뿐이라고 비판한다. 또한 변증법적 유
물론을 주장하는 마르크스는 헤겔의 관념론을 "세계를 머리 위에 올

려놓는 것"(die Welt auf den Kopf gestellt)이라고 비판한다. 마르크스는
헤겔의 관념론 대신에 물질의 실재성을 변증법을 통해서 설명하려고
하는데, 이러한 유물론의 전통은 랑게(Friedrich Albert Lange)로 이어
진다. 그는 『유물론의 역사와 현대에서의 의미에 대한 비판』(Geschi-
chte des Materialismus und Kritik seiner Bedeutung in der Gegenwart)에서
유물론철학의 흐름과 문제점들을 잘 드러낸다.[33]

실존철학과 삶의 철학도 신칸트학파의 철학이 시작되었던 시기
에 전개된다. 대표적인 사상가로는 키르케고르, 쇼펜하우어, 니체,
딜타이를 들 수 있다.[34] 키르케고르는 유한자와 무한자의 종합으로
서의 실존의 의미를 탐구했던 사상가이다. 그는 실존, 불안, 절망, 자
유, 결단과 같은 독특한 실존철학적 범주를 사용하여 이전의 사변철
학의 공허함을 비판하면서 실존철학의 토대를 마련하였다. 쇼펜하우
어는 칸트철학의 특징과 문제점을 직시하면서 독자적인 사상을 전개
하였는데, 당시에 널리 전개되었던 헤겔철학을 정면으로 비판하면서
이성에 의해서 세계의 본질을 설명하려는 태도를 거부한다. 그에 따
르면 세계는 의지 아래에 놓여 있는 표상의 세계일 뿐이다. 세계의
본질은 의지이며 이러한 의지의 세계의 본질은 맹목적인 삶에의 의
지로 가득 차 있을 뿐이다. 의지는 우리의 삶을 끊임없는 충동 속으
로 끌어들이면서 고통스럽게 할 뿐이라는 것이 쇼펜하우어의 입장이
다. 의지에 지배되는 삶은 고통스러운 것이다. 쇼펜하우어는 이러한

>33 랑게는 마르부르크대학의 교수였으며 마르부르크학파를 이끌었던 코헨은 랑게
의 자리를 이어 받는다.
>34 딜타이는 삶의 철학을 전개하였지만 그의 『역사이성비판』(Kritik der his-
torischen Vernunft)은 칸트철학의 문제점을 해결하려는 시도로 이해할 수 있으며 칸
트철학에서 찾아볼 수 없는 이성의 역사성에 대한 분석을 제시해주고 있다.

염세주의를 극복하기 위해서 맹목적인 삶에의 의지로부터 벗어나는 길을 제시하고 있다. 니체는 허무주의와 신의 죽음을 선포하고 근대 문명의 문제점들을 폭로하고 있다. 그에게 있어서 이성은 모든 생명력과 지금 여기에서의 삶을 무의미하게 하는 것이며, 그런 점에서 이성과 범주에 대한 믿음은 해체되어야만 하는 것이다. 니체는 힘에의 의지(Wille zur Macht)로 표현되는 모든 존재자들의 존재특성을 언급하면서 삶의 최고의 긍정형식으로서의 영겁회귀사상을 설파한다.

신칸트학파의 사상 전개와 연관된 또 다른 사상으로 심리주의를 들 수 있다. 신칸트학파는 마르부르크학파와 바덴학파로 구분할 수 있는데, 이 중에서 마르부르크학파는 수학적이고 학문적인 이론체계를 구축하는 것을 특징으로 한다. 이들의 관심은 특히 인식이론과 학문이론 그리고 논리적이고 형식적인 자연과학적 인식의 토대를 구축하는 것이었다. 마르부르크학파의 정초자인 코헨은 칸트의 입장에서 심리주의를 비판한다. 그는 여기에서 심리현상에 의존하지 않는 인식의 체계를 구축하려고 하였다.

이러한 심리주의는 19세기에 널리 전개되었던 세계관이다. 심리주의에 따르면 사상이나 관념은 심리적인 현상, 즉 다양한 동기부여(Motivation)의 표현일 뿐이다. 이러한 입장은 당시에 많은 사람들의 비판을 받은 것이 사실이지만, 정확하게 말하자면 이것은 오히려 다른 사상의 전개에 영향을 주게 된다. 프리스(Jakob Friedrich Fries)는 선험적인 진리와 경험적인 진리를 엄밀하게 구분하는데, 이러한 구분은 포퍼(Popper)의 반증가능성의 원리와도 비교할 수 있다. 프리스는 칸트철학에 의존해서 수학적인 자연과학을 전개시키는데, 그에 따르면 모든 물리적인 현상들은 수학적인 원리에서 설명할 수 있다. 또한 프리스와 함께 헤르바르트(Johann Friedrich Herbart)는 당시 자연과학의 발전을 토대로 해서 심리주의를 정초하였으며, 이후에 분트 (Wilhelm Wundt)와 립스(Theodor Lipps)에 의해서 심리주의는 체계를 갖추게 된다.

그러나 신칸트학파의 철학이 생겨나는 직접적인 계기로는 헤겔이 죽은 뒤에 베네케(Friedrich Eduard Beneke)가 『칸트와 우리 시대의 철학적 과제들』(Kant und philosophischen Aufgaben der unserer Zeit, 1832)을 출간한 것과 깊은 연관이 있다. 그리고 이어서 출간된 리브만(Otto Leibmann)의 『칸트와 아류들』(Kant und die Epigonen, 1855) 그리고 랑게(Friedrich Albert Lange)의 저서인 『유물론의 역사』(Geschichte des Materialismus, 1866)는 칸트철학에 대한 직접적인 관심을 불러일으키게 하였던 저작이다. 특히 리브만은 『칸트와 아류들』에서 관념론, 실재론, 경험론과 선험철학을 구분하면서 칸트철학으로 돌아가야 한다는 것을 역설하였다. 또한 프리스도 칸트철학에 많은 관심을 드러내었다.

신칸트학파의 철학은 매우 다양한 방향으로 전개되었는데, 그런 점에서 그 특징을 명확하게 규정하는 것은 쉬운 일이 아니다. 그럼에도 불구하고 대략적인 특징을 요약하자면, 첫째 칸트철학의 문제점들을 적극적으로 해결해보려고 했다는 점, 둘째 물자체의 문제로부터 벗어나려고 했다는 점, 셋째 인식의 문제에 관심을 두었다는 점으로 요약할 수 있을 것이다.

신칸트학파의 철학은 칸트의 주관주의적–관념론적 경향을 극복하려고 하거나 물자체(Ding an sich)의 개념을 부정적으로 평가하는 경향이 있었다. 특히 랑게는 칸트의 물자체의 개념을 지칭하여 "한계개념"(Grenzbegriff)이라고 불렀으며, 리브만은 "풀리지 않은 수수께끼"(ungelöstes Rätsel)라고 불렀다.

이러한 신칸트학파의 철학에서는 칸트철학의 실천적인 측면보다
인식론적인 문제가 강조되기도 한다. 이후에 신칸트학파의 철학은
다양한 개별과학의 전개에도 영향을 주는데, 특히 베버(Max Weber),
지멜(Georg Simmel)에게 많은 영향을 준다.

신칸트학파의 다양한 흐름은 두 가지 경향으로 구분되는데, 그것
은 마르부르크학파와 바덴학파이다. 마르부르크학파는 코헨
(Hermann Cohen), 나토르프(Paul Natorp, 1854-1924), 카시러(Ernst
Cassierer)에 의해서 전개되었다. 이들 중에서 나토르프는 코헨과 함
께 마르부르크학파를 이끌었던 대표적인 사상가인데, 그는 학문의
명확한 토대를 구축하기 위한 작업을 하였으며, 칸트의 범주론에 대
한 새로운 해석을 제공하였던 사람이다.[35]

마르부르크학파는 칸트의 '선험적 연역'의 문제에 관심을 두고
있다. 선험적 연역은 칸트가 『순수이성비판』에서 순수 오성개념인
범주가 직관에 적용될 수 있는 권리를 확보하기 위하여 제기했던 중
요한 문제인데, 이 위에서 마르부르크학파는 자연과학과 수학의 논
리적 근거를 밝히는 작업을 하게 된다. 여기에서 철학의 과제는 다른
것이 아니라 학문의 명확한 토대와 근거를 밝혀내는 것인데, 이러한
마르부르크학파의 작업은 '논리적 관념론'(logischer Idealismus) 또는
'논리주의'(Logizismus)라고 부를 수 있다. 이들에게 있어서 세계는
다른 것이 아니라 논리적 관계의 그물망에 불과한 것이다.

마르부르크학파는 당대의 심리학과 자연과학의 방법론을 비판하

>35 대표적인 저서로는 『사회교육학』(Sozialpädagogik, 1899), 『엄밀한 학문의 논리
적 토대』(Die logischen Grundlagen der exakten Wissenschaften, 1910), 『실천철학
강의』(Vorlesungen über praktische Philosophie, 1925) 등이 있다.

면서 '선험적 방법론'을 통해서 논리학을 구축하려고 하였다. 나토르프는 1912년 『칸트와 마르부르크학파』(Kant und Marburger Schule)라는 책을 출간하는데, 여기에서 그는 선험적 방법론에 대해서 상세하게 설명하고 있다. 그에 따르면 현실성은 순수사유를 통해서 산출되는 것이지만 그렇다고 사유와 인식이 물자체에 관계하는 것은 아니다. 나토르프는 이러한 사유와 인식의 작용과 과정을 선험적인 방법론을 통해서 그려내고 있다.

이에 반해서 바덴학파는 빈델반트(Wilhelm Windelband), 리케르트(Heinrich Rickert), 라스크(Emil Lask) 등이 이끌었으며, 이들은 주로 가치와 의무의 문제에 대해서 관심을 가졌다. 바덴학파는 주로 1890년에서 1930년까지 프라이부르크와 하이델베르크를 중심으로 활동하였는데, 이들은 서남학파라고도 불린다. 이 학파는 빈델반트와 리케르트를 중심으로 가치중립적인 자연과학과 구분되는 정신과학의 독특한 가치론적 측면을 강조한다.[36]

빈델반트는 리케르트와 함께 바덴학파를 이끌었던 사람이다.[37] 이러한 바덴학파의 철학은 로체(Lotze)의 가치철학에 영향을 받았는데, 빈델반트는 로체의 제자였으며 그리고 리케르트는 빈델반트의 제자였다는 점에서 이들의 철학이 서로 긴밀하게 가치의 문제를 철학의 중심 문제로 삼았을 것이라는 점을 추측할 수 있다. 그러나 엄밀히 말하자면 로체는 칸트철학의 문제를 존재론적으로 논의했지만, 바덴학파는

>36 이들 학파에 따르면 자연과학은 대상을 일반화하는 특징을 갖고 있으며 정신과학은 개별화하는 특징을 갖고 있다. 신학자인 트뢸치(E. Troeltsch)와 베버(Max Weber)도 이 학파에게 영향을 받는다.

>37 빈델반트의 주요저서로는 『철학의 역사』(Geschichte der Philosophie, 1892)가 있다.

칸트의 철학을 관념론적으로 해석하고 있다는 점에서 구분해야 한다.

바덴학파를 이끌었던 리케르트는 정신과학을 위한 고유한 방법론을 탐구한다. 그에 따르면 자연과학은 특정한 현상에 대한 보편적이고 객관적인 원리를 발견해내려고 하는 것이 특징인 반면, 정신과학은 '개성적인 방법'(idiographische Methode)을 사용한다. 정신과학의 방법은 특정한 현상을 다양한 가치와 각각의 의미 그리고 고유성에 따라서 설명하는 방식이다.

그런데 마르부르크학파와 바덴학파로 이루어지는 신칸트학파의 흐름은 공통적으로 칸트철학에서의 심리학적이고 형이상학적인 요소를 제거하는 쪽으로 전개된다. 이러한 흐름은 통일적인 논리적-인식론적 체계를 정립하는 것을 목표로 한다. 이러한 신칸트학파의 작업은 학문적인 인식의 토대를 정초하는 것이라고 볼 수 있다. 이들의 작업은 어떻게 학문적인 인식이 가능한지, 학문의 조건들은 무엇인지에 대해서 물음을 제기하는 것이다. 물론 신칸트학파의 두 가지 전개방향을 살펴볼 때 이 물음에 대한 답변은 서로 상이하게 제시된다. 마르부르크학파는 인식의 문제를 학문적인 인식으로 이해하였는데, 이때에 학문적인 인식이라는 것은 수학적이거나 자연과학적 인식을 의미한다. 이들은 자연과학적 인식의 토대를 경험적인 것에 의존해서 증명하는 것을 거부하였다. 그들은 자연과학을 포함하여 모든 학문적인 인식의 토대를 선험적인 원칙과 개념들을 통해서 정초하려고 하였기 때문이다. 개별학문들은 스스로 자신들의 근거와 정당성을 제시할 수 없기 때문에 철학은 이러한 개별학문들의 확실성을 보증해줄 수 있는 인식론적인 토대를 구축해야만 한다는 것이 이들의 생각이다. 여기에서 이들의 방법을 특징짓는다면 '선험적 방법'(transzendentale Methode)이라고 부를 수 있을 것이다. 이 점은 코헨이 현상과 물자체의 구분을 거부하는 데서 잘 나타난다. 코헨은 『경험에 관한 칸트의 이론』(Kants Theorie der Erfahrung, 1871), 『칸트의 윤리학 정초』(Kants Begründung der Ethik, 1877)에서 칸트철학에 대한 독자적인 해석을 전개하는데, 그는 직관과 사유 또는 직관과 오성의 구분을 무의미한 것으로 생각한다. 왜냐하면 모든 직관은 이미 사유이기 때문이다. 그리고 사유는 '근원에 대한 사유'이기 때문이다. 코헨은 수학을 토대로 해서 인식작용의 학문적인 근거를 밝혀내는 작업을 하는데, 그는 사유작용 외부에 있는 어떤 물자체와 같은 실재성은 없으며 사유가 모든 인식작용의 근원이라는 점을 강조한다.

바덴학파는 정신과학과 자연과학의 구분에 대해서 관심을 두고 학문적인 인식을 위한 독립적인 원칙으로서의 정신과학의 특성에 관하여 논의를 한다. 특히 빈델반트는 그의 『철학사』(Geschichte der Philosophie, 1892)와 『철학입문』(Einleitung in die Philosophie, 1914)에서 정신과학과 자연과학은 인식에 있어서 서로 구분된다는 것을 강조하는데, 자연과학은 다양한 현상들에 대한 일반적인 연관성을 설명하는 것(Erklären)을 목표로 한다. 이에 반해서 정신과학은 개별적인 현상들에 관심을 갖는다. 이렇게 개별적인 현상들에 관계하는 정신과학에 있어서 중요한 문제는 다른 것이 아니라 가치의 문제이다. 정신과학의 대상으로 관찰되는 개별적인 현상들은 고유한 가치를 갖고 있다. 모든 개별적인 대상들은 나름대로 가치를 갖고 있는데, 특히 이러한 가치는 인간의 행위와 인식을 위해서 중요한 척도이다. 그런데 여기에서 흥미로운 점은 가치는 대상을 경험하는 과정에 의존하는 것이 아니라 그 자체로 선험적이라는 점이다.

신칸트학파의 철학이 내부적으로 다양하게 전개된 것이 사실이지만, 신칸트학파는 외부적으로도 다양한 사상들과 관계를 맺고 있다는 점에 주목해야 한다. 마르부르크학파와 바덴학파는 그 내용적인 차이점에도 불구하고 공통적으로 학문의 원리는 이성이며 이러한 이성을 원리로 삼아서만 객관적인 학문이 정립될 수 있다고 생각한다. 신칸트학파는 이런 기본적인 입장 위에서 인식과 학문을 위한 논리를 구축하거나 문화적이고 사회적인 문제, 종교적이고 실존적인 문제들을 다루었다.

하이데거는 마르부르크학파의 중심지였던 마르부르크대학에 있으면서 칸트철학에 대한 독특한 이해를 전개한다. 이러한 칸트 해석은 그의 1927/28년 강의인 『칸트와 형이상학의 문제들』(Kant und das Problem der Metaphysik)과 『칸트의 순수이성비판』(Kants Kritik der reinen Vernunft)에 잘 나타나 있다. 하이데거는 여기에서 칸트의 『순수이성비판』의 작업을 형이상학을 정초하는 작업으로 이해하고 있다. 또한 하이데거는 이 위에서 자신의 기초존재론이 형이상학을 가능하기 위해서 필요한 인간 현존재의 형이상학이라고 말하고 있다.[38]

신칸트학파에 대한 하이데거의 간략한 이해는 카시러와 스위스의 다보스에서 행한 '다보스 논쟁'에 잘 나타나 있다. 이 논쟁은 하이데거전집 3권에 부록으로 실려 있다. 하이데거는 여기에서 신칸트학파에 속하면서 문화철학을 정초했던 카시러와 논쟁을 하면서 신칸트학파에 대한 자신의 이해를 드러내고 있다. 하이데거에 따르면 신칸트학파는 칸트를 수학적–물리학적 인식론을 구축한 이론가로 평가한다. 이런 점에서 하이데거는 현상학을 구축했던 후설도 1900년에서 1910년 사이에는 신칸트학파적인 성향에 빠졌다고 지적하고 있다.[39]

---

[38] GA 3권, 1쪽.
[39] GA 3권, 246쪽 이하.

그러나 논쟁자인 카시러는 하이데거의 이러한 칸트 해석에 대해서 반대한다. 특히 그는 하이데거가 인식능력으로서 '선험적 구상력'(transzendentale Einbildungskraft)만을 강조하는 것을 비판한다. 왜냐하면 여기에서는 존재의 문제가 시간의 문제로 환원되며 나아가서는 물자체와 현상의 구분이 애매모호해지기 때문이다. 카시러가 보기에는 칸트는 결코 이러한 구상력에 의존하는 일원론을 주장하지 않았다.[40] 카시러에 따르면 칸트가 주장하는 것은 감성적인 세계와 지성적인 세계의 이원론이다. 또한 카시러는 칸트의 문제의식은 존재와 시간의 문제가 아니라 존재와 당위의 문제라는 점을 강조하고 있다.

3) 하이데거와 아도르노

20세기 이후의 세계는 급격한 변화를 맞이하게 된다. 과학기술문명의 발전으로 인해 세계는 양적으로 많은 변화를 겪게 되지만, 몰가치적인 발전이념과 기술에 대한 맹목적인 신뢰로 인해서 기존의 가치체계의 정체성은 쉽게 파괴되어버린다. 또한 대중문화의 출현으로 다양한 문화현상을 체험할 수 있게 되었지만 이러한 대중문화가 극단적인 상업주의와 결탁하여 향락주의가 도처에 만연하게 되는데, 여기에서 인간의 소외와 방황이 생겨난다. 현대사회에서는 기술과 도구의 발전, 물질과 욕망의 실현이 화두로 자리잡게 된다. 하이데거와 아도르노는 이러한 현대사회의 문제점들이 근대의 주관성철학과

---

[40] 카시러의 이런 지적과는 달리 하이데거는 다보스논쟁에서 자신의 칸트 해석의 의도는 구상력을 맹신하는 것이 아니라 『순수이성비판』의 내적인 문제의식인 존재론의 가능성을 다루는 것이라고 반박한다. GA 3권, 260쪽.

계몽의 이념에서 생겨난다는 분석을 제시하는데, 이런 점에서 두 철학자는 사상적인 연결고리를 형성하고 있다.

하이데거는 데카르트 이래로 전개된 근대의 주관성철학을 비판하고 있다. 『존재와 시간』에서 제기되는 존재물음, 존재론적 차이, 현존재분석, 죽음으로 향한 존재와 같은 용어들은 모두 주관성철학에 대한 하이데거의 비판을 드러내주는 것들이다. 하이데거에 따르면 이른바 인간중심주의를 특징으로 하는 근대철학은 존재망각과 고향상실성에 기인한 것이며 철저하게 해체되어야 할 것이었다.

하이데거가 이렇게 근대철학을 비판하고 있다는 점에서 우리는 그의 철학을 아도르노의 비판철학과 연결하여 언급할 수 있을 것이다. 물론 여기에서 하이데거의 철학과 아도르노의 철학을 직접적으로 비교하는 것은 쉬운 일이 아니다. 비록 그들은 전통철학에 대한 비판에서 출발한다는 점을 고려한다고 해도 그들의 철학적 성향이 서로 다르기 때문이다. 그러나 서구문명의 흐름을 신화에서 계몽(Aufklärung)으로 나아가는 과정으로 파악하는 아도르노가 근대문명의 특징을 계몽으로 규정하고 그러한 계몽의 이념을 비판하고 있다는 점은 역시 근대철학을 비판하고 있는 하이데거의 철학과 어떤 식으로든 연결된다.

아도르노는 소위 비판이론을 정초했던 철학자 중의 한 사람인데, 그는 호르크하이머와 함께 비판이론의 토대를 정초하였다. 비판이론은 프랑크푸르트 사회연구소에서 활동한 다양한 사상가들의 주장을 포괄적으로 지칭하는 철학인데, 이러한 비판이론의 출발점은 기본적으로 마르크스의 철학에 근거하고 있다. 그러나 이를 넘어서 비판이론은 전통적인 사회이론과 역사에 대한 이해가 특정한 관점과 시각에서만 다루어졌다는 점을 비판한다. 이런 이유에서 비판이론은 특

정한 영역이나 특정 사회만을 옹호하는 태도를 취하지 않으며 다양
한 영역에서 사회의 문제점들을 논의하게 된다. 비판이론은 1923년
에 설립된 '프랑크푸르트 사회연구소'(Institut für Sozialforschung in
Frankfurt a.M.)의 설립을 시작으로 등장하게 되는데, 이 연구소는 나
치시대에는 뉴욕과 로스앤젤레스로 옮겼다가 1950년에 다시 프랑크
푸르트에 자리를 잡았다. 비판이론을 대변하는 사상가들은 베냐민
(Walter Benjamin, 1892-1940), 프롬(Erich Fromm, 1900-1980), 하버마
스(Jürgen Habermas, 1929-), 마르쿠제(Herbert Marcuse, 1898-1979), 폴
록(Friedrich Pollock, 1894-1970) 등이 있다.

비판이론의 기본적인 입장은 모든 지배와 종속으로부터의 해방
을 추구하는 것인데, 이 점은 특히 1960년대 독일의 학생운동에 많은
영향을 주게 된다. 이러한 비판이론은 사회현실에 대한 적극적인 관
심을 갖는데, 왜냐하면 한 사회가 어떤 식으로 존재하는가에 따라서
인간에 대한 이해, 가치관, 세계관이 달라질 수 있기 때문이다. 어떤
식으로든 인간의 삶은 사회적으로 제약되어 있기 때문이다. 그러나
비판이론은 인간이 그러한 사회적 조건들을 변화시키는 존재라고 보
고 이러한 사회적 현실에 대해서 적극적으로 관심을 갖게 된다. 비판
이론은 다른 한편으로 서구문명 전반에 대한 비판적 분석을 제시한
다. 특히 호르크하이머와 아도르노는 『계몽의 변증법』을 통해서 서
구문명의 특징과 문제점들을 잘 분석해내고 있는데, 그들에 따르면
서구문명의 흐름을 지배했던 용어는 다른 것이 아니라 계몽이다.

계몽은 이성에 의한 지배를 특징으로 하는데, 이러한 계몽은 신
화적인 세계관을 극복하는 것을 의미하기도 한다. 인간은 계몽을 통
해서 신화적인 세계관을 벗어나면서 점점 더 문명을 발전시키며 자
연의 지배나 종속으로부터 벗어나려고 한다. 계몽은 이성을 도구로

삼아서 전개되었는데, 여기에서 이성은 진보와 발전을 위한 도구의 역할을 하게 되었다. 즉 계몽은 이성을 도구로 삼아 인류문명의 진보와 발전 그리고 자연의 지배를 실현하려는 것이다.

　그러나 이러한 계몽의 이념은 오히려 처음에 생각했던 것과는 완전히 다른 결과를 가져왔다. 계몽의 과정은 지배의 과정으로 전락해버렸으며 인간은 자연의 지배를 실현해나가는 과정에서 오히려 자신을 소외시켜버리게 된다. 계몽은 인간과 자연의 관계뿐만 아니라 인간 자신에 대한 관계를 변화시켜버리고 여기에서 인류문명은 오히려 신화적인 단계로 되돌아가게 한다. 이러한 계몽의 과정에서 이성은 도구적으로 사용되고 도덕과 문화 그리고 학문은 도구적 이성에 의해서 지배될 뿐이다. 계몽의 이념이 처음에 출발했을 때처럼 인간과 자연을 서로 어울리게 하고 인류문명의 진보 속에서 인간 자신의 참다운 존재의미를 정초할 수 있는 가능성은 도구적 이성의 사용에 의해서 차단되어버리고 만다. 계몽은 미메시스와 신화적 세계관을 추방해버리고 대상을 단순히 추상화하거나 객관화할 뿐이다. 아도르노에 따르면 근대 자연과학의 이념은 이러한 계몽의 이념을 충실하게 대변하고 있으며 이것은 인간과 자연의 대립, 갈등을 부축일 뿐이다. 이러한 계몽은 자연에 대한 공포감을 극복하기 위해서 이성을 도구적으로 사용하게 하며 결국은 모든 것을 사물화(Verdinglichung)시키는 길로 나아가게 된다. 이러한 사물화는 자연을 지배할 뿐만 아니라 인간을 지배하게 된다. 아도르노에 따르면 현대사회에서 인간의 가치와 존엄성을 유린하고 있는 상황, 즉 물질을 생산하는 것이 하나의 수단이 아니라 목적 그 자체가 되는 상황도 이러한 계몽의 부작용이라고 할 수 있다. 이런 이유에서 계몽의 이념은 부정적인 것으로 받아들일 수밖에 없다.

이러한 계몽의 부정적인 측면은 기술문명에 대한 신뢰 속에서 잘 드러난다. 기술문명은 인류의 문명을 인간적인 상태가 아니라 오히려 야만적인 상태로 만들어버리기 때문이다. 이러한 기술문명은 인간과 자연에 대한 폭력적인 지배를 정당화하거나 강화시킨다. 이런 과정 속에서 이성은, 정확히 말하자면 도구적 이성은 인간과 자연을 위한 지배원리로 사용된다. 호르크하이머와 아도르노가 문제 삼는 것은 바로 이성이 이렇게 지배원리로 작용할 때 야기되는 문제들인 것이다. 특히 아도르노는 계몽에 대한 이러한 비판을 토대로『부정변증법』(1966)에서 '부정의 변증법'을 강조하고 있다. 아도르노에 따르면 사회와 역사 속에 존재하는 부정과 모순은 헤겔이 말하는 것처럼 종합(Synthese)을 통해서 쉽게 지양될 수 있는 것이 아니다. 사회 곳곳에서 발생하는 갈등, 모순을 획일적으로 종합하려는 헤겔의 철학은 획일적인 전체주의를 조장할 뿐이다.⁴¹ 아도르노는 오히려 억지로 모순과 갈등을 제거시켜 서로 다른 것을 억압적으로 동일하게 만드는 것에 대해서 비판적인 태도를 취한다. 그는 이런 이유에서 동일성이 아니라 비동일성을 긍정하는 것이 필요하다고 역설한다.

아도르노의 부정의 변증법은 어떤 점에서는 서구철학의 특징이라고 할 수 있는 형이상학전체를 비판하는 것으로 이해할 수 있다. 그런 점에서 전통 형이상학의 해체를 시도하는 하이데거철학과의 연결고리를 갖고 있다. 존재론적 차이와 존재물음을 통해서 존재자에만 집착하는 현전(現前)의 형이상학(Metaphysik der Präsenz)을 비판하는 하이데거와 동일성의 원리에 대한 신뢰 속에서 부정과 모순을 제

>41 아도르노에 따르면 주관과 객관 그리고 개인과 사회를 무차별적 동일성 속에서 화해시키려는 헤겔의 관념론은 비판되어야 한다. M. Jay, 『아도르노』, 최승일 옮김, 지성의 샘 1995, 41쪽.

거하려는 전통철학을 비판하는 아도르노는 서로 같은 길을 걷는 것
이라는 생각이 든다.

그러나 양자 사이에는 차이점도 존재한다. 하이데거의 입장에서
보자면 비록 아도르노가 근대의 세계관을 도구적 이성에 의해서 지
배된다고 비판하고 이것을 극복하려고 하지만 여기에서 아도르노는
어떤 식으로든 이성의 역할을 신뢰하고 있다. 하이데거가 보기에는
존재의 의미를 찾고, 그리고 현대인의 존재망각(Seinsvergessenheit)이
나 고향상실성(Heimatlosigkeit)을 극복하는 것은 결코 이성에게 적극
적인 의미를 부여한다고 해서 가능한 일이 아니다. 전통철학에서 인
간의 본래적 특성으로 규정하는 이성은 결코 존재의 진정한 의미나
가치를 밝혀줄 수 있는 것이 아니기 때문이다.

또한 아도르노의 입장에서 보면 하이데거의 존재물음은 비판되
어야만 한다. 하이데거는 존재가 결코 어떤 개념적인 설명을 통해서
알려질 수 있는 것이 아니라고 하지만 하이데거 자신은 어떤 식으로
든 존재의 의미를 설명하려고 한다는 점에서 다른 철학자들처럼 개
념을 통한 사유하는 길을 걷고 있기 때문이다. 특히 아도르노는 하이
데거가 존재를 존재자와 구분하는 것은 공허하고 무의미한 작업일
뿐이며 '존재의 숭배'(Kultus des Seins)일 뿐이라고 비판한다. 여기에
서 아도르노는 하이데거의 철학은 모든 것을 존재론화시키는 것이며
그의 철학 어디에서도 참된 존재의 의미를 찾아볼 수 없다고 비판한
다. 이런 점에서 아도르노는 특히 하이데거가 말하는 실존의 허구성
을 비판한다.[42]

>42 T. W. Adorno, Gesammelte Schriften Bd. 6, *Negative Dialektik. Jargon der Eigentlichkeit*, Frankfurt a. M. 1977, 136쪽.

4) 하이데거와 사르트르

하이데거의 철학과 사르트르의 철학은 서로 후설의 현상학에 많은 영향을 받고 있다는 점에서 깊은 연관성이 있다. 또한 하이데거와 사르트르가 인간의 실존의 문제에 많은 관심을 가졌다는 점에서도 서로 연결된다. 하이데거는 실존철학을 그리고 사르트르는 실존주의를 제시하기 때문이다.

사르트르의 철학은 후설의 현상학, 하이데거의 실존철학, 헤겔과 마르크스의 철학에 영향을 받으면서 전개된다. 특히 그는 독일에 체류할 당시에 후설과 하이데거의 철학에 많은 관심을 갖게 된다. 그의 대표적인 저서라고 할 수 있는 『존재와 무』는 후설과 하이데거의 영향 속에서 이루어진 것이라고 할 수 있다. 그러나 사르트르는 현상학과 실존개념을 자신의 고유한 방식으로 수용하면서 20세기 중반 유럽의 중요한 철학의 경향이었던 실존주의를 구축하게 된다. 이러한 사르트르의 실존주의는 『구토』, 『존재와 무』, 『실존주의는 휴머니즘이다』 등의 저서에서 잘 드러난다. 이 중에서 『존재와 무』는 상호주관성을 주장하는 후설의 철학과 인간의 실존을 분석하는 하이데거의 철학과의 연관성 속에서 사르트르의 현상학적 존재론 또는 실존주의적 존재론을 잘 드러내주는 저작이다.

『존재와 무』는 현상학적 존재론을 토대로 해서 인간의 실존문제를 다루고 있는데, 사르트르는 여기에서 존재의 방식에 대해 구분한다. 그에 따르면 존재의 방식은 두 가지 종류로 구분되는데, 하나는 즉자존재(An-sich-Sein)의 존재방식이고 다른 하나는 대자존재(Für-sich-Sein)의 존재방식이다. 즉자존재는 단순한 사물적인 존재방식으로 자신의 존재에 대해서 관심을 갖지 않으며 나아가서 다른 존재와의 만남의 기회가 차단되어버리는 존재방식이다. 이러한 즉자존재의 상태에서는 의식이 결여되어 있으며 마치 아무 생각 없는 사물처럼 존재하는 것이다. 즉자존재는 그것 자체로 완전하거나 불완전하다고도 말할 수 없으며 단지 어떤 것이 현재에 있다는 사실만을 우리에게 알려줄 뿐이다.[43] 이러한 즉자존재는 다른 어떤 존재와 아무런 관련이 없는 상태의 존재일 뿐이다.

이와 달리 대자존재는 이러한 즉자존재를 벗어나서 자신의 존재를 의식하고 나아가서 타인의 존재를 의식하는 존재방식이다.[44] 사르트르에 따르면 즉자존재에서 대자존재로 나아가게 하는 것은 무(無)의 힘, 즉 부정의 힘이다. 그는 다음과 같이 말한다: "자기 자신의 근거로서의 대자는 부정의 출현이다. 대자는 자기에 관하여 어떤 존재 혹은 어떤 존재방식을 부정하는 한에서만 자기를 근거 짓는다. 대자가 부정하는 것, 또는 대자가 무화하는 것은 우리가 알고 있듯이 즉자존재이다."[45] 여기에서 무는 단지 소극적으로 어떤 것의 결여나 비존재를 의미하지 않는다. 사르트르에 따르면 오히려 무는 존재를 드러나게 해주는 적극적인 힘, 변증법적인 힘인 것이다. 사르트르에게 무의 무화작용은 스스로를 끊임없이 즉자존재로부터 벗어나게 하는 일종의 초월작용이다. 이러한 무의 무화작용은 하이데거가 말하는 불안과 같은 것으로서 인간이 세계 내에서 자신의 존재를 근거 지

>43 J-P. Sartre, *Sein und Nichts*(übszt. von H. Schöneberg und T. König), Hamburg 1997, 184쪽.

>44 사르트르는 이러한 대자존재의 다른 형태로서 대타존재(Für-Andere-sein)라는 용어를 사용한다. J-P. Sartre, *Sein und Nichts*(übszt. von H. Schöneberg und T. König), Hamburg 1997, 400쪽 이하.

>45 J-P. Sartre, *Sein und Nichts*(übszt. von H. Schöneberg und T. König), Hamburg 1997, 188쪽.

으려는 열정인 것이다. 즉자존재는 대자존재로 나아가면서 비로소 자신의 존재이유를 발견하게 된다. 이 점에서 본다면 무, 즉 무의 무화작용은 인간의 존재를 드러내는 존재론적인 작용이라고 할 수 있다. 이런 점에서 볼 때 『존재와 무』라는 저서는 무를 통해서 존재를 드러내려는, 즉 무를 통해서 인간의 실존을 현상학적으로 기술하려는 사르트르의 노력으로 이해할 수 있다.

그런데 이처럼 즉자존재에서 대자존재로 나아가려는 노력은 인간이 자신의 참된 실존, 즉 자유를 실현하는 것으로 이해할 수 있다. 사르트르는 인간이 자유로운 존재라는 점을 강조한다. 그렇기 때문에 그는 "인간은 자유롭도록 선고되었다"라고 말한다. 인간은 어떤 식으로든 그 존재가 이미 규정되어 있지 않다. 인간이 어떤 방식으로 존재하는지 또는 어떤 방식으로 존재할 수 있는지는 아직 정해지지 않은 상태이다. 인간은 그야말로 무의 세계에 내던져진 존재인 것이다. 이러한 무의 존재에 대한 체험이야 말로 사르트르의 실존주의를 이해할 수 있는 가능성의 제약인 것이다. 이러한 무 속에서 존재하는 인간의 실존은 자유를 향한 내던짐 속에서 실현될 수 있다. 이러한 자유를 위한 길은 주어진 여건들을 선택하거나 변경할 수 있음 속에서 구체적으로 실현된다. 그러나 인간은 이러한 선택 속에서 자신의 자유를 완전히 실현하는 것은 아니다. 주어진 것을 선택한 뒤에는 어떤 식으로든 그러한 선택에 대해서 책임을 져야 하기 때문이다. 그런데 이러한 책임은 자신을 위한 것이면서 동시에 타인을 위한 것이기도 한다.

사르트르의 실존주의는 흔히 "실존은 본질에 앞선다"라는 말로 표현되는데, 여기에서 우리는 사르트르의 실존주의와 하이데거의 실존개념의 차이점을 언급할 수 있다. 인간의 자유를 근간으로 하는 사르트르의 실존개념은 인간의 본질을 실존으로 규정하는 하이데거의 실존개념과 구분해야 된다. 사르트르에게 실존은 무에 내던져 있는 인간의 존재 방식 또는 무의 무화작용 속에서 인간이 겪어나가야 할 운명을 말해준다. 그러한 사르트르의 실존개념은 인간의 본질을 확정하거나 인간의 존재를 당위적으로 규정하는 모든 태도를 거부하는 것이다. 이러한 사르트르의 입장에서 보자면 본질이라는 용어는 결코 무에 내던져 있는 인간에게 초월의 방향을 제시해줄 수 있는 것이 아니다. 한마디로 말하자면 사르트르에게는 본질이라는 용어는 의미가 없는 공허한 용어일 뿐이다. 진정한 인간의 존재를 실현하는 것이 바로 실존인 것이다.

반면에 하이데거의 실존은 인간의 본질을 어떤 것이 어떤 것인지를 드러내주는 용어이다. 하이데거는 『존재와 시간』에서 "현존재의 본질은 실존에 있다"[46]라고 말하고 있는데, 이때의 실존은 현존재가 존재와 만나는 과정에서 가능한 것이다. 하이데거는 후기에 이러한 실존개념을 더 강화시켜서 탈-존(Ek-sistenz)이라고 부르는데, 여기에서는 인간의 실존은 전적으로 존재에게 내맡김을 통해서 또는 존재의 비추임(Lichtung)속에서만 가능하다는 것을 의미한다. 사르트르의 실존개념이 인간의 능동적인 역할을 제시하고 있음에 비해 하이데거의 실존은 존재의 적극적인 역할을 암시하고 있다. 이런 이유에서 하이데거는 「휴머니즘에 대한 편지」에서 자신의 실존개념이 사르트르의 실존주의와 다르다는 점을 강조하고 있다. 하이데거에 따르면 사르트르의 실존주의는 단지 휴머니즘에 불과하고 존재자의 진리에 사로잡혀 있을 뿐이며 그런 점에서 존재망각에 근거하고 있는 전통 형이상학의 또 다른 예일 뿐이라고 생각한다.[47]

>46 SZ, 42쪽.
>47 이 점에 대해서는 GA 9권, 321쪽 이하.

5) 하이데거와 가다머

하이데거는『존재와 시간』에서 자신의 철학을 현상학적 해석학이라고 규정하는데, 이것은 하이데거의 철학이 존재물음을 제기하는 자인 현존재에 대한 해석학을 구축한다는 것을 의미한다.[48] 현존재의 존재를 해석하는 것이『존재와 시간』에서의 하이데거의 작업인 것이다. 이런 점에서 하이데거철학과『진리와 방법』을 통해서 해석학의 완성을 시도했던 가다머의 철학 사이에서 어떤 연결고리를 찾아낼 수 있다.[49] 해석학이라는 용어가 하이데거의 철학과 가다머의 철학을 이어주기 때문이다.

해석학은 독일어로 Hermeneutik인데, 이 말은 원래 그리스어 her-meneuein에서 유래한다. 해석학의 내용은 고대 그리스의 신화에서 등장하는 헤르메스(Hermes)에서 그 특징을 찾아볼 수 있다. 헤르메스는 신과 인간 사이의 의사소통을 관할했던 신이다. 그리스신화에서는 헤르메스를 초월적인 것들과 유한한 것들 사이를 매개시켜주는 중재자로서 그려내고 있다. 해석학은 이러한 어원을 바탕으로 출발하지만 나중에 슐라이어마허의 성서해석학, 딜타이의 삶의 해석학을 거쳐 가다머의 해석학에 이르러서 그 본질적인 의미가 정초된다. 그런데 해석학은 단지 주어진 텍스트를 해석하거나 저자와 독자 사이의 관계를 설명해주는 소극적인 것이 아니라 삶과 역사 전반에 대한 경험작용을 폭넓게 기술하는 적극적인 의미를 지닌다.

---

[48] 현상학과 해석학의 관계에 대한 언급은 SZ, 37쪽.
[49] 가다머는『하이데거의 길들』의 서문에서 자신이 젊었을 때 하이데거의 영향을 받았으며 하이데거와 철학적 길을 같이 걸어왔음을 고백하고 있다. Gadamer, *Heideggers Wege*, *Tübingen* 1983, 5쪽.

 이러한 해석학은 슐라이어마허의 성서 해석에서부터 시작되었다고 볼 수 있는데, 루드비히 폰 랑케와 드로이센을 거쳐 이후에 정신과학의 고유한 목표로서 해석학을 제시했던 딜타이에 의해서 본격적으로 철학의 중심분야로 자리 잡게 된다. 딜타이는 자연과학의 특징을 '대상들을 분석하고 나누고 설명하는 것'이라고 하는 반면에 정신과학은 '주어진 대상들을 이해하는 것'이라고 규정한다. 이러한 이해의 작업이 바로 해석학이다. 딜타이는 이러한 구분 위에서 역사적 이성이라는 용어를 토대로 삼아서 삶의 객관화를 전개하는 해석학을 제시한다. 그러나 가다머의 입장에서는 해석학은 딜타이처럼 삶의 객관화를 위한 것만이 아니다. 물론 가다머는 당시에 자연과학의 급속한 발전과 그 영향에 위축된 정신과학 고유의 방법론을 구축하려 했던 딜타이의 노력이 높이 평가받아야 한다고 생각한다. 그러나 가다머의 해석학은 '철학적 해석학'이라는 특징을 갖는데, 이러한 해석학은 정신과학을 위한 특정한 방법론이 아니며 문화, 예술, 사회, 역사 등을 이해하고 해석하는 적극적인 작업을 말한다. 가다머는 이러한 견해를 자신의 주저인 『진리와 방법』(Wahrheit und Methode)에서 구체적으로 드러내고 있다. 가다머에 따르면 슐라이어마허나 딜타이의 해석학이 추구하는 이해의 확실성 또는 객관성은 '낭만주의 해석학'일 뿐이며 정신과학의 본래적인 내용을 구성하는 것이 아니다. 낭만주의 해석학은 보편적인 학문을 구축할 수 있다는 근대의 이념을 충실히 반영해줄 뿐이며 정신과학의 다양한 주제들을 객관적 법칙성 위에서 일관되게 논의할 수 있다고 생각한다.

 물론 가다머는 딜타이가 정신과학이 자연과학과 다른 특성을 가져야 한다는 점을 강조한 것에 주목한다. 가다머가 보기에도 정신과학은 자연과학과는 다른 방법론을 가져야 하는데, 그것은 이해 또는 해석의 작업을 통해서 잘 설명할 수 있다. 또한 가다머는 삶의 해석학을 구축하려 했던 딜타이의 작업을 긍정적으로 평가한다. 삶이라는 근원적인 현상을 해석학적 탐구의 대상으로 삼았던 딜타이의 작업은 어떤 식으로든 가다머가 자신의 해석학의 출발점으로 받아들이고 있는 것이 사실이기 때문이다. 특히 체험(Erleben), 이해(Verstehen), 표현(Ausdruck)이라는 과정을 통해서 전개되는 삶의 경험에 대한 딜타이의 해석학적 언급들은 가다머로 하여금 경험자체의 본질에 대한 해석학적 탐구의 지평을 제공하게 한다. 가다머는 이러한 해석학적 경험의 의미를 바탕으로 정신과학의 다양한 지평들을 융합시키는 포괄적인 해석학의 지평을 제시한다. 이러한 해석학적 경험은 자연과학에서 일어나는 특정 현상에 대한 반복적인 경험과는 구별되어야 한다. 또한 이러한 해석학적인 경험은 역사 현상을 단순히 법칙적으로 파악하거나 역사 자체가 폐쇄적으로 하나의 완결된 체계를 갖고 있다는 입장을 받아들이지 않는다.

여기에서 가다머는 딜타이의 삶의 해석학이 갖고 있는 객관주의적 입장을 받아들이지 않는다. 비록 딜타이는 자연과학과 구분되는 정신과학 고유의 특성을 해석학을 통해서 제시하려고 했지만 이 과정에서 실증주의적 태도, 객관주의적 태도를 벗어나지 못하기 때문이다. 삶은 더 이상 그 어떤 것으로 환원될 수 없는 것이라는 사실을 단초로 해서 삶의 역사성을 기술하는 해석학을 정초하려고 시도했던 딜타이의 작업은 근대의 데카르트주의로 회귀하는 것 같은 인상을 주기 때문이다.[50]

가다머의 해석학은 이렇게 삶의 객관화를 위한 해석학을 전개했던 딜타이의 작업이 아니라 오히려 각자성(Jemeinigkeit)과 내던져있음을 토대로 현존재분석을 전개하는 하이데거의 현상학적 해석학에 관심을 두면서 출발한다. 특히 하이데거가 『존재와 시간』의 현존재 분석론에서 전개하고 있는 현존재의 실존틀로서의 이해와 해석이라는 용어는 가다머로 하여금 딜타이의 해석학을 벗어나서 독창적인 해석학을 구축하는 계기를 제공해준다.

하이데거철학에 대한 가다머의 관심은 하이데거가 마르부르크대학에서 활동할 때부터 시작되었다. 물론 가다머는 처음에 브레슬라우(Breslau)에서 회니히스발트(Richard Hönigswald)에게서 지도를 받았지만 곧 마르부르크대학으로 옮기게 된다. 가다머는 이곳에서 나토르프와 하르트만(Nicolai Hartmann)에게서 배우게 된다. 가다머는 한때 1921년에는 하이데거의 강의를 듣기도 하였다. 그러다가 가다머는 1923년에 박사학위를 받은 뒤에 한 학기 동안 프라이부르크에 머무르기도 한다. 그 뒤에 가다머는 1929년에 하이데거에게서 "플라톤의 변증법적 윤리학"(Platons dialektische Ethik)으로 교수자격 논문을 통과한다. 이후에는 라이프치히대학에 있다가 1949년 칼 야스퍼스의 후임으로 하이델베르크대학으로 가게 된다. 이 점들을 통해서 우리가 추측할 수 있는 것은 가다머의 철학과 하이데거의 철학 사이에 깊은 연관성이 놓여 있을 것이라는 점이다.

하이데거는 『존재와 시간』에서 이해를 현존재의 탁월한 존재방식으로 규정하고 존재물음을 제기하는 현존재의 다양한 존재이해를 언급하고 있다. 이러한 현존재는 소위 '해석학적 순환'이라는 이해의 근본적인 구조를 토대로 현존재의 존재의미를 해석해내고 있다.[51]

>50 삶의 객관화를 전개하는 딜타이의 작업은 정신과학을 각인하는 보편적인 원리로서 해석학을 주장하는 반면 가다머의 해석학적 입장은 정신과학의 다양한 영역들이 서로 다른 지평을 갖고 있음을 인정하고 이러한 지평이 유지되면서 서로 영향을 주고받는 것을 추구하는 점에서 딜타이의 입장과 구분되어야 한다.

하이데거가 말하는 해석학적 순환은 단지 이해와 해석을 가능하게 할 뿐만 아니라 현존재가 존재의 의미를 파악해가는 것을 가능하게 해주는 실질적인 내용물이며 현존재의 해석학을 정초하기 위한 가능성의 제약인 것이다. 이러한 해석학적인 순환은 해석학적 작업의 특징을 이루고 있는 이해의 역사성을 말해준다. 이것은 또한 이해에 근거해서 이루어지는 정신과학의 작업이 지닌 특성을 드러내주는 것이기도 하다. 현존재가 지닌 고유한 시간성, 역사성, 내던져있음을 통해서 근대의 주관성철학을 극복하고 새로운 인간이해의 길을 제시했던 하이데거의 해석학적 작업은 정신과학을 객관성 위에서 정초하려는 태도를 비판하고 정신과학을 관통하는 근본적인 범주인 이해를 해석학적으로 정초하려는 가다머에게로 이어진다.

가다머도 해석학적 순환이라는 말을 통해서 자신의 해석학을 특징짓는다. 가다머에 따르면 이러한 해석학적 순환은 전통에 대한 새로운 이해와 해석의 기회를 제공해준다.[52] 이러한 해석학적 순환에 근거한 해석학은 전통 속에서 전개되었던 다양한 주장들에 대한 수용과 새로운 이해를 가능하게 한다. 물론 이러한 이해는 전통에 대한 무비판적인 수용을 의미하지는 않는다.

이런 점에서 가다머는 선입견(Vorurteil)이라는 용어에 중요한 의미를 부여한다. 우리는 일상적으로 선입견이라는 말을 부정적인 의미로 사용한다. 그러나 가다머가 말하는 선입견이라는 말은 그의 해석학적 특성을 잘 반영해주는 용어이다. 다양한 개인과 사회 그리고

---

[51] 하이데거에 따르면 해석되는 모든 것은 이미 이해된 것 속에 지시되어 있으며 이런 점에서 해석과 이해는 서로 상호연결고리를 형성하고 있다. SZ, 152쪽.

[52] Hans-Georg Gadamer, Gesammelte Werke Bd. 1, *Hermeneutik 1. Wahrheit und Methode*, Tübingen 1990, 299쪽.

문명은 나름대로의 고유한 가치관과 세계관을 갖고 있다. 즉 그들은 자신들만의 삶과 이해의 방식을 갖고 있는데, 이처럼 미리 그들의 삶을 각인하는 세계관과 가치관을 선입견이라고 할 수 있다. 그러므로 이러한 선입견은 단순한 편견이나 부정적인 태도가 아니라 개인과 사회 그리고 문명에게 고유한 이해의 터전을 제공해준다. 가다머에 따르면 이런 이유에서 해석학은 이러한 선입견에 대한 적극적인 관심을 가져야 할 것이다. 여기에서 전통에 대한 관심은 당연한 것이라고 할 수 있다.

선입견에 대한 이러한 긍정적인 평가는 우리로 하여금 전통과의 만남을 가능하게 해주고 이러한 만남을 통해서 새로운 가치관과 세계관을 만들어갈 수 있다. 가다머의 해석학은 이렇게 선입견이라는 용어를 달리 해석하면서 전통에 대한 관심과 수용을 통해서 현재와 미래의 방향을 열어나가는 작업이라고 할 수 있다. 그런 점에서 전통과 역사에 대한 관심은 다른 것이 아니라 현재에 대한 적극적인 관심과 해석을 가능하게 한다. 새로운 철학의 경향으로서의 해석학은 본래의 어원에서 알 수 있듯이 나와 너, 독자와 텍스트를 매개시킬 뿐만 아니라 시간과 공간적인 제약을 넘어서서 전통과 현대를 매개시키는 역할을 할 수 있다.

가다머에 따르면 해석은 단순한 방법개념이 아니다.[53] 인간은 이러한 해석의 과정 속에서 자기 자신뿐만 아니라 자신을 둘러싸고 있는 역사성을 이해하고 전통과 타자와의 진정한 만남을 갖게 된다. 이러한 해석의 과정은 특정한 단계에서 완결되는 것이 아니라 지속적

>53 Hans-Georg Gadamer, Gesammelte Werke Bd. 1, *Hermeneutik 1. Wahrheit und Methode*, Tübingen 1990, 1쪽.

으로 순환하는 과정인 것이다. 해석은 끊임없는 영향을 주고받는 역사를 갖고 있다. 그러나 해석은 딜타이처럼 역사 속에서 삶의 체험을 객관화시키는 것을 의미하지는 않는다.[54] 역사는 현재에게, 나는 너에게, 텍스트는 독자에게 영향을 주며 또한 그 반대도 가능하다. 여기에서 특정한 시점에 이해되어진 것, 해석되어진 것은 서로에게 영향을 주고받게 되는데, 이것은 가다머가 해석학의 특징이라고 제시하는 작용역사라는 개념이다. 가다머에 따르면 이해는 항상 작용역사적인 과정을 통해서 이루어진다. 작용역사는 이해의 출발점을 제공해주는 각각의 선입견들이 서로에게 영향을 주고받는 것에서 알 수 있다.

특정한 개인과 사회 그리고 문명을 이끌어가는 구체적인 가치관과 세계관은 하나의 지평으로서 다른 개인과 사회 그리고 문명과 만나서 서로의 지평을 융합시켜 가는 과정을 겪게 되는데, 이러한 지평융합(Horizontverschmelzung)은 이해의 과정이 작용역사적이라는 점에서 설명될 수 있다. 다양한 지평들은 모나드와 같은 것 또는 실체적인 것이 아니다. 하나의 지평은 다른 지평과의 관계 속에서, 즉 해석 속에서 그 의미를 가질 수 있는 것이다. 이러한 지평융합은 역사의 흐름이 결코 특정한 가치관을 옹호하지 않으며 그런 점에서 특정한 개인과 사회 그리고 문명이 지닌 우월성에 집착하지 않는다. 이해의 기술로서 해석학은 어떤 것을 보다 잘 이해하는 것이 목표가 아니라 좀 더 다르게 이해하는 것에 있기 때문이다.

어떤 점에서 가다머의 해석학은 전통에 대한 무비판적 수용이나 옹호로 받아들일 수도 있을 것이다. 특히 하버마스는 이 점을 비판하고 있다. 그러나 우리는 해석학이 지평융합과 작용역사의 과정 속에

---

[54] 딜타이의 체험개념에 대한 가다머의 이해와 비판은 같은 책, 90쪽 이하.

서 구축된다는 점을 고려할 때 이러한 하버마스의 비판에 이의를 제기할 수 있을 것이다. 가다머의 해석학은 이러한 전통에 대한 적극적인 이해와 해석을 통해서 역사와 세계를 특정한 시각에서만 바라보려고 했던 전통적인 세계관을 해체하고 있다는 점에서 전통의 단순한 수용을 의미하는 것으로 받아들여서는 안 된다. 오히려 가다머의 해석학은 이해의 적극적인 수행을 통해서 타자의 타자성(Andersheit des Anderen)과 다원주의 그리고 관용(Toleranz)을 가능하게 하는 열려진 지평을 제공해줄 수 있기 때문이다.

6) 하이데거와 데리다

데리다는 현대철학의 전개에 중요한 영향을 끼친다. 그는 소위 해체주의(Dekonstruktivismus)를 표방하면서 근대적인 세계관의 해체를 넘어서서 서양철학 전반에 대한 해체를 시도한다. 데리다는 언어, 문자, 문화, 윤리, 정치, 종교, 철학의 다양한 문제를 독창적인 방식으로 논의하면서 현대철학의 새로운 논쟁점을 제시한 철학자이다. 이러한 데리다의 철학은 리오타르, 들뢰즈, 푸코, 알튀세르와 함께 현대 프랑스철학을 대표한다.

프랑스의 식민지였던 알제리에서 태어난 데리다는 1953년에서 1954년 사이에 벨기에 루뱅(Louvain)대학교에 있는 후설문헌연구소에서 연구하였으며 이후에는 국제철학대학의 초대학장을 지내기도 한다. 데리다는 현대의 다른 철학자들처럼 현실적인 문제에 적극적으로 참여했는데, 특히 아프리카의 인종차별정책과 체코슬로바키아의 인권에 대한 관심에서 잘 드러난다. 이런 점에서 데리다의 철학은 전통적인 윤리학의 소극적인 태도를 비판하는데, 그에 따르면 전통적인 윤리학은 인간을 형이상학적인 대상으로 규정하고 여기에서 윤리학의 모든 가치를 형이상학적인 주체 또는 자아로 환원시키면서 폐쇄적인 구조를 만들어내기 때문이다.

데리다의 해체주의는 서양철학이 전통 속에서 주장했던 불변하는 진리나 세계의 궁극적인 근거, 실체적 자아를 부정하는 데서 출발한다. 데리다의 해체는 궁극적인 목표와 원칙을 강조하는 종교와 정치적 담론 그리고 사회이론과 세계관 속에 깃들어 있는 도그마적인 요소를 파괴한다.^{>55} 그에 따르면 전통철학에서 끊임없이 논의된 절대적 진리에 대한 믿음이나 실체적 자아와 이성의 신적인 역할에 대한 신뢰는 해체되어야 한다. 데리다는 여기에서 또한 서양철학의 전개 속에서 지속적으로 전제되었던 이분법적 개념구분들을 받아들이지 않는다. 존재와 무, 변화와 지속, 참과 거짓, 이성과 감성, 말과 문자 등의 구분들은 서양철학이 절대적인 진리나 불변하는 가치를 상정하는 데서 생겨난 것일 뿐이다. 데리다의 해체주의는 서양 형이상학의 출발점과 그 내용 그리고 그 목표에 대한 해체를 시도한다.

데리다의 해체주의는 전통 형이상학에 대한 적극적인 거부에서 잘 드러난다. 데리다는 해체, 차연, 흔적, 텍스트, 보충, 파르마콘 등의 독특한 개념을 사용하여 전통 형이상학의 극복을 시도한다. 전통철학의 해체를 통해서 새로운 형이상학의 구축을 시도했던 하이데거와는 달리 전통 형이상학을 극복하려 한다. 데리다는 서양철학의 로고스중심주의, 음성중심주의 및 인종중심주의를 비판하면서 서양 형이상학의 사유를 지탱해왔던 핵심적인 논점들을 비판한다. 특히 그의 해체주의는 전통철학에서의 이성과 주체개념에 대한 비판을 통해

>55 Nicholas Royle, *Jacques Derrida*, Oxon 2003, 35쪽 이하.

서 인식론과 형이상학적 장치들을 해체한다. 이러한 해체는 플라톤에서부터 후설과 하이데거에까지 전개된 서양철학 전반에 대한 비판으로 이어진다. 해체주의는 이원론과 이분법적 개념의 대립쌍으로 점철되어진 서구 형이상학의 체제를 현전의 철학으로 규정하고 비판한다. 여기에서 데리다가 말하는 현전은 서로 다른 시원을 갖는 다양한 개념들의 역사를 획일적으로 환원시키면서 소위 차연(différance)과 흔적들을 인정하지 않는 태도이다.

데리다는『그라마톨로지』(1967),『말과 현상』(1967),『글쓰기와 차연』(1978),『우편엽서』(1980)에서 문자에 대한 전통적인 이해를 비판하면서 서양철학 전반에 대한 해체를 전개한다. 데리다는 로고스중심의 언어관을 해체하면서 루소의 언어관에 대한 비판을 전개한다. 데리다의 생각에 따르면 언어의 문제는 서양 형이상학의 중심내용인데, 여기에서 그의 독특한 언어이해가 전개된다. 데리다는 특히 소쉬르의 언어이해의 영향을 받으면서 대상을 확정적으로 지칭하는 기호로서 단순하게 언어의 의미를 파악하는 입장을 거부한다. 데리다는 여기에서 서양철학의 전개에 있어서 중요한 역할을 한 주체라는 용어와 결별한다. 데리다에 따르면 실체 또는 모나드적인 것으로서 주체를 상정하는 입장은 소크라테스 이래로 데카르트, 후설과 같은 철학자에게서 당연한 것으로서 받아들여진다. 그러나 데리다에 따르면 이러한 주체는 선험적인 존재가 아니라 언어사용의 부수적인 결과물일 뿐이다. 또한 이것은 로고스중심주의의 숙명적인 결과물이기도 하다.

데리다는『그라마톨로지』에서 알파벳문자와 같은 표음문자의 배후에는 로고스중심주의의 형이상학이 내재하여 있음을 폭로한다. 로고스중심주의를 특징으로 하는 서양 형이상학은 인간의 존재를 가장

직접적으로 드러낼 수 있는 것이 음성이라고 주장하면서 로고스중심
주의를 음성중심주의로 만들어버린다. 이러한 상황은 데리다에 따르
면 다음과 같은 결과들을 만들어낸다. 문자가 표음화되면서 문자언
어보다 음성언어를 중요하게 생각한다. 또한 소크라테스 이전의 철
학자부터 하이데거에 이르기까지의 형이상학의 역사가 로고스에 대
한 신뢰 속에서 항상 문자언어를 음성문자보다 평가절하하게 된다는
것이다.[56]

로고스중심주의에 깃들어 있는 음성중심주의는 음성을 인간의
영혼과 결합시키고 사물들의 존재를 현전의 영역으로 고찰시키면서
언어의 궁극적인 의미를 은폐시켜버린다.[57] 이러한 음성중심주의는
문자언어를 하나의 매개물로 평가절하하고 언어와 사물의 관계를 고
정된 기표와 기의 사이의 관계로 환원시켜버리고 만다. 여기에서 사
람들은 기표와 기의 사이의 차이가 절대적이며 비환원적이라고 확신
하게 된다.[58] 데리다는 이런 이유에서 구조주의적 언어이해를 대표
하는 소쉬르의 기호이론을 비판한다.[59] 그리스어로 semeion인 기호
는 소쉬르에 따르면 기호를 뒷받침해주는 역사적-사회적 배경과 구
조 속에서 그 의미를 드러내준다. 이러한 소쉬르의 입장은 구조주의
라는 입장에서 언어의 공시성을 강조한다. 비록 소쉬르는 기표(sig-

>56 데리다, 『그라마톨로지』, 김성도 옮김, 민음사 1996, 14쪽 참고. 문자는 단순히 음
성 또는 말을 받아 적는 것이 아니다. 그런 점에서 음성은 문자보다 우월한 것이라고
말할 수는 없다. Barry Stocker, *Derrida on Deconstruction*, Oxon 2006, 54쪽 이하.
>57 데리다에 따르면 하이데거의 사상도 존재-신학으로 특징지어지는 현전의 철학 속
에 사로 잡혀 있을 뿐이다. 데리다, 『그라마톨로지』, 김성도 옮김, 민음사 1996, 31쪽.
>58 데리다, 『그라마톨로지』, 김성도 옮김, 민음사 1996, 45쪽 이하.
>59 물론 데리다의 해체주의는 구조주의자인 소쉬르의 영향을 받고 있음을 인정해
야 할 것이다. 또한 R. Jakobson과 같은 프라하학파의 영향도 받고 있다.

nifiant)과 기의(signifié) 상의 구분을 확정적인 것으로 규정하지만 데리다는 기표와 기의 사이의 절대적인 차이성에서 출발하는 소쉬르의 기호이론을 거부한다.[60] 물론 데리다의 철학이 후기구조주의와의 연관성을 갖고 있다는 점에서 구조라는 용어에 관심을 갖는 것은 사실이다. 그러나 그가 관심을 두는 구조는 언어의 실체화나 아르케화를 통해서 파악되는 것이 아니라 차연과 흔적으로서 주어질 수 있을 뿐이다. 데리다는 기호를 기표와 기의 사이의 자기 동일적인 복합체라고 생각하면서 기표와 기의 사이를 연결시키는 확정된 구조에 집착하는 소쉬르를 비판한다.[61] 데리다에 있어서 기표와 기의 사이의 확정된 역할은 존재하지 않는다. 어떤 경우에 따라 기의는 기표가 될 수도 있기 때문이다. 데리다에 따르면 이러한 소쉬르의 입장은 육체와 영혼, 감각과 이성, 음성과 문자를 구분하는 이원론적 사유에 얽매여 있을 뿐이다. 이러한 집착은 로고스중심주의의 당연한 귀결이기도 하다. 또한 이러한 집착은 음성중심주의에 근거한 기호이론을 만들어낼 뿐이다. 데리다에 따르면 소쉬르의 기호이론이 음성중심주의에 집착하는 이유는 소쉬르가 표음문자인 알파벳만을 대표적인 문자의 전형으로 받아들이기 때문이다.

데리다는 그가 옥스퍼드대학의 보들리 도서관에서 13세기 매슈 패리스의 그림에서 소크라테스가 플라톤 앞에서 글을 쓰고 있는 상황을 묘사한 그림에 주목하면서 문자의 적극적인 의미를 제시한다. 데리다는 이 그림에서 소크라테스가 말한 것을 플라톤이 적는 것이

---

[60] 데리다는 『그라마톨로지』에서 "시니피에와 시니피앙의 차이는 아무것도 아니라는 것"을 강조한다. 데리다, 『그라마톨로지』, 김성도 옮김, 민음사 1996, 49쪽. 공시성과 통시성이 변할 수 있듯이 기표와 기의의 관계는 끊임없이 변할 수 있다.

[61] 존 레웰린, 『데리다의 해체주의』, 서우석·김세중 역, 문학과 지성사 1998, 76쪽.

아니라 실제로는 소크라테스의 말들을 대화편에 기록했던 플라톤의
음성을 받아 적는 소크라테스에 주목함으로써 음성에 대한 문자의
중요성을 강조하는 것이다. 데리다에 따르면 문자는 음성보다 이차
적인 것이 아니다. 문자의 세계는 흔적의 세계이다. 데리다는 여기에
서 전통철학에서의 문자이해와 구분되는 문자의 존재론적 특성들을
제시한다. 이러한 문자의 존재론적인 특성은 그가 플라톤에게서 차
용한 용어인 파르마콘이라는 용어에서 잘 드러난다. 데리다에 따르
면 문자의 세계를 각인하는 선험적인 원리나 법칙은 존재하지 않는
다. 이러한 문자는 한편으로는 독의 역할을 다른 한편으로는 해독제
의 역할을 하는 파르마콘과 같이 차연적인 의미의 지평 속에서 흔적
과 환영 그리고 은유의 삼투작용을 전개한다. 데리다에 따르면 모든
것은 흔적이고 이러한 흔적들의 역동적인 관계가 문자이며 그런 관
계가 바로 차연의 놀이를 가능하게 한다.

　　전통적인 언어학과 기호이론이 음성 또는 말의 절대적인 실체성
을 강조하였지만 데리다의 문자학은 문자로 구성된 모든 텍스트들이
서로 차연의 놀이로 이루어졌으며 서로 비대칭적으로 엮여 있음을
강조한다. 이러한 데리다의 문자학에서는 텍스트의 의미를 확정짓는
주체적인 로고스의 존재를 인정할 수 없으며 결국 로고스와 음성 그
리고 주체는 해체될 수밖에 없다.

　　데리다의 해체주의는 『그라마톨로지』에서 잘 드러나 있듯이 후설
과 하이데거의 철학에 많은 영향을 받은 것이 사실이다. 특히 데리다
의 문체양식 속에서 우리는 하이데거의 고유하고 독특한 표기방식을
종종 발견할 수 있다. 그러나 이러한 영향에도 불구하고 데리다는 내
용적으로는 하이데거의 철학도 역시 서양 형이상학의 범주에 포함될
수밖에 없으며 그의 현존재분석론은 주체철학의 또 다른 형태에 불

과한 것이라고 규정한다. 니체와 마찬가지로 하이데거가 비록 서구 형이상학이라는 거대한 장벽을 전복시키려고 했지만 그의 사상은 오히려 그가 무너뜨리고자 했던 형이상학적인 구조물에 사로잡혀버리고 말았다. 데리다에 따르면 "하이데거의 사상은 로고스와 존재가 구성한 진리의 법정을 무너뜨리기는커녕 오히려 그것을 최초의 의미로 다시 복권시킬 것이다."[62]

>62 데리다, 『그라마톨로지』, 김성도 옮김, 민음사 1996, 45쪽. 데리다는 하이데거가 『존재와 시간』에서 양심의 소리에 귀를 기울일 것을 강조하는 것도 음성중심주의의 산물일 뿐이라고 비판한다. 같은 책, 45쪽. 그러나 우리는 여기에서 그의 해체주의가 하이데거의 존재론과 현상학적 작업에 많은 영향을 받고 있음을 부인할 수 없다. 특히 데리다가 사용하는 해체의 개념은 하이데거가 전통 형이상학과 존재론을 비판하기 위하여 이미 『존재와 시간』에서 제시한 개념이라는 점에서 이들 사이의 연관성을 읽어 낼 수 있다. 또한 데리다의 차연이라는 용어도 하이데거가 강조하는 존재론적 차이라는 용어에 영향을 받은 것이다. 그리고 인식론적인 주체로서 인간을 규정하는 것을 거부하고 인간을 현존재라고 규정하는 하이데거의 독특한 인간이해가 데리다의 사상 속에서 어떤 식으로든 용해되어 있음을 부인할 수 없을 것이다.

5. 하이데거의 전기사상

1) 현상학과 심리주의 비판

　하이데거의 철학을 특징짓는 중요한 용어 중의 하나가 현상이라는 용어이다. 현상학은 하이데거가 프라이부르크대학에서 현상학의 정초자인 후설을 직접 만났을 때뿐만 아니라 마르부르크대학 시절, 후설의 후임으로 프라이부르크대학에서 강의하던 시절, 그리고 은퇴 후에 계속되는 강연과 저술 속에서도 영향을 주었다. 하이데거가 그의 『현상학으로의 나의 길』(Mein Weg in die Phänomenologie)에서 밝히고 있듯이 현상학은 하이데거의 철학여정과 결코 분리시킬 수 없는 요소이다. 특히 이것은 하이데거가 『존재와 시간』에서 전개되는 현존재분석과 존재물음이 현상학적으로 전개되어야 한다는 점을 곳곳에서 강조하고 있다는 점을 고려할 때 당연한 일이기도 하다.

　하이데거의 전기철학을 특징짓는 현상학은 그의 사상적 스승이었던 후설이 정초하였던 철학의 분야이다. 현대철학의 다양한 흐름과 전개 속에서 중요한 역할을 하였던 현상학은 19세기말과 20세기 초의 혼란스러웠던 철학의 영역에서 확고한 방향성을 제시해주었던 철학의 분야이다. 철학적인 인식의 문제를 심리현상으로 환원시키는 심리주의자들, 실증적인 지식을 강조했던 실증주의자들, 철학의 주제를 역사적인 삶의 해석에 두었던 딜타이의 생철학, 칸트 해석을 중심으로 새로운 철학의 방향을 제시했던 마르부르크학파와 바덴학파 그리고 언어분석을 통해서 전통철학을 극복하려 했던 언어철학 사이에서 현상학은 새로운 철학의 방향성을 제시해주는 역할을 충실히 하였다.

물론 현상학이라는 용어는 이미 후설 이전 시대의 철학자들이 — 비록 의미는 후설의 현상학과는 다르지만 — 사용하였다. 람베르트, 칸트 그리고 헤겔에게서 현상학이라는 용어가 사용되었다. 람베르트(Johann Heinrich Lambert)는 『형이상학, 신학과 윤리학을 올바르게 증명하기 위한 방법에 관하여』(Über die Methode, die Metaphysik, Theologie und Moral richtiger zu beweisen, 1762)와 『신기관』(Neues Organon oder Gedanken über die Erforschung und Bezeichnung des Wahren und dessen Unterscheidung von Irrtum und Schein, 1764)에서 현상학이라는 용어를 처음 사용하였다. 이후에 칸트도 현상이라는 용어를 사용하였지만 이때의 현상이라는 의미는 경험세계를 지칭하는 것이며 본체계, 즉 물자체의 세계와 구분되는 영역을 지칭하는 용어였다. 이어서 헤겔은 그의 『정신현상학』(Phänomenologie des Geistes)의 제목에서 현상학이라는 용어를 사용하였다. 헤겔은 여기에서 의식이 자기의식을 거쳐 궁극적으로 절대의식이 되는 과정을 그려나가는데, 이러한 과정을 '현상하는 지식'이라고 규정한다. 헤겔에게서 현상학이라는 용어는 의식이 감성적 확신의 단계를 거쳐 지각의 단계를 넘어서 오성의 단계에서 절대의식으로 드러나는 과정을 지칭하는 것이다. 그러나 현상학이 철학의 분야로 확고하게 자리를 잡게 된 것은 후설을 통해서였다.

후설은 현상학을 통해서 철학을 '제일학문'(erste Wissenschaft)으로 정초하려고 하였다. 이러한 후설의 시도는 당시의 혼란스러운 상황 속에서 철학의 확고한 토대를 정초하기 위한 것이었다. 후설이 생각 하기에 당시의 철학은 심리주의와 역사주의, 신칸트학파 그리고 언어 철학, 생철학 사이에서 확고한 진리를 제공해줄 수 있는 토대를 확립 하지 못하고 있었다. 후설에 따르면 철학은 주관적인 태도나 상대적인 가치에 집착해서는 안 되며 오로지 사태 자체에 근거해서 다양한 학문 들을 위한 선험적 토대를 제시해주어야 한다. 따라서 철학은 다른 학 문보다도 더욱 확고한 명증성(Evidenz)을 확보해야만 한다. 이런 점에 서 후설은 논리학을 심리현상으로 파악하려는 모든 철학을 심리주의 라고 비판하게 된다. 심리주의는 논리학이 심리학의 일부라고 간주하 는데, 여기에서 논리법칙은 단지 심리현상의 일부이며 그 타당성은 상대적인 것으로 간주된다. 그러나 후설은 올바른 철학의 역할이 의 식작용에 대한 현상학적 기술을 통해서 가능하다고 생각한다. 후설은 브렌타노의 기술적 심리학[63]에 영향을 받으면서 엄밀한 학으로서의 철학은 오로지 현상학을 통해서 정초된다는 것을 강조한다. 후설은 철학의 올바른 정립은 현상학을 통해서만 가능하다고 주장한다.

하이데거는 후설의 『논리연구』를 탐독하면서 이러한 현상학적 방 법론에 눈을 뜨게 되고 이후에 자신의 철학 전개에 적극적으로 적용 하게 된다. 그러나 하이데거는 후설이 주장하는 현상학의 이념을 그 대로 따르는 것이 아니라 자신의 존재물음을 위해 독특한 방식으로 변형하는데, 이러한 하이데거의 입장은 『존재와 시간』에서 잘 드러

>63 브렌타노의 기술적 심리학은 경험적 심리학과 구분된다. 이러한 구분은 그가 의 식의 지향작용에 비중을 두는 데서 잘 드러난다. 이러한 의식의 지향성은 전통적인 철학문제인 주관과 객관의 문제를 새로운 입장에서 논의할 수 있는 길, 즉 현상학적 인 기술(Deskription)의 가능성을 제시해준다.

난다. 하이데거는『존재와 시간』의 7절에서 현상학의 어원과 유래에 대한 구체적인 설명을 제시하고 있다. 하이데거는 현상학이라는 용어 중에서 현상이라는 표현은 일상생활 속에서처럼 어떤 것이 나타나는 소극적인 현상(Erscheinung)이 아니라 적극적으로 '스스로를 자신 속에서 드러내는 것'(das Sich-an-ihm-selbst zeigende)을 의미한다고 본다. 하이데거는『존재와 시간』에서 존재자의 존재, 즉 현존재의 존재의미를 존재론적으로 기술하는데, 이러한 존재론의 기술이 현상학을 통해서 가능하다고 주장한다.[64] 하이데거는 이 점을 다음과 같이 말한다: "철학의 근본물음의 탐구는 존재의 의미에 대한 주도적인 물음으로 이루어진다. 이 물음의 취급방식이 현상학적인 방식이다."[65]

2) 기초존재론과 현존재분석론

하이데거는『존재와 시간』에서 플라톤, 아리스토텔레스 이래로 전개된 존재론의 해체를 시도한다. 그가 제기하는 존재물음은 바로 전통존재론을 비판하는데, 하이데거는 이 물음을 통해서 새로운 존재론의 구축을 위한 예비적인 작업들을『존재와 시간』에서 전개해 나간다. 그는 이러한 예비적인 작업을 기초존재론이라고 부른다. 기초존재론은 고대 그리스 이래의 존재론의 해체를 위해서 하이데거가

---

[64] 이 점은 하이데거의 다음과 같은 주장에 잘 드러나 있다: "존재론과 현상학은 철학에 속하는 서로 다른 두 개의 분야가 아니다. 존재론과 현상학은 대상과 취급방식에 의해서 철학 그 자체를 특징짓는 것이다. 철학은 보편적인 현상학적 존재론이다". SZ, 38쪽.

[65] SZ, 7절.

『존재와 시간』에서 제시하는 것인데, 이런 기초존재론은 하이데거의 전기철학을 특징짓는 중요한 개념이면서 그의 후기사상을 이해하기 위한 토대를 제공해주는 역할을 한다. 이러한 기초존재론은 지금까지의 존재론과는 다른 방식으로 존재물음을 제기해야 하는 것을 강조한다. 기초존재론은 우선 이전의 존재론이 존재물음을 올바르게 제시하지 않았다는 점을 다양한 관점에서 지적한다. 특히 기초존재론은 파르메니데스 이래의 존재론이 존재와 사유를 동일한 것으로 간주하면서 존재의 의미를 왜곡했던 것을 비판한다.[66] 또한 하이데거에 따르면 이러한 기초존재론은 모든 개별적이고 지역적인 존재론 (regionale Ontologie)을 앞서 있는 근원적인 존재론이다. 왜냐하면 기초존재론은 존재에 대한 물음을 제기하는 근본적인 출발점을 제공해야만 하기 때문이다.

기초존재론은 나아가서 전통적인 존재론의 탐구주제 전반에 대한 비판을 제기한다. 전통적인 존재론이 존재에 대한 기본적인 규정들에 대해서 문제 삼았다면 기초존재론은 존재라는 현상에 관련된 다양한 주제들에 대해서 근원적인 물음을 제기하기 때문이다. 여기에서 하이데거는 이러한 기초존재론의 올바른 전개를 위해서 존재물음의 형식적인 구조를 분석한다. 그에 따르면 존재물음은 물음의 대상(das Gefragte), 물음의 의도(das Erfragte), 물음을 제기하는 자(das Befragte)를 구분하여야 한다. 하이데거의 기초존재론은 존재물음의 대상이 존재이며, 물음의 의도가 존재의 의미를 확보하는 것이며 이

---

[66] 이러한 구분에 근거해서 하이데거는 전통적인 존재론이 존재에 대해서 물음을 제기할 때 사유와 존재의 동일성에 사로잡혀 본질적인 물음을 제기하지 못했다는 점을 폭로한다. 앞서 언급했듯이 존재와 인간의 사유를 동일시하면서 존재에 대한 물음은 특정한 편견에 사로잡히게 되었던 것이다.

러한 존재물음을 제기할 수 있는 자가 현존재라는 점을 형식적으로
제시한다. 이러한 구분을 통해서 기초존재론은 다양한 학문의 방법
론 그리고 지역존재론과 구분되는 특별한 역할을 하게 된다. 하이데
거에 따르면 기초존재론은 개별학문의 토대와 근거를 제시해주는 역
할을 하는 것이다. 따라서 이러한 기초존재론은 존재물음의 올바른
전개를 위해서 우선적으로 정초되어야 한다.

기초존재론은 한편으로는 전통존재론의 문제점을 극복하려는 시
도이며 다른 한편으로는 존재물음을 구체적으로 수행하는 역할을 한
다. 특히 여기에서 우리는 기초존재론을 통해서 철학의 중심논의들
이 항상 인간에 대한 이해와 연결되어 있다는 점을 파악할 수 있는
데, 이런 점에서 기초존재론의 중심적인 내용은 인간에 대한 이해,
즉 "현존재의 근본구조"(Fundamentalstruktur des Daseins)를 해석하는
것이다. 하이데거는 이런 점에서 기초존재론(Fundamentalontologie)을
현존재분석론(Daseinsanalytik)을 통해서 정초한다.

하이데거에 따르면 현존재분석론은『존재와 시간』에서 매우 중요
한 역할을 하는데, 왜냐하면 존재물음을 제기할 때 현존재의 존재론
적인 역할이 중요하기 때문이다. 존재물음이 비록 존재에 대해서 물음
을 제기하는 것이지만 이러한 물음은 존재의 의미를 이해하기 위한 물
음이며 존재의 의미는 결국 현존재만이 논의할 수 있기 때문이다. 이
런 점에서 존재물음은 바로 현존재분석론과 연결된다고 할 수 있다.

현존재분석론은 이러한 존재물음을 위해서 물음을 제기하는 자,
즉 현존재의 존재론적 특징들을 분석한다. 하이데거는 전통철학과는
달리 인간을 현존재라고 부르는데, 이 용어는 인간이 숙명적으로 자
신의 존재에 관심을 갖고 있으며 이러한 관심 위에서 자신의 존재의
미를 실현해야만 한다는 것을 내포하고 있다. 현존재라는 말 속에서

현(Da)이라는 용어는 현존재의 존재를 가능하게 해주는 가능성과 필연성을 우회적으로 드러내주는 것이다. 현은 인간이 어떤 식으로든 자신의 존재와 연결되어 있으며 그때마다의 삶 속에서 자신의 존재를 드러내야 한다는 것을 의미한다. 현존재는 이러한 현을 통해서 한갓 돌, 나무와 같은 존재자가 아니라 탁월한 존재자가 될 수 있다. 즉 자신의 고유한 존재를 드러내는 존재자가 될 수 있다. 하이데거는 이점을 다음과 같이 설명하고 있다: "이러한 존재자〔현존재〕는 자신의 고유한 존재 속에서 비은폐성(Unverschlossenheit)이라는 특성을 지닌다. '현'이라는 표현은 본질적으로 개시성(Erschlossenheit)을 의미한다. 개시성을 통해서 이러한 존재자(현존재)는 세계의 현-존재와 함께 자기 자신을 위해서 존재하는 것이다."[67]

이러한 현존재는 한편으로는 전통적인 인간이해에 대한 하이데거의 비판적 태도를 잘 나타내준다. 특히 현존재는 인간을 단지 인식주체로만 규정하였던 인간이해를 해체하는 표현이기도 하다. 하이데거는 인간에게는 인식이 아니라 존재가 우선적인 관심거리임을 강조한다. 인간은 현존재로서 근원적으로 그리고 숙명적으로 자신의 존재로 향해 있는 존재자이다. 이런 점에서 현존재는 존재가능성(Zu-sein)이라는 존재론적 특성을 갖고 있다. 인식의 문제는 존재의 문제에서 파생된 것이며 이차적인 문제일 뿐이다.

하이데거는 이러한 현존재분석론이 인간학, 심리학 또는 생물학과 구분되어야 한다는 점을 강조한다. 왜냐하면 현존재분석론의 문제의식은 전적으로 '존재론적 물음'에 관계하기 때문이다.[68] 따라서 현존재분석론은 인간학, 심리학 또는 생물학을 앞서 있는 것이다. 현

---

[67] SZ, 132쪽.

존재분석론은 삶 자체의 문제를 다뤘던 딜타이의 생철학도 간과했던 것이다. 비록 딜타이는 삶의 역사성을 집중적으로 다루었지만 인간의 존재를 현상학적으로 논의하지는 못했는데, 이것은 인간에 대한 존재론적 이해가 결여되었기 때문이다. 하이데거에 따르면 이러한 사정은 후설과 셸러에게서도 마찬가지이다.[69]

현존재라는 용어는 다른 한편으로 인간의 고유한 존재방식을 실존적으로 기술하려는 하이데거철학의 고유한 과제를 제시해준다. 하이데거는 현존재라는 용어를 통해서 인간과 존재, 존재자인 인간과 그의 존재가 맺고 있는 긴밀한 존재론적 관계를 해석하는 것이 철학의 궁극적인 과제라는 점을 강조한다. 하이데거는 현존재가 우리 주변에 널려 있는 사물과 같은 존재자가 아니라 항상 자신의 존재를 염려하는 존재자이기 때문에, 철학이 인간에 대한 탐구라고 한다면 철학은 이러한 현존재와 존재의 관계를 기술하는 것이어야 한다고 생각한다. 현존재분석론은 바로 이러한 존재와 인간의 숙명적인 관계를 기술하는 것이다. 하이데거는 현존재분석론 속에서 이러한 존재와 인간의 관계를 기술하기 위한 다양한 주제들을 열거하고 이를 통해서 존재물음의 구체적인 수행을 가능하게 한다.

---

[68] SZ, 45쪽.

[69] SZ, 47쪽 이하. 하이데거는 특히 딜타이의 잘못은 삶 자체를 하나의 존재양식(Seinsart)으로서 존재론적으로 다루지 못했던 것이라고 지적한다. 같은 곳 참고.

3) 현존재의 실존

　　현존재는 존재물음을 제기하는 자로서 탁월한 존재자이다. 현존
재는 하나의 존재자이지만 이 존재자는 항상 어떤 식으로든 자신의
존재를 염려하고 또한 다른 존재자들과의 관계를 걱정하기 때문이다.
현존재는 하이데거의 용어로 표현하자면 자신의 '존재이해'(Seins-
verständnis)를 갖고 있다. 현존재의 탁월성은 존재론적으로 보자면
항상 자신의 존재에 대해서 관심을 갖고 있다는 점에 있다. 하이데거
는 현존재와 존재와의 이러한 숙명적인 관계를 실존이라는 용어로
표현한다. 실존은 현존재가 항상 어떤 식으로든 존재 자신과 관계해
야만 함을 말해주는 용어이다.[70]

　　인간을 근대철학에서처럼 실체로서 규정하는 것을 반대하는 하
이데거는 인간을 현존재로 규정하고 이러한 현존재의 존재론적 특성
을 존재가능성이라고 제시한다. 존재가능성이라는 표현은 중세에서
언급되었던 본질(essentia)과 실존(existentia)의 구분을 통해서는 이해
할 수 없다. 중세에서는 실존이라는 말을 본질과 구분하지만 이것은
현존재의 존재론적 특성을 드러낼 수 있는 표현이 아니다. 중세적인
의미에서의 실존은 본질로부터 벗어나 있는 상태를 지칭하며 사물의
이차적인 존재방식을 의미한다. 그러나 하이데거가 현존재의 본질을
실존이라고 규정할 때의 실존은 현존재의 존재를 적극적으로 드러내
주는 표현이며 현존재의 본질을 제시해주는 용어이다. 이러한 실존
은 돌이나 나무와 같은 존재자의 존재방식이 아니라 현존재인 인간
만이 갖고 있는 고유한 존재방식인 것이다.

---

[70] SZ, 12쪽.

현존재의 실존이 지닌 특징은 그것이 각자적인 방식으로 전개된다는 점에 있다. 물론 현존재의 존재인 실존은 모든 인간이 어떤 식으로든 실현해야 하는 궁극적인 목표이지만 그 과정은 현존재마다 개별적으로, 즉 각자적으로 수행되어야 한다. 이러한 실존의 이해는 현존재의 본질인 실존이 어떤 실체적인 것처럼 확정적인 것이 아니라 현존재 각자의 방식대로 실존해야한다는 것을 말해준다. 이런 점에서 하이데거는 현존재의 실존이 지닌 존재론적 특성을 각자성(Jemeinigkeit)이라고 부른다. 이러한 현존재의 각자성은 실존의 독특한 특성, 즉 현존재가 어떤 때는 자신을 상실하거나 잃어버릴 수도 있으며 어떤 때는 자신의 존재를 찾을 수도 있다는 것을 말해준다.[71]

하이데거는 이러한 현존재의 실존을 현존재가 자신의 존재와 관계하는 방식에 따라서 본래성(Eigentlichkeit)과 비본래성(Uneigentlichkeit)으로 구분한다. 본래성이라는 말은 현존재가 사물과는 달리 자신의 고유한 존재방식을 실현하는 것을 지칭한다. 하이데거는 본래성이라는 용어를 통해서 현존재가 어떤 식으로든 자신의 존재, 즉 실존을 염두에 두어야 한다는 점을 강조한다. 물론 현존재는 다양한 삶의 상황 속에서 항상 자신의 존재만을 염두에 두고 살아갈 수는 없을 것이다. 현존재는 특정한 상황에서는 자신의 본래성을 망각하고 심지어는 자신의 존재를 망각할 수도 있기 때문이다. 하이데거는 이러한 현존재의 존재양상을 비본래성이라고 부른다. 그런데 여기에서 주목할 것은 비본래성이라는 현존재의 실존방식이 본래성보다 열등하거나 저급한 단계의 존재양상을 의미하는 것이 아니라 현존재의 존재,

---

>71 각자성이라는 용어는 인간을 실체로 규정하는 전통철학에 대한 하이데거의 강력한 비판을 잘 드러내준다.

즉 실존의 또 다른 측면을 드러내준다는 점이다. 이러한 현존재의 비본래성은 현존재의 존재가 획일적으로 수행되지 않으며 현존재의 실존의 과정이 단순하지 않음을 암시해준다. 한마디로 말하자면 비본래성은 현존재의 실존이 갖고 있는 복잡한 측면을 드러내준다.[72] 현존재의 실존이 각자성을 갖고 있다는 말에서 알 수 있듯이 현존재는 예측할 수 없이 펼쳐지는 삶의 한가운데서 때로는 자신의 존재에 몰두하면서 때로는 자신의 존재를 상실하면서 실존으로의 항해를 계속해야만 하는 것이다.

하이데거는 이러한 현존재의 실존이 수행되는 세계에 관심을 피력한다. 그는 여기에서 현존재의 존재특성을 세계-내-존재(In-der-Welt-sein)라고 규정하는데, 이때의 세계개념은 전통철학에서 말했던 것과는 아주 다른 개념이다. 세계라는 용어는 근대인식론이 강조했던 주관에 대립하는 대상 또는 객관이라는 의미로 해석해서는 안 된다. 하이데거에 따르면 세계는 현존재와 숙명적으로 관계한다. 이 말은 세계가 현존재와 대립하여 별도로 존재하는 것이 아니라 현존재 자신이 그 속에서 자신의 존재를 염려하고 관계하는 그런 삶의 터전이라는 것을 의미한다. 현존재는 세계-내-존재로서 운명적으로 그리고 실존적으로 세계 속에서 살아가야만 한다. 이러한 세계는 돌과 나무와 같은 존재자들의 전체적인 집합이 아니라 현존재의 실존이 구체적으로 수행되는 통일적인 현상인 것이다. 이런 점에서 세계는 현존재가 자신의 삶 속에서 드러내야 할 의미들의 지평인 것이며 삶 자체인 것이다. 현존재는 존재와 관계하는 한에서 결코 세계를 벗어나

>72 이런 점에서 본래성과 비본래성이라는 용어를 윤리적인 대립개념으로 이해해서는 안 된다. 오히려 이 두 개념은 실존의 다양한 측면을 상호 보충적으로 드러내주는 개념으로 이해해야 할 것이다.

거나 세계로부터 격리되어서는 안 된다. 세계는 현존재가 다른 현존재 그리고 다양한 존재자들과 의사소통을 하는 곳이며 그들과의 만남을 가능하게 하는 지평인 것이다.

이러한 세계 속에서 전개되는 현존재의 실존을 특징짓는 용어가 일상인(das Man)이라는 용어이다. 하이데거는 현존재가 지닌 비본래성을 잘 드러내주는 용어가 일상인이라는 점에 주목하는데, 여기에서 이러한 일상인이 지닌 존재론적인 특성을 논의함으로써 인간의 실존이 추구해야 할 방향성을 확보할 수 있다. 하이데거는 현존재가 독자적이고 결코 어떤 것으로 환원할 수 없는 고유한 존재방식을 갖고 있지만 우선 대개 현존재는 일상인으로 살아갈 수밖에 없다는 점을 인정한다. 하이데거는 이 점을 다음과 같이 설명하고 있다: "현존재는 자기 자신으로서 존재하지 못하고 타자들이 현존재의 존재를 제거해버린다. 타자들의 취향(das Belieben)이 현존재의 일상적인 존재가능성을 지배해버린다."[73]

현존재가 쉽게 일상인으로 전락한다는 것은 『존재와 시간』에서 가장 비판적인 주장이기도 한데, 하이데거는 이를 통해서 현대인의 삶이 너무 쉽게 대중화되어버린다는 점을 지적하고 있다. 현존재는 앞서 말했듯이 자신의 실존을 위해서 각자적인 방식으로 삶을 살아가야 하지만 다른 현존재와의 차이성에만 관심을 두고 존재자에 집착하면서 일상성 속에서 타자와 존재자에 예속되어버린다는 것이다. 하이데거는 일상성 속에서 타자와 존재자에 종속되어 살면서 자신의 본래성을 상실해버리는 현존재를 일상인이라고 규정한다. 이러한 일상인은 나름대로의 고유한 삶의 방식을 갖고 있는데, 그것은 각각 평

---

[73] SZ, 126쪽.

균성(Durchschnittlichkeit), 평면화(Einebnung), 차별성(Abständigkeit)이라고 부를 수 있다. 이들은 일상인의 삶을 이끌어가는 공공성(Öffent-lichkeit)을 구성한다.[74] 그런데 일상인의 삶의 방식으로서의 공공성은 현존재를 실존의 도상으로 이끄는 것이 아니라 오히려 현존재를 익명성 속에 빠트리고 각자의 삶에 주어진 은밀하고 고유한 존재의미를 획일적인 것으로 만들어버릴 뿐이다. 일상인은 이러한 공공성 속에서 신중하고, 그리고 결단적으로 자신의 존재를 되돌아보지 못하게 되고 그때그때마다 타자의 말에만 귀를 기울이게 되고 결국 자신을 돌, 나무와 같은 사물적인 존재자로 전락시키게 된다. 하이데거는 일상인의 이러한 일탈행위를 다음과 같이 지적한다: "일상인은 곳곳에 있지만 현존재가 무엇인가를 결단해야 할 때에는 이미 항상 거기로부터 도망갈 뿐이다. 일상인은 그러나 모든 판단과 결단을 미리 내리기 때문에 그때그때의 현존재에게서 책임감을 빼앗아 버린다. … 어떤 것에 대해서 아무도 책임질 필요가 없기 때문에 일상인은 너무 쉽게 모든 것에 대해서 책임질 수 있다. 일상인은 언제나 책임질 사람이었으나 그 책임질 사람은 누구도 아니었다라고 말해질 수 있다."[75]

  그러나 하이데거에 따르면 이러한 일상인은 아무것도 아닌 것이거나 사물과 같은 단순한 존재자가 아니다. 일상인은 비록 현존재의 변형된 존재양태이지만 그것은 아무것도 아닌 것이라고 부정적으로 이해해서는 안 된다. 왜냐하면 현존재는 언제든지 일상인으로 전락할 수 있기 때문이다. 하이데거는 현존재가 우선 먼저 본래적인 자기로서 있는 것이 아니라 일상인이라는 존재방식으로 있다는 점을 강

>74 SZ, 127쪽.
>75 SZ, 127쪽.

조한다. 이런 점에서 보면 일상인이라는 용어는 실존을 구성하는 하나의 실존틀이며 현존재가 세계 속에서 자신의 존재를 드러내주는 현상 중의 하나인 것이다.

6. 하이데거의 후기사상

1) 전회와 탈-존

하이데거의 전기사상은 『존재와 시간』을 전후로 해서 전개되었는데, 그는 『존재와 시간』의 현존재분석론을 바탕으로 자신의 철학이지닌 기본적인 입장들을 제시하였다. 특히 존재물음을 통해서 전통철학의 해체를 시도하는 하이데거는 전통철학의 다양한 분야들, 즉인식론, 존재론, 형이상학이 지닌 문제들을 독창적인 방식으로 논의하면서 자신의 철학을 구축하였다. 전기의 하이데거의 철학은 현존재의 입장에서 존재에 대해서 논의한 것이 특징인데, 그의 이러한 입장은 1930년대에 들어서서 변화를 맞이하게 된다.

이러한 변화의 출발점은 하이데거의 프라이부르크대학 취임 강연인 「형이상학이란 무엇인가?」(Was ist Metaphysik?, 1929) 그리고 「근거의 본질에 관하여」(Vom Wesen des Grundes, 1929)와 「진리의 본질에 관하여」(Vom Wesen der Wahrheit, 1930)에서 찾아볼 수 있는데, 이때에는 『존재와 시간』에서와는 다른 방식으로 존재에 대한 논의가 전개된다. 『존재와 시간』에서는 존재물음의 전개가 어떤 식으로든 현존재에 근거해서 전개되었던 것이 특징이었다. 그러나 이 시기부터는 현존재가 아니라 존재 자체의 측면에서 존재물음을 논의하게 된다. 즉 후기에서는 존재물음의 전개가 현존재가 아니라 존재 자체의 방향에서 전개된다. 이러한 방향전환을 보통 '전회'(Kehre)라고 부른다.

하이데거는 전회를 통해서 전통철학에 대한 비판을 좀 더 적극적으로 전개하는데, 이 점은 그가 후기에 형이상학의 본질에 대해서 집중적으로 언급하는 데서 잘 드러난다. 하이데거는 1929년 프라이부르크대학 취임 강연인 「형이상학이란 무엇인가?」와 연계하여 1935년 『형이상학입문』(Einführung in die Metaphysik)이라는 제목으로 강의를 전개하는데, 이 강의에서는 형이상학의 근거와 본질에 대한 논의가 집중적으로 전개되고 있다.[76]

전회에 대한 하이데거 자신의 직접적인 언급은 「휴머니즘에 대한 편지」(1946)에 잘 나타나 있는데, "이러한 전회는 『존재와 시간』의 입장변화가 아니라, 이러한 전회 속에서 시도되었던 사유가 비로소 『존재와 시간』이 경험되는 차원의 장소, 즉 존재망각이라는 근본경험 속에서 경험되는 차원의 장소에 도달한다."[77]

하이데거는 전회를 통해서 존재에 대한 논의를 극단화하면서 형이상학의 역할과 과제에 대해서 숙고하는데, 그에 따르면 플라톤에서부터 헤겔에 이르기까지의 철학은 ─ 심지어 전통 형이상학을 부정하였던 니체까지도 ─ 형이상학의 근원적인 의미를 망각한 것이었다. 이런 이유에서 하이데거는 헤겔 또는 니체에 이르기까지의 서양철학의 여정을 "형이상학의 완성"(Vollendung der Metaphysik)이라는

─────────

>76 하이데거는 「형이상학이란 무엇인가?」에서 형이상학의 본질에 대한 물음은 "도대체 왜 무가 아니라 존재자가 있는가?"라는 물음이라고 주장한다. GA 9, 122쪽.
>77 GA 9, 328쪽.

표현을 사용하면서 우회적으로 비판하고 있다.[78]

　여기에서 하이데거는 전회를 통해서 왜곡된 형이상학의 본질을 파헤치려고 하는데, 이것은 결국 현존재가 아니라 존재 자체에 대한 논의로 이어지게 된다. 이런 점에서 볼 때 전회는 서양 형이상학이 존재망각에 빠져있음을 인정하고 이러한 존재망각을 벗어나기 위한 시도로 해석할 수 있을 것이다. 또한 전회는 파르메니데스 이래로 숨겨져 있는 비밀, 즉 "모든 사유를 위한 시원적인 비밀"(das anfängliche Geheimnis für alles Denken)을 발견해내기 위한 패러다임의 전환이라고 할 수 있을 것이다.[79] 이러한 비밀은 우리로 하여금 소위 '존재의 역사'(die Geschichte des Seins), 정확히 말하자면 '존재의 역운'(das Geschick des Seins)을 체험하게 해준다. 존재의 역운이라는 표현은 특히 근대철학에서처럼 사유하는 자아, 즉 인간이 존재를 만들어내는 존재자라는 생각을 전적으로 부정하는 것이다. 우리는 이러한 존재의 역운이라는 표현을 이해하기 위해서 하이데거가 『존재와 시간』에서 "존재는 전적으로 초월적이다"라고 말했던 것에 주목할 필요가 있다.[80] 존재의 역운은 초월적인 존재가 자신을 드러내주는 은밀한 방식인데, 하이데거는 전회 이후에 존재의 역운을 통해서 존재의 역동적인 역할을 그려내고 있다.

　이러한 후기사상의 근본적인 특징들은 「휴머니즘에 대한 편지」에

[78]　GA 48, 3쪽 이하.
[79]　GA 9, 334쪽. 이러한 시원적 사유를 잘 드러내주는 하이데거의 용어는 생기 (Ereignis)라는 용어이다. 생기는 전통 형이상학을 극복하여 서양 형이상학의 새로운 시원을 밝혀내고 존재와 존재자 사이의 차이, 즉 존재론적인 차이의 근원적 의미를 제공해주려는 하이데거의 의도가 내포된 용어이다.
[80]　GA 9, 336쪽.

서 잘 드러난다. 「휴머니즘에 대한 편지」는 하이데거가 1946년 가을 Jean Beaufret에게 보낸 답장 형식의 글로서 자신의 사상이 어떤 점에서 휴머니즘과는 구분되며 나아가 전통철학과 어떤 차이점을 갖는지를 언급하고 있다. 특히 하이데거는 이곳에서 존재를 적극적으로 만나기 위해서는 휴머니즘을 포함해서 전통적인 인간이해의 방식으로 인간을 이해해서는 안 된다는 점을 강조한다. 이 점은 하이데거의 다음 언급에 잘 나타나 있다: "그러나 인간이 한 번 더 존재의 가까움(Nähe)에 놓여져야 한다면 인간은 우선 먼저 이름없음(Namenlosen) 속에서 실존하는 것을 배워야만 한다."[81]

인간이 이처럼 이름 없음 속에서 존재하는 방식은 하이데거에 따르면 탈-존(Ek-sistenz)이라는 말 속에서 잘 드러난다. 탈-존이라는 말은 형태상으로 보자면 하이데거가 전기에 강조했던 실존(Existenz)과 유사한 표현이다. 특히 두 표현 모두 인간과 존재 사이의 관계를 설정해준다는 점에서 유사한 것으로 이해할 수 있을 것이다. 그러나 엄밀하게 구분해본다면 현존재에서 존재로의 방향성에 근거한 실존과는 달리 탈-존이라는 말은 존재에게 인간이 모든 것을 내맡길 수밖에 없고 존재의 비춤(Lichtung des Seins)에 의존할 수밖에 없는 인간의 숙명을 말해주는 용어이다. 물론 실존과 탈-존이라는 말은 둘 다 '형이상학적 동물'(animal metaphysicum)으로서의 인간의 운명을 지시하고 있다. 인간은 삶 속에서 자신의 한계를 인식하기 때문에 자신을 초월하려는 성향을 갖게 된다. 인간은 어떤 초월적인 존재를 갈망하는 존재자인 것이다. 그러나 현존재중심적인 실존과는 달리 탈-존이라는 용어는 현존재가 아니라 존재의 역동성을 잘 드러내주는 표

---

[81] GA 9, 319쪽.

현인데, 하이데거는 이러한 탈-존을 "존재의 비춤 속에 서 있는 것"
(das Stehen in der Lichtung des Seins)이라고 규정한다.[82]

앞서 언급했듯이 하이데거는 인간을 이성적인 동물로 규정하는
것을 비판하는데, 이처럼 왜곡된 인간규정의 원인은 전적으로 전통
형이상학에 있다. 전통 형이상학은 존재의 진리에 대해서 신중하게
물음을 제기하지 못했으며 따라서 인간의 본질에 대해서도 사려 깊
게 질문을 제기하지 못했던 것이다. 이와 달리 탈-존을 주장하는 하
이데거는 인간중심적인 휴머니즘을 거부한다. 이러한 휴머니즘은 인
간을 이성적인 동물로 규정하면서 출발한다는 점에서 그 뿌리가 전
통 형이상학에 놓여 있다. 하이데거는 이 점을 다음과 같이 언급한
다: "모든 휴머니즘은 형이상학 속에 정초되었거나 그 자신이 그러
한 형이상학의 근거가 된다. 존재의 진리에 대한 물음 없는 존재자의
해석을 미리 전제하는 모든 인간본질에 대한 규정은, 알든 모르든 간
에, 형이상학적이다. 그렇기 때문에 ─ 인간의 본질이 규정되는 방식
과 관련해서 ─ 모든 형이상학의 고유성은 그것이 '휴머니즘적'이라
는 점에 있는 것이다."[83]

하이데거의 탈-존은 전통철학에서 말하는 본질의 실현이나 완성
을 의미하지 않는다. 탈-존은 세계 속에 인간만이 존재하는 것이 아
니라는 것을 말해주며 인간이 숙명적으로 존재의 비춤과 존재의 진
리 속에 내던져있음을 의미한다. 그런 점에서 후기의 하이데거가 강
조하는 탈-존은 사르트르가 말하는 본질에 앞서 있는 실존개념과는
다른 것이다. 하이데거의 입장에서 본다면 사르트르의 실존개념은

>82　GA 9, 323쪽.
>83　GA 9, 321쪽.

인간존재가 지닌 '존재자적인 특징'만을 드러내주는 용어이며, 이것
은 오히려 하이데거로 하여금 휴머니즘을 비판하는 계기를 제공해줄
뿐이다. 이와 달리 탈-존은 존재의 역운 속에서 주어지는 존재의 진
리를 경험하는 것이며 전통철학에서처럼 존재를 신이나 세계의 근거
로서 파악하는 태도를 포기하는 것을 의미한다. 이러한 탈-존은 한
편으로는 존재가 그 어떤 존재자보다 멀리 있으면서 다른 한편으로
는 어떤 존재자보다도 가까이 있다는 점을 은밀한 방식으로 드러내
주는 용어이다.[84] 탈-존은 존재를 언급하면서도 실제로는 특정한 존
재자만을 지칭하는 전통철학의 태만을 지적하는 것인데, 하이데거는
존재의 비춤 속으로 다가감을 의미하는 탈-존개념을 통해서 전통 형
이상학이 존재의 진리를 은폐시키고 있음을 폭로해주는 것이다.

2) 존재와 언어

하이데거의 후기사상이 지닌 특징은 그가 언어의 역할을 강조하
고 있다는 점에서도 찾아볼 수 있다. 물론 언어의 중요성은 하이데거
가 이미 『존재와 시간』에서 현존재의 실존틀인 말(Rede)에 관해 언급
할 때 강조된다. 그는 이곳에서 언어의 실존론적-존재론적인 토대에
대해서 다루는데, 이러한 토대를 말이라고 부른다. 하이데거에 따르
면 말은 처해있음(Befindlichkeit) 그리고 이해와 함께 현존재의 실존
을 완성시켜주는 것이다. 말은 현존재의 개시성을 드러내주며 세계-
내-존재로서의 현존재가 지닌 탁월한 존재방식인 것이다. 우리는 이

>84 GA 9, 331쪽.

러한 말에 대한 언급을 통해서 하이데거가 전통적인 언어관을 벗어나고 있음을 알 수 있는데, 그에 따르면 언어는 단순히 기호를 의미하는 것이 아니라 현존재로 하여금 자신의 존재를 이해하게 해주는 적극적인 행위인 것이다. 특히 이 점은 하이데거가 침묵이 언어의 본질인 말의 적극적인 양상이라고 주장할 때 잘 드러난다.

하이데거는 언어의 의미를 현존재의 실존과 연결시켜 논의한다. 이 점은 현존재가 일상 속에서 쉽게 빈말(Gerede)을 한다는 점을 지적할 때 잘 드러난다. 하이데거에 따르면 이러한 빈말은 존재자에만 집착할 때 생겨나는데, 이것은 존재를 이해하는 탁월한 존재자로서의 현존재에 대해 올바르게 자각하지 못할 때 일어난다. 빈말은 일상성 속에서 현존재가 일상인으로 전락하여 사용하는 변형된 말로서 현존재를 끊임없이 공공성(Öffentlichkeit)의 늪으로 몰아갈 뿐이다. 빈말은 존재자를 존재자로서 드러내주지만 궁극적으로 존재자의 존재를 의미 있게 개시해주지는 않기 때문이다. 이러한 빈말은 현존재와 다른 존재자 그리고 궁극적으로 현존재의 존재와의 관계를 왜곡시킨다.[85]

후기에 이르러서 하이데거의 언어에 대한 관심은 전기와는 다른 방식으로 전개된다. 전기의 언어관이 현존재에 근거하여 존재의 의미를 드러내는 것이라면 — 언어의 본질인 말이 현존재의 존재틀이듯이 — 후기의 언어관은 존재 자체의 역동성을 드러내기 위한 것이라고 할 수 있다.[86] 하이데거는 『존재와 시간』에서 전통적인 언어이론을 비판하지만 후기에는 이를 넘어서 자신의 고유한 언어관을 제

---

[85] SZ, 170쪽.
[86] 하이데거는 『존재와 시간』에서 언어와 말을 구분하지만 후기에는 이러한 구분은 더 이상 언급하지 않는다. GA 9, 333쪽.

시한다. 하이데거는 형이상학의 종말과 존재망각 속에서 전통철학과
는 다른 방식으로 자신의 철학적인 기투를 전개하기 위해서 언어에
대한 독창적인 주장들을 전개하는 것이다. 언어에 대한 이러한 논의
속에서 현존재와 존재의 관계가 보다 심오하게 드러날 수 있다고 생
각하는 것이다.[87]

하이데거는 「휴머니즘에 대한 편지」에서 언어를 '존재의 집' (das
Haus des Seins)이라고 규정한다. 이 표현 속에는 언어가 '존재자를 지
배하기 위한 도구' (ein Instrument der Herrschaft über das Seiende)로 이
해해서는 안 된다는 견해가 깃들어 있다.[88] 언어는 인간의 욕구나 목
적을 달성해주는 것이 아니며 우리를 존재의 진리, 존재의 비밀로 이
끌어다주는 것이다. 하이데거에 따르면 이러한 언어는 논리학과 문
법에서 구속되지 않으며, "비추면서 숨기는 존재 자신의 안착"(lich-
tend-verbergende Ankunft des Seins selbst)이다.[89] 인간은 존재의 비춤
속에서 이러한 존재의 언어를 은밀하게 경험하고 이로부터 존재의
진정한 의미를 깨닫게 된다.[90] 언어는 존재로부터 생겨나고 지어진
집이다. 인간은 언어라는 존재의 집에 거주하면서 존재의 진리를 지
키면서 살아가야만 한다.

>87 특히 하이데거는 근대 형이상학의 지배 속에서 언어는 올바른 토대를 확립하지
못했다고 비판한다. GA 9, 318쪽.
>88 GA 9, 318쪽.
>89 GA 9, 326쪽.
>90 하이데거에 따르면 이러한 언어를 경험함으로써 파르메니데스 이래로 진행되어
온 존재망각과 고향상실성을 극복할 수 있다.

제 2 장
하이데거와 『존재와 시간』

1. 존재의미에 대한 물음

1) 존재물음의 우월성

하이데거의 대표적인 저서인 『존재와 시간』은 후설에 의해서 간행된 "철학과 현상학적 연구연보"(Jahrbuch für Philosophie und phäno-menologische Forschung)의 8권으로 1927년 출간되었다. 하이데거는 프라이부르크대학에서 사강사로 활동했을 당시에도 많은 강연을 하였다. 그리고 1923년부터 1928년까지 지속되었던 마르부르크대학 재임시절에도 많은 강연을 하였는데, 『존재와 시간』은 이 시기에 전개된 하이데거의 독자적인 사상을 잘 드러내준다. 마르부르크대학 재임시절은 하이데거 사상의 전개에 있어서 하이데거로 하여금 당대의 다양한 철학적 경향을 독자적으로 해석해낼 수 있는 기회를 제공하였다. 이런 점에서 우리는 『존재와 시간』의 내용이 이러한 하이데거의 독자적인 철학적 입장을 반영하고 있으리라는 것을 짐작할 수 있을 것이다.[91]

하이데거가 『존재와 시간』에서 근본적으로 문제 삼는 것은 '존재'이다. 그는 어떤 것이 존재한다는 것, 어떤 것이 있다는 것이 도대

체 무슨 의미를 갖고 있는지에 대해서 논의한다. 존재의 문제는 철학
의 아주 중요한 주제이기 때문이다. 물론 언뜻 보기에 우리는 무엇이
존재한다, 무엇이 있다라는 말은 자명하기 때문에 여기에 대해서 과
연 물음을 제기할 필요가 있을까라고 반문할 수도 있을 것이다. 우리
가 일상생활 속에서 접하는 존재는 항상 당연한 것이며 그것에 대한
물음을 제기하지 않고서도 이미 모두가 다 알고 있는 것처럼 생각하
기 때문이다. 우리는 일상생활에서 집에 놓여 있는 텔레비전, 소파
그리고 몇 가지 다른 가구들이 존재한다는 사실에 대해서 별다른 관
심을 갖지는 않을 것이다. 나아가서 한 인간인 내가 존재한다는 사
실, 아시아 중의 한 나라인 한국이 존재한다는 것, 지구가 존재한다는
것, 이를 둘러싼 태양계와 은하계가 존재한다는 사실에 대해서도 별
다른 관심을 갖지 않을 것이다. 우리들의 일상생활 속에서 이러한 존
재들을 당연한 것으로 간주하기 때문이다. 이런 점에서 볼 때 우리는
일상생활 속에서 존재에 대한 물음의 필요성, 존재에 대해서 관심을
가질 필요성을 거의 느끼지 못한다고 말할 수 있다. 우리는 일상적으
로 이러한 대상들의 존재를 이미 잘 알고 있다고 생각하기 때문이다.

그러나 정작 누군가가 텔레비전의 존재의미는 무엇인가, 나의 존
재의미는 무엇인가, 지구의 존재의미는 무엇인가라는 물음을 제기하
면 우리는 이 물음에 쉽게 답할 수 없을 것이다. 한편으로는 존재라
는 용어는 너무 당연한 것이라고 생각하기 때문이기도 하지만, 다른
한편으로는 이러한 사물들의 '존재'가 무엇인지를 명확하게 밝히는
것은 너무 당혹스럽기 때문이다. 하이데거에 따르면 어떤 것이 존재

▶91   이런 점에서 『존재와 시간』의 내용을 좀 더 의미 있게 이해하기 위해서는 하이데
거전집 17권에서 26권까지를 참고하는 것이 유익할 것이다. 이 책들에는 하이데거가
마르부르크대학시절에 행한 강연들이 수록되어 있기 때문이다.

한다라는 표현은 이미 오래전부터 알고 있음이 분명하고 그것을 이미 이해하고 있다고 믿고 있지만 정작 존재가 무엇인가라는 물음을 접하게 되면 당혹감에 빠지게 되는 것이다. 하이데거는 이렇게 존재라는 용어의 애매한 측면을 고려하면서 『존재와 시간』의 맨 앞부분에서 다음과 같이 말하고 있다: "오늘날 우리는 '존재한다' 는 말의 본래적인 의미가 무엇인가라는 물음에 대답할 수 있는가? 결코 아니다. 그렇다면 존재의 의미에 대한 물음을 새롭게 제기할 필요가 있다. 우리는 오늘날도 여전히 '존재' 라는 말을 이해하지 못하는 당혹감에만 빠져 있는가? 그렇지도 않다. 그렇다면 무엇보다도 먼저 이 물음의 의미에 대한 이해를 다시 일깨우는 것이 필요하다. '존재' 의 의미에 대한 물음을 구체적으로 수행하는 것이 아래 논문의 의도인 것이다."[92]

하이데거는『존재와 시간』에서 인간에게 나타나는 존재의 다양한 모습들을 기술하는데, 이런 점에서『존재와 시간』은 '존재의 현상학' 이라고 부를 수 있을 것이다. 형식적인 측면에서 살펴보자면『존재와 시간』의 우선적인 목표는 존재라는 주제가 서양철학의 전개에 있어서 아주 중요한 물음이라는 것을 강조하는 것이다. 이 같은 목표의 중요성은 결코 간과되어서는 안 되는데, 이러한『존재와 시간』에서의 작업은 이후에 전개되는 하이데거의 모든 철학적 작업을 위한 토대를 제공해주는 역할을 하기 때문이다. 그러나 이 같은 하이데거의 언급에도 불구하고 우리가 주목할 것은『존재와 시간』의 작업은 존재가 무엇인지를 명확하게 규정하는 것이라기보다 존재물음을 제기하는 것의 중요성을 부각시키려는 것이라는 점이다.

다음으로『존재와 시간』을 내용적인 측면에서 살펴보자면 하이데

---

[92] SZ, 1쪽.

거는 시간이라는 현상에 근거하여[93] 존재의 의미에 대해 다양한 방식으로 물음을 제기하는데, 여기에서 하이데거는 전통철학에 대한 적극적인 비판, 특히 전통 형이상학과 존재론을 해체하는 작업을 전개하게 된다.[94] 우리는 이를 통해서 그가 20세기철학의 전개에 있어서 다양한 방향성을 제기한다는 점을 간과해서는 안 될 것이다.

『존재와 시간』의 구성은 서론과 1편 그리고 2편으로 구성되어 있다. 하이데거는 먼저 서론에서 존재의 의미에 대한 물음을 제기하는 것의 필요성과 그 절차를 간략하게 설명하고 있다. 여기에서는 전통적인 존재론이 존재자의 존재자성(Seiendheit)에 집착해 있음을 비판하고 있다. 이러한 서론은 2장으로 구성되어 있는데, 1장은 존재물음의 필요성, 구조 및 우위를 다루고 그리고 2장에서는 존재물음을 수행할 때의 두 가지 과제, 즉 존재를 탐구하는 방법과 그 구도에 대해서 언급하고 있다.

다음으로 1편에서는 현존재에 대한 예비적인 분석을 제시하고 있다. 여기에서는 인간의 본질에 대한 현상학적-해석학적-실존철학적

---

[93] 어떤 것이 존재한다는 것은 시간개념에 의존해서 이해할 수밖에 없다. 예를 들면 오늘 새로 산 디지털카메라는 지금 내 앞에 존재하지만 어제는 존재하지 않았었는데, 여기에서 디지털카메라의 존재는 과거와 현재라는 시간개념에 의존해서 그것의 존재를 이야기할 수 있기 때문이다. 우리는 어떤 것의 존재를 시간을 통해서 논의할 수 있다. 이런 점에서 하이데거는 "시간을 모든 존재이해 일반의 가능한 지평으로서 해석하는 것"이 『존재와 시간』의 당면한 목표라고 말하고 있다. SZ, 1쪽.

[94] 이러한 해체의 작업은 Christian Iber에 따르면 부정적인 면과 긍정적인 면을 갖고 있다. 먼저 부정적인 면은 하이데거가 해체를 통해서 존재론의 전통, 특히 고대 그리스의 존재론을 현전의 존재론(Vorhandenheitsontologie)이라고 비판하는 점이다. 긍정적인 면은 이러한 해체가 고대 그리스의 존재이해에 대한 '근원적인 경험'을 제공할 수 있다는 점이다. Christian Iber, *Heidegger Handbuch*(Hrsg. von Dieter Thomä), Stuttgart 2003, 230쪽.

탐구가 이루어지는데, 특히 이것은 근대적인 인간이해에 대한 비판을 바탕으로 이루어진다. 1편은 모두 6장으로 구성되었는데, 1장에서는 현존재의 예비적 분석의 과제를 논의하고 2장에서는 현존재의 근본틀로서의 세계-내-존재 일반에 대해서 언급한다. 이어서 3장은 세계의 세계성에 대해서 다루고 4장에서는 상호존재와 자기 존재로서의 세계-내-존재와 일상인에 대해서 논의하고 있다. 5장에서는 내-존재(In-Sein) 자체에 대해서 다루고 마지막으로 6장에서는 현존재의 존재로서의 염려에 대해서 논의하고 있다.

다음으로 하이데거는 2편에서 현존재와 시간성에 대해서 다루고 있다. 1편이 현존재에 대한 예비적인 고찰을 제시했던 것인 반면에 2편은 현존재를 그의 시간성에 근거해서 논의하고 있다. 2편도 1편과 마찬가지로 6장으로 구성되어 있는데, 1장은 현존재의 가능한 전체존재와 죽음에 이르는 존재(Sein zum Tode)에 대해서 설명하고 2장에서는 본래적 존재가능의 현존재적 증언과 결단성에 대해서 다루고 있다. 3장에서는 현존재의 본래적 전체존재가능(Ganzseinkönnen)과 염려의 존재론적 의미로서의 시간성에 대해서 그리고 4장에서는 시간성과 일상성을 분석하고 있다. 5장에서는 시간성과 역사성의 관계에 대해서 다루고 마지막으로 6장에서는 시간성과 통속적인 시간개념의 근원으로서의 내부시간성(Innerzeitigkeit)을 분석하고 있다.

하이데거는 서론에서 존재물음을 제기하기 위한 예비적인 고찰을 전개하는데, 그런 이유에서 서론의 제목을 '존재의미에 대한 물음의 계획'으로 정하고 있다. 서론은 2장으로 구성되어 있는데, 1장의 제목은 '존재물음의 필요성, 구조 및 우월성'이고 2장은 '존재물음을 수행할 때의 두 가지 과제: 탐구의 방법과 그 구도'이다. 1장은 모두 4절로 이루어져 있는데, 1절은 '존재에 대한 물음의 명확한 반복

의 필연성', 2절은 '존재에 대한 물음의 형식적인 구조', 3절은 '존재
물음의 존재론적 우월성', 4절은 '존재물음의 존재적 우월'에 대해서
논의를 전개하고 있다.

하이데거는 1절에서 존재에 대한 물음을 제기해야 할 필요성을
언급하고 있는데, 이를 위해서 그는 전통철학, 특히 형이상학과 존재
론이 존재를 어떻게 이해했는지를 분석한다. 하이데거에 따르면 존
재에 대한 물음은 전통철학에서의 잘못된 존재이해 때문에 혼란스러
운 상태에 빠져 있는데, 그는 여기에서 이러한 존재에 대한 물음을
올바르게 제기하는 것이 매우 중요하다는 점을 강조한다.

존재에 대한 관심은 플라톤과 아리스토텔레스의 철학에서부터
헤겔의 철학에 이르기까지 서양철학의 흐름 곳곳에서 찾아볼 수 있
다. 어떤 점에서 서양철학의 흐름은 존재에 대한 논쟁으로 점철되어
있다고 말할 수 있는데, 이러한 존재에 대한 논의는 '거인들의 싸움'
으로 비유되고 있다.[95] 플라톤의 『소피스테스』에서 묘사되는 존재를
둘러싼 거인들의 싸움은 참된 존재에 대해서 거인족과 올림포스 신
들이 싸우는 것을 의미하는데, 하이데거는 여기에서 서양철학에서
전개되는 존재에 대한 다양한 주장들을 분석하고 비판하는 작업을
전개한다. 하이데거에 따르면 철학의 역사는 존재에 대한 논쟁의 역
사라고 할 수 있다.

플라톤의 철학은 이데아를 참된 존재로 규정하면서 출발하는데,
이데아의 세계는 끊임없이 생성 소멸하는 경험세계와는 달리 불변하
는 세계이다. 이러한 이데아의 세계는 경험세계에 존재하는 모든 사
물들의 존재를 가능하게 한다. 이데아는 완전히 비물질적인 것이며

---

[95] SZ, 2쪽.

경험세계의 다양한 사물들의 원형인 것이다. 또한 이데아의 세계는 시공간적인 제약성을 갖고 있지 않은데, 이러한 이데아의 세계는 참된 존재가 무엇인지를 드러내주는 척도를 제시해주는 것이다. 존재가 불변하는 것이라고 주장했던 엘레아학파의 영향을 받은 플라톤은 참된 존재는 불변하며 감각을 통해서 파악할 수 없는 것이며 경험세계를 벗어나야 한다고 주장한다.

그러나 플라톤의 제자인 아리스토텔레스는 경험세계의 가치를 평가절하하고 불변하는 이데아를 참된 존재로 규정하는 플라톤의 입장을 거부한다. 아리스토텔레스에 따르면 경험세계에 있는 사물들은 끊임없이 변화하며 이러한 변화 속에서 사물의 존재가 잘 드러난다고 생각한다. 플라톤은 참된 존재는 불변하는 것이라고 생각했던 반면에 아리스토텔레스는 변화 속에서 참된 존재가 드러난다고 생각했던 것이다.[96] 아리스토텔레스는 변화를 통해서 사물들이 그것의 완전성에 도달한다고 생각한다.

이러한 플라톤과 아리스토텔레스의 존재이해는 고대 그리스적인 존재 해석을 대표하는 것이지만, 이러한 존재이해는 이후에 철학자들이 존재에 대해서 논의할 때 선입견으로 작용하게 된다. 그러나 하이데거에 따르면 이러한 선입견은 존재에 대한 독단적인 이해를 제공하고 존재의 의미에 대해서 상세한 물음을 제기하는 것을 포기하도록 강요한다. 하이데거는 전통철학이 만들어놓은 선입견들을 세 가지로 구분하여 제시하고 있다.

첫째, 존재는 가장 보편적인 개념이라는 입장이다. 여기에서 존

>96 존재에 대한 이러한 대립적인 이해는 이미 엘레아학파의 파르메니데스와 헤라클레이토스의 주장에서 살펴볼 수 있는 것이다.

재는 세계에 있는 모든 사물들, 즉 다양한 존재자들의 보편성으로서 이해된다. 우리는 다양한 사물들을 만나고 경험할 때 그때마다 이미 존재의 의미가 드러나고 있다고 생각한다. 예를 들어 비가 올 때 사용하는 우산이나 목적지에 도달하기 위해서 사용하는 자동차에서 존재는 드러나 있다고 생각한다. 그러나 존재가 지니고 있는 보편성은 각각의 사물이 지닌 종의 보편성을 의미하지 않는다. 존재는 존재자의 최고의 영역에 놓여 있는 또 하나의 존재자가 아니기 때문이다. 그러므로 존재의 보편성은 모든 종의 보편성을 넘어선 것, 초월한 것이라고 말할 수 있을 것이다. 종차와 최근류(最近類)를 통해서 존재자의 존재를 범주적으로 정의하는 방식을 존재에게까지 적용시킬 수는 없다. 존재는 개별적인 사물들처럼, 존재자를 범주를 사용하여 규정하는 것처럼 규정할 수 없는 것이기 때문이다. 그런 점에서 중세에는 존재를 초월자로 파악하기도 한다.[97] 이러한 초월적 보편자의 통일을 아리스토텔레스는 '유비의 통일'로서 인식하였다. 또한 헤겔은 존재를 무규정적 직접자로 규정하지만 이것은 고대존재론의 입장에서 크게 벗어나는 것이 아니었다. 이런 점에서 하이데거는 서양 형이상학이 존재를 모든 존재자에 깃든 자명한 것으로 보편적인 개념으로 간주하지만 그 의미를 명확하게 제시하지 못하면서 존재라는 개념을 가장 공허한 개념으로 만들어버리고 말았다고 지적한다. 여기에서 '존재는 무엇인가?' 라는 물음은 무의미하거나 애매한 물음으로 남게 되었던 것이다. 하이데거는 플라톤과 아리스토텔레스 이후의 형이상학이 존재문제에 대해서는 한결같이 애매한 태도를 취하고 있

---

[97] 하이데거는 이런 점에서 비록 완전하게 존재의 의미를 드러내주지는 못했지만 중세에 존재를 초월적인 것으로 규정했던 점을 높이 평가한다. SZ, 3쪽.

다는 점을 다음과 같이 지적하고 있다: "그러므로 사람들이 존재는 가장 보편적인 개념이라고 말할 때, 이 말이 존재개념은 가장 자명한 것이어서 더 이상 논의할 필요가 없다는 뜻은 아닌 것이다. 존재개념 은 오히려 가장 불명료한 개념인 것이다."[98]

둘째, 존재는 정의 불가능한 개념이라는 입장이다. 존재는 가장 보편적이며 범주적으로 규정할 수 없기 때문에 존재를 개별적인 존 재자들처럼 규정할 수 없다는 입장이다. 전통적으로 사물을 정의하 는 것은 종차와 최근류를 통해서 이루어지는데, 존재는 결코 어떤 류 에 속하지 않으므로 — 왜냐하면 존재는 모든 존재자를 초월하기 때 문에 — 개념적인 규정을 내릴 수 없는 것이다. 하이데거는 이 점을 다음과 같이 말하고 있다: "존재에 존재자를 귀속시키는 방식으로는 존재를 규정할 수 없다. 존재는 정의를 통해서 상위개념으로부터 도 출될 수도 없고 하위개념에 의해서 서술될 수 있는 것이 아니다."[99]

이렇게 존재의 정의불가능성에서 읽어낼 수 있는 것은 존재는 존 재자와는 완전히 다른 것이라는 점이며 존재자를 규정하는 방식으로 는 결코 존재를 정의하거나 설명할 수 없다는 점이다. 그러나 하이데 거는 이러한 입장으로부터 오히려 존재물음의 적극적인 필요성과 역 할이 요청된다는 점을 지적한다.

셋째, 존재는 자명한 개념이라는 생각이다. 존재라는 용어는 우 리가 사물들을 경험할 때 어떤 식으로든 사용하기 때문에 당연한 것 으로 간주하고 여기에서 그것에 대해서 좀처럼 물음을 제기할 필요 성을 느끼지 못하는 것이다. 우리는 '정원에 벚나무가 있다'라든가

---

[98] SZ, 3쪽.
[99] SZ, 4쪽.

'나는 그 일에 대해서 기뻐하고 있다'는 문장에 나타나 있는 존재, 즉 있음을 어떤 식으로든 이해하고 있다고 생각하기 때문이다. 그러나 이러한 이해는 존재자와 존재 사이에 선험적으로 하나의 수수께끼가 놓여 있음을 보여준다. 하이데거에 따르면 이러한 존재 또는 있음의 이해는 진정한 존재에 대한 물음의 필요성을 어둠 속에 묻어놓는 것이다. 이러한 존재이해는 우리로 하여금 존재물음의 필요성을 각인시켜준다. 그는 여기에서 다음과 같이 말하고 있다: "우리가 그때마다 이미 존재이해를 가지고 살고 있지만 존재의 의미는 동시에 어둠 속에 묻혀 있다는 사실은 존재의 의미에 대한 물음을 반복해야 할 원칙적인 필요성을 보여주는 것이다."[100]

　하이데거는 존재에 대한 이러한 세 가지의 선입견 — 이들 선입견은 서로 밀접하게 연결되어 있는데 — 에 대한 분석을 통해서 존재물음에 대한 답변이 아직도 올바르게 제시되지 않았을 뿐만 아니라 물음 자체가 올바른 방식으로 제기되지 않았다는 것을 폭로한다. 존재가 가장 보편적이라거나, 정의할 수 없거나 자명한 개념이라고 생각하면서 사람들은 존재를 왜곡하고 그 의미를 망각하게 되는 것이다. 이런 점에서 하이데거는 존재물음을 한편으로는 반복하는 것, 다른 한편으로는 올바르게 제기하는 것이 절실하다고 주장한다. 하이데거는 존재에 대한 이러한 세 가지의 선입견을 살펴봄으로써 서양 형이상학 시초에서부터 현대에 이르기까지 이어지는 존재의 왜곡을 지적하고 있다.[101]

　하이데거는 2절에서 그가 존재물음을 통해서 무엇을 얻어내려고 하는지를 상세하게 밝히고 있다. 여기에서 그는 존재물음이 구체적

으로 목표하는 것을 제시하고 있는데, 이 존재물음은 세 가지 측면에서 제기할 수 있다. 즉 존재물음의 구조는 세 가지 부분으로 이루어져 있는데, 이 세 가지의 구조는 물음의 대상(das Gefragte), 물음의 목표(das Erfragte), 물음의 제기자(das Befragte)이다.[102] 먼저 하이데거에 따르면 존재물음의 대상은 다른 것이 아니라 존재 자체이다. 존재물음은 문자 그대로 존재에 대한 물음인 것이다. 이러한 존재는 존재자를 존재자로서 규정하는 것이다. 존재자의 존재는 그 자신 존재자가 아닌 어떤 것이다. 어떤 존재자라고 하더라도 존재자는 존재를 기반으로 해서만 그때마다 이해될 수 있는 것이다. 만약 책상 위에 놓여 있는 책을 향해서 우리가 '이것은 무슨 책인가'라는 질문을 제기할 때를 생각해보자. 이 질문이 대상으로 하는 것은 다른 것이 아니라 책상 위에 존재하고 있는 책인 것이다. 책상 위에 놓여 있는 몇 가지의 물건들 중 내가 관심을 두고 있는 책에 대해서 질문을 하는 것이다. 이런 점에서 물음의 대상은 이러한 물음의 대답이 나올 수 있는 영역을 언급해주는 것이다.

반면에 물어지는 것은 물음이 궁극적으로 목표로 하는 것인데, 그것은 존재의 의미이다. 만약 누군가가 '이것은 무슨 책인가'라고 물을 때 그 책의 이름이 『존재와 시간』이었다라고 한다면 『존재와 시간』이라는 대답이 바로 물어지는 것이다. 또한 존재물음에서 물음을 제기하는 자는 존재의 의미에 대해서 물음을 제기하는 자, 즉 바로

>101 하이데거는 이러한 잘못된 존재이해를 나중에는 존재망각(Seinsvergessenheit)이라는 표현을 사용하여 비판하고 있다.
>102 이 세 가지 존재물음의 형식적 구조는 번역하기가 난해한 용어이지만 하이데거는 이를 통해서 존재물음이 갖고 있는 형식적 측면들을 구분하여 존재물음에 대한 올바른 답변을 생각해볼 수 있도록 하고 있다.

현존재인 것이다. 앞의 질문에서 다른 무엇보다도 책상 위에 존재하는 책에 대해서 관심을 갖고 이 책이 무슨 책인지에 대해서 물음을 제기하는 자인 것이다. 존재에 대해서 물음을 제기하는 자, 즉 현존재는 존재에 대한 존재물음을 구체적으로 제기하는 자이면서 그러한 존재의 의미를 적극적으로 파헤치려는 자인 것이다. 현존재는 존재에 대해서 질문을 제기하기 때문에 존재물음에서 무엇보다도 중요하게 다루어야 할 존재자인 것이다.

존재물음은 존재, 존재의미, 현존재로 이루어진 형식적인 구조를 지니고 있는데, 이것은 존재자인 현존재가 존재에 대해서 그 의미를 묻는 것이라고 정리할 수 있다. 그런데 우리는 이러한 존재물음의 형식적 구조가 순환논증에 빠진다고 비판할 수 있으나 하이데거는 존재물음의 형식적 구조는 존재와 존재자(현존재) 사이의 긴밀한 연관성을 드러내주는 역할을 한다는 점을 역설하고 있다. 이 점을 하이데거는 다음과 같이 강조하고 있다: "존재의 의미에 대한 물음 속에 순환논증은 없다. 그러나 그 물음 속에는 존재자의 존재양상인 묻는 행위가 물음의 대상(존재)과 주목할만한 앞뒤의 연관성을 갖고 있다."[103]

하이데거는 3절에서 존재물음의 존재론적 우위에 대해서 언급하고 있다. 이 절은 어떤 점에서 보면 자연과학적 방법론에 의해서 파괴되어가는 정신과학, 특히 당시의 철학의 상황을 의식하면서 학문의 위기에 대한 신중한 진단을 드러내주고 있는 곳이다.

존재물음은 가장 근원적이고 가장 구체적인 물음인데, 이것은 존재자가 아니라 존재자의 존재를 다루는 물음이기 때문이다. 다양한 학문들은 각 영역에 속하는 특정한 존재자에 대해서만 탐구하는 것

>103 SZ, 8쪽.

인데, 하이데거에 따르면 이러한 학문의 수준은 그 학문이 근본개념의 위기에 얼마나 견딜 수 있느냐에 달려 있다. 근본개념은 다른 것이 아니라 개별적인 존재자가 아니라 존재와 관계한다. 그런데 하이데거는 가장 엄밀하고 가장 확고한 것처럼 보이는 과학, 즉 수학도 이러한 근본개념을 올바르게 정초하지 못하는 위기에 빠져 있다고 주장한다. 이러한 위기는 근본개념, 즉 존재에 대한 잘못된 이해에 놓여 있다. 이러한 근본개념은 개별적인 학문이 직접 다룰 수 있는 것이 아니라 이러한 학문의 모든 주제적인 대상들의 근저에 놓여 있는 것이다. 근본개념은 모든 실증적인 학문연구를 가능하게 하고 수행하게 하는 본질적인 토대의 역할을 하는 것이다.

그러나 이러한 근본개념에 대한 탐구는 개념의 역사에 대한 탐구를 의미하지 않는다. 하이데거에 따르면 모든 학문의 토대로서의 근본개념에 대한 고찰은 그렇다고 해서 논리학을 정초하는 것을 의미하지 않는다. 논리학은 학문의 방법론과 연관된다. 논리학의 구축은 이러한 근본개념의 정초를 가능하게 하는 것이 아니다.

하이데거는 여기에서 '존재론적인 물음'과 '존재적인 물음'을 구별하고 있다. 존재론적인 물음은 개별학문의 토대로서의 근본개념에 관해서 물음을 제기하는 것이다. 반면에 존재적인 물음은 실증과학이 구체적인 존재자에 대해서 물음을 제기하는 것을 의미한다. 하이데거는 존재론적인 물음이 존재적인 물음보다 근원적인 것이라는 점을 강조하고 있다. 그런데 여기에서 주목할 것은 하이데거철학을 이해하는 데 있어서 존재적이라는 표현과 존재론적이라는 표현을 명확하게 구분해서 이해하는 것은 쉽지 않다는 점이다. 또한 하이데거가 자신이 제시한 이 두 가지 표현의 구분된 의미를 시종일관하게 구별하여 사용하는지에 대해서도 확신하기 어려운 것이 사실이다.

하이데거가 여기에서 사용하는 존재론적(ontologisch)이라는 표현과 존재적(ontisch)이라는 표현은 이후의 하이데거의 철학의 전개에 있어서도 계속 나타난다. 존재론적이라는 표현은 책상 위에 놓여 있는 책이 어떤 의미를 가지고 있는가, 그 책의 내용이 가지고 있는 존재특성은 무엇인가 하는 식으로 책의 존재에 관심을 갖는 것이다. 즉 존재한다는 것이 의미하는 바를 탐구하는 것이 존재론적이다. 반면에 존재적이라는 표현은 책상 위의 책이 지닌 존재자적인 특성, 즉 책의 분량, 표지의 색깔, 가격 등과 같은 것에 관계하는 것이다. 물론 엄밀하게 말하자면 하이데거가 구분하는 존재론적이라는 말과 존재적이라는 표현을 정확하게 구분하는 것은 쉽지 않지만, 그의 주장에 따르면 이 두 가지 표현의 구분은 그의 철학을 이해하기 위한 기본적인 전제라고 할 수 있다.[104]

하이데거에 따르면 존재물음의 의도는 학문의 근거, 즉 근본개념을 구축함으로써 학문의 위기를 극복하려는 우선적인 목적을 갖는 것인데, 이를 통해서 하이데거는 무엇보다도 철학의 올바른 역할, 즉 존재론의 올바른 역할을 제시하려고 한다. 하이데거는 여기에서 조심스럽게 다음과 같이 말하고 있다: "존재물음이 목표로서 추구하는 것은 존재자를 이러저러하게 존재하는 것으로서, 탐구함을 통해서 그때마다 언제나 이미 어떤 존재이해 속에서 움직이고 있는 학문들의 가능성의 선험적 조건뿐만 아니라 존재적 학문들에 선행해서 이 학문들을 근거짓는 존재론 자체의 가능성의 조건인 것이다. 모든 존재론은 비록 그것이 아무리 풍부하고 견고하게 완결된 범주체계를

[104] 존재론적과 존재적이라는 표현의 구분은 하이데거가 사용하는 존재론적 차이(ontologische Differenz)라는 용어와 긴밀한 관계를 맺고 있다.

사용한다 하더라도 그 존재론이 존재의 의미를 미리 충분히 해명하고 이 해명을 자신의 기초적 과제로서 파악하지 않는다면 근본적으로 맹목적이며 자신의 가장 고유한 의도를 왜곡하는 것이다."[105]

하이데거는 4절에서 존재물음의 '존재적 우위'에 대해서 다루고 있다. 존재물음의 존재적 우위는 존재자의 존재에 대한 존재론적 물음을 통해서 근본개념을 정초하는 것과는 달리 존재물음을 제기함에 있어서 물음을 제기하는 존재자, 즉 현존재의 중요성에 관심을 갖는 것이다. 하이데거에 따르면 이러한 존재적 우위는 모든 학문적인 작업이 어떤 식으로든 인간과의 관계를 통해서 이루어진다는 점을 제시해준다.[106] 즉 존재물음의 존재론적 우월성은 근본개념의 정초와 존재자의 존재를 다룬다는 점을 강조하는 데 반해, 존재물음의 존재적 우위는 다른 존재자보다 탁월한 존재자, 즉 현존재의 우월성을 제시해주고 있다. 물론 하이데거가 현존재의 우월성을 언급하는 것은 그가 인간중심주의를 옹호한다고 비판받을 수 있는 여지를 제공한다. 그러나 하이데거는 이 점을 의식해서인지 의도적으로 인간이라는 표현을 지양하여 현존재라는 용어를 택해 사용하면서 이러한 현존재의 중요성을 다음과 같이 언급한다: "현존재는 다른 존재자들 사이에서 단순히 출현하기만 하는 그런 존재자가 아니다. 오히려 현존재는 자기의 존재에 있어서 이 존재 자체를 문제 삼는다는 점에서 존재적으로 탁월하다. 그러나 현존재의 존재틀에는 이 현존재가 자기의 존재에 있어서 이 존재에 대해 존재관계를 갖는다는 사실이 속해 있다. 이는 다시 현존재가 자신의 존재에 있어서 어떤 식으로든

>105 SZ, 11쪽.
>106 이 점을 통해서 우리는 오늘날 전개되고 있는 인간과 학문 사이의 왜곡된 관계를 비판할 수 있을 것이다.

또 어느 정도의 명확성에 있어서든 자기를 이해하고 있음을 의미한다. 이 존재자에 독특한 것은 자신의 존재와 함께 또 자신의 존재를 통해서 존재가 그 자신에게 개시되어 있다는 점이다.">[107]

하이데거에 따르면 현존재는 다른 존재자들과는 다르게 자신의 존재를 이해하고 있는 탁월한 존재자이다. 현존재의 존재적 탁월성은 그것이 존재론적으로 존재한다는 것에 있다. 이것은 현존재가 책상 위에 이러저러하게 놓여 있는 물건들처럼 있는 것이 아니라 어떤 식으로든 존재와 관계하면서, 존재를 이해하면서 있다는 것을 말해준다. 현존재가 존재에 대해서 물음을 제기할 수 있는 것은 그가 다른 존재자와는 달리 어떤 식으로든 존재를 이해하고 있기 때문인 것이다.

하이데거는 다른 존재자와는 구분되는 현존재의 이러한 존재방식을 '실존'이라고 부르는데, 이 실존은 현존재가 자신의 존재에 대해서 끊임없이 관심을 갖는 존재자라는 것을 말해준다. 우리가 살아가는 동안에 끊임없이 갖게 되는 의문들, 즉 사람은 왜 태어나는가?, 삶의 의미는 무엇일까?, 인간은 왜 죽어야 하는가?, 삶은 왜 고통스러운가? 등의 물음들은 현존재로서의 인간이 다른 존재자들과 전적으로 다르다는 것을 말해준다.

이러한 현존재의 존재, 즉 실존은 사물들의 본질을 개념적으로 파악하는 행위를 의미하는 것으로 이해해서는 안 된다. 실존은 확정적으로 규정된 것이 아니라 그때마다 끊임없이 자신의 존재로 다가서야 하는 운명을 지닌 현존재의 모습을 그려내는 것이다. 실존은 현존재가 매순간 자신의 존재를 위해서 선택하고 행동하는 역동적인 모습을 지칭하는 용어이다. 이런 점에서 하이데거는 다음과 같이 말

>[107] SZ, 12쪽.

하고 있다: "현존재는 언제나 자신의 실존에 입각해서, 즉 자기 자신으로 있든가 또는 자기 자신으로 있지 않든가 하는 자기 자신의 가능성에 입각해서 자기 자신을 이해한다. 현존재는 이러한 가능성들을 스스로 선택했거나, 그 속에 빠져들어 가 있거나, 그때마다 이미 그런 가능성들 안에서 성장했거나인 것이다. 실존은 오로지 그때마다의 현존재 자신에 의해서 거머쥐거나 간과하는 방식으로 결정되는 것이다."[108]

하이데거는 현존재의 실존을 구성하는 것들의 연관성을 실존성(Existenzialität)이라고 부르는데, 이러한 실존성은 실존하는 존재자, 즉 현존재의 존재틀(Seinsverfassung)이며 여기에서 현존재는 현존재하지 않는 존재자들과 구분되어야 한다. 하이데거는 여기에서 실존범주적(existenziell)이라는 용어와 실존론적(existenzial)이라는 용어를 구분하고 있는데, 이러한 구분은 앞서 언급된 존재적이라는 표현과 존재론적이라는 표현의 구분과 관련되어 있는 것이다. 실존적이라는 용어는 현존재의 실존에 대한 물음이 현존재의 실존함 자체에 근거해서 이루어진다는 것을 나타내는 용어이다.[109] 반면에 실존론적이라는 용어는 현존재가 자신의 실존범주적인 실존을 구성하는 구조들을 밝히고 그 가능성을 적극적으로 논의하는 것을 의미한다. 예를 들면 한 잔의 차를 마시기 위해서 필요한 여러 가지의 재료들을 준비하는 행위는 실존범주적이라고 말할 수 있다. 이에 반해서 준비된 차를 마시면서 그 차의 맛을 음미하는 것은 실존론적이라고 할 수 있다. 그런데 여기에서 실존범주적이라는 용어와 실존론적이라는 용어는

---

[108] SZ, 12쪽.
[109] 하이데거가 존재론적 차이라는 용어를 통해서 존재와 존재자를 구분하는 것도 이런 점에서 존재자에 대한 존재의 우월성만을 강조하는 것으로 이해해서는 안 될 것이다.

서로 대립적이거나 한쪽이 다른 한쪽보다 우월한 것으로 이해해서는
안 된다는 점이다. 이들은 모두 존재자와 구분되는 존재에 대한 물음
을 성공적으로 수행하기 위해 필요한 것이기 때문이다.

하이데거는 현존재의 실존에 대한 존재론적 이해의 중요성을 강
조하면서 존재자의 존재를 다루는 모든 존재론이 근거해야 할 기초
존재론이 현존재의 실존론적 분석론에서 다루어져야 한다고 생각한
다. 하이데거는 이러한 생각에서 다른 존재자에 대해서 현존재가 갖
고 있는 우위를 세 가지로 요약하고 있다. 첫 번째는 존재적 우위인
데, 이것은 현존재가 자기의 존재에 있어서 실존을 통해서 규정된다
는 것을 의미한다. 두 번째는 존재론적 우위인데, 이것은 현존재가
항상 자신의 실존에 의해 규정되기 때문에 그 자신 존재론적이라는
것에 있다. 세 번째 우위는 현존재는 존재자의 존재를 다루는 모든
존재론을 위한 가능성의 제약이라는 점에 있다. 이러한 우위는 우리
로 하여금 다른 모든 존재자보다도 이러한 현존재에 대해서 우선적
으로 존재론적으로 물음을 제기하여야 할 당위성을 제시한다. 즉 현
존재의 우월성은 현존재분석이 우선적으로 수행되어야 하는 것을 말
해준다.

2) 존재물음의 탐구방법과 구도

하이데거는 5절과 8절 사이에서 존재물음이 추구하는 두 가지의 과
제를 제시하고 그 과제를 수행하는 방법과 전체 구도를 서술하고 있다.

5절에서는 존재물음의 첫 번째 과제인 현존재에 대한 존재론적
분석에 대해서 설명하고 있다. 현존재를 분석하는 것, 즉 현존재분석

론의 구축은 존재 일반의 의미를 구축하기 위한 지평이기 때문이다. 여기에서 하이데거는 존재물음을 제기하는 자인 현존재가 과연 어떤 존재인가를 밝혀내는 것이 무엇보다도 중요하다고 생각한다. 앞에서 말한 현존재의 존재적-존재론적 우위는 우리로 하여금 마치 현존재에 대한 것이 모두 알려져 있는 것처럼, 즉 현존재가 어떤 존재자인지가 명확하게 드러나 있는 것처럼 생각하게 한다. 그러나 존재가 어떤 것인지에 대해서 답하기 어려운 것처럼 현존재가 어떤 존재자인지를 파악하기란 결코 쉽지 않다. 이런 점에서 하이데거는 다음과 같이 말하고 있다: "현존재는 ─ 우리들 스스로가 이 현존재 자신이듯이 ─ 존재적으로 가깝게 있거나 또는 가장 가까운 것이다. 그러나 또는 바로 그렇기 때문에 현존재는 존재론적으로 가장 먼 것이다."[110]

다른 존재자와는 달리 현존재는 자신의 존재에 대한 이해를 갖고 있으며 어떤 상황 속에서도 자신의 존재의미를 찾으려고 한다는 것이 사실이다. 그러나 하이데거에 따르면 이러한 사실이 현존재가 마치 자신이 존재에 대해서 '존재론적'으로 파악하고 있다는 것을 말하지는 않는다. 이러한 하이데거의 지적은 현존재가 일상적으로 존재자에 더 관심을 갖고 있다는 것을 말해주는데, 여기에서 우리는 현존재분석의 어려움을 인정해야 할 것이다. 이런 이유에서 하이데거는 현존재가 지닌 일상적인 특징들에 주목하면서 현존재의 존재론적 특성에 대해서 기술한다.

하이데거는 5절에서 현존재의 분석론이 존재에 대한 물음의 중요한 주제라는 것을 강조하고 있다. 이러한 현존재의 분석론은 현존재를 그 자신으로부터 스스로 드러날 수 있도록 하여야 하는데, 여기에

---

[110] SZ, 15쪽.

서 현존재는 평균적인 일상성 속에서 드러나는 존재방식, 즉 현존재
가 일상 속에서 존재할 수 있는 모든 존재방식을 고려함으로써 그의
존재가 드러날 수 있게 된다.

그러나 하이데거는 이러한 현존재분석 자체가 존재물음에 대한
완벽한 답변을 제공해주지는 않는다고 본다. 그는 이러한 현존재의
분석론이 현존재의 완전한 존재론을 제공할 수는 없을 것이라는 점
을 인정하고 있다. 우리는 어떤 점에서는 이것이 『존재와 시간』의 한
계를 설정해주는 것이라고 해석할 수 있을 것이다. 물론 우리는 그렇
다고 해서 현존재분석론을 무의미한 것으로 평가해서는 안 된다. 왜
냐하면 현존재분석은 존재를 근원적으로 해석하기 위한 지평을 준비
하는 것이기 때문이다.

이러한 5절에서 흥미로운 점은 하이데거가 현존재의 존재의미가
'시간성'이라는 것을 미리 밝히고 있다는 점이다. 이 점은 그가 『존재
와 시간』의 맨 앞에서 시간이 존재를 이해하기 위한 지평이라는 점을
언급한 것과 관련이 있다. 하이데거의 다음과 같은 언급에 주목해보
도록 하자: "이러한 시간은 모든 존재이해와 모든 존재 해석의 지평으
로서 밝혀져야 하고 진정으로 규정되어야 한다. 이것이 명백해지기 위
해서는 존재이해의 지평으로서의 시간을 존재를 이해하는 현존재의
존재로서의 시간성에 입각해서 근원적으로 설명할 필요가 있다."[111]

『존재와 시간』은 현존재의 존재의미를 시간과의 연관성 속에서
다루는데, 그러나 이때의 시간은 우리가 일상생활에서 접하는 시간
을 의미하지는 않는다. 어떤 점에서 보면 『존재와 시간』의 작업은 우
리가 갖고 있는 통속적인 시간이해를 비판하는 것을 의미하기 때문

---

[111] SZ, 17쪽.

이다. 하이데거에 따르면 이러한 통속적인 시간이해는 아리스토텔레스에서부터 오늘날까지 이어져오는 시간이해 속에 나타나 있다.[112]

그런데 하이데거는 왜 현존재의 존재의미를 시간을 통해서 밝히려는 것일까? 그는 시간이 존재이해의 지평이고 모든 존재론의 중심적인 문제라고 확신하기 때문이다. 하이데거는 시간이 다양한 존재자들의 영역을 소박하게 구분하는 존재적, 존재론적 기준으로서의 역할을 한다고 생각한다. 또한 하이데거는 현존재가 어떤 식으로든 시간 속에 있는 존재라는 점에서 시간에 관심을 갖는 것이다. 지금 여기에 존재하는 나는 현재뿐만 아니라 과거에도 존재했고 미래에도 존재해야만 하는데, 이런 점에서 현존재의 존재는 시간, 즉 시간성 속에서 파악되어야 한다. 또한 현존재는 시간성 속에서 자신의 유한성을 경험하고 이를 통해서 존재의미를 추구하기 때문이다. 하이데거는 이렇게 시간의 중요성을 염두에 두어 다음과 같이 말하고 있다: "모든 존재론의 중심문제는 올바르게 보이고 올바르게 설명된 시간 현상에 뿌리내리고 있다는 사실 그리고 어떻게 그런지가 존재의 의미에 대하여 전개된 질문의 토대 위에서 제시되어야 한다."[113]

전통적으로 시간 또는 시간적인 것은 영원한 것, 즉 불변하는 존재와 대립하는 것으로 생각되어 왔다. 그러나 하이데거에 따르면 이러한 시간이 존재를 드러낼 수 있는, 정확히 말하자면 존재가 자신을 드러내는 지평이라는 점이 강조되지 않았던 것이다. 이 같은 하이데거의 입장은 존재가 시간에 종속된다는 것을 의미하거나 존재가 시

---

[112]　물론 하이데거가 이러한 통속적 시간이해를 완전히 무의미한 것으로 간주하지는 않는다. 통속적 시간이해는 현존재가 자신의 일상성 속에서 쉽게 경험하는 것이기 때문이다.

[113]　SZ, 18쪽.

간 속에서 있는 것에 불과하다는 것을 말하려는 것이 아니라 존재의 의미가 그 시간적 성격에서 분명해진다는 것이다. 하이데거는 여기에서 이렇게 시간에 근거한 존재와 그러한 존재의 의미를 존재시간성(Temporalität)이라고 부른다. 어떤 점에서 기초존재론의 과제는 바로 이러한 존재의 고유한 존재양식인 존재시간성에 근거해서 현존재의 시간성(Zeitlichkeit)을 밝혀내는 것이라고 할 수 있다. 이러한 존재시간성의 문제를 논의함으로써 통해서 비로소 존재의 의미에 대한 구체적인 답변이 주어질 수 있는 것이다.

하이데거는 6절에서 존재물음의 두 번째 과제인 존재론의 해체에 대해서 언급하고 있다. 전통적인 존재론을 해체할 필요성은 현존재가 역사적이라는 사실에 근거해서 제기된다. 하이데거에 따르면 현존재의 자신의 존재의미를 역사성 속에서 발견하는데, 현존재는 그때마다의 존재방식에 있어서 어떤 식으로든 이미 주어져 있는 현존재해석에 영향을 받는다. 현존재의 실존도 이렇게 현존재의 역사성에 대한 적극적인 고찰을 통해서 그 구체적인 의미가 드러나게 된다. 여기에서 하이데거는 다음과 같이 강조하고 있다: "존재물음의 수행은 과거를 적극적으로 자신의 것으로 획득해서 가장 독자적인 물음 가능성들을 완전히 소유하게 되는 것이다. 존재의 의미에 대한 물음은, 그 물음에 속하는 실행양식에 따르면 현존재를 그의 시간성과 역사성에 있어서 선행적으로 설명하는 물음이기 때문에, 물음 자체를 역사학적인 물음으로서 이해하는 데까지 나아가게 되는 것이다."[114]

현존재의 역사성에 대한 고찰은 하이데거로 하여금 전통을 막연하게 답습하는 태도를 비판하게 한다. 이러한 태도는 존재물음을 전

---

[114] SZ, 21쪽.

개하는 데 있어서 결코 받아들여서는 안 될 태도이다. 전통에 대한
비판적 입장은 하이데거의 다음과 같은 언급에 잘 드러나 있다: "…
전통은 그 전통이 전수하는 것을 우선 대개 접근할 수 있게 하는 것
이 아니라 도리어 은폐한다. 전통은 전승된 것을 자명한 것으로 받아
들이기 때문에 근원적인 원천, 전승된 범주들과 개념들이 부분적으
로는 진정한 방식으로 거기에서 나오는 그 근원적 원천으로 가는 통
로를 막아버린다. … 이처럼 전통은 현존재의 역사성을 광범위하게
뿌리 뽑기 때문에 현존재는 가장 멀고 낯선 문화 속에 있는 철학적
사색의 가능한 여러 유형, 방향 및 관점들의 다양한 형태들에 대한
관심에만 머물고, 오히려 이런 관심을 갖고서 자신의 토대없음(Bo-
denlosigkeit)을 은폐하려고 시도한다."[115]

하이데거에 따르면 여기에서 필요한 것은 전통에 대한 맹목적인
수용이나 답습을 넘어서는 태도이다. 전통에 대한 비판적인 입장과
태도를 취하고 각 시대마다 독자적인 방식으로 현존재의 존재에 대
한 문제의식을 갖는 것이 필요하다. 하이데거는 이렇게 전통에 대한
비판 또는 해체(Destruktion)의 필요성을 강조하면서 존재의 의미에
대한 물음을 올바르게 제기하지 않았기 때문에 형이상학에 대한 관
심에도 불구하고 우리 시대가 존재망각에 빠져 있다고 지적하고 있
다. 그러나 전통해체의 필요성에 대한 이 같은 하이데거의 강조는 기
존의 존재론적 전통을 맹목적으로 거부하는 것을 의미하지는 않는
다. 그에 따르면 "반대로 해체는, 전통적인 존재론의 적극적 가능성
에, 다시 말하면, 그때마다의 문제제기 및 이러한 문제제기로부터 밑
그림 그려진 가능한 연구분야의 한계설정과 함께 사실상 주어져 있

[115] SZ, 21쪽.

었던 전통적 존재론의 한계에 경계를 표시하는 것이다. 해체는 과거에 대해 부정적인 태도를 취하는 것이 아니다.">**116**

전통해체작업의 토대를 제공하는 존재시간성의 문제는 칸트조차도 피해갈 수밖에 없었던 것인데, 그 이유는 칸트가 존재물음 일반에 대해서 관심을 갖지 않고 현존재에 대한 분석을 올바르게 행하지 않았으며 시간분석에 있어서 전래된 통속적인 시간이해에만 머물러 있었기 때문이다. 특히 여기에서 전통철학의 중심주제였던 시간과 '나는 생각한다' 사이에 놓여 있는 연관관계가 분명하게 밝혀지지 않았던 것이 주된 이유이다.

하이데거는 7절에서 존재물음을 수행하기 위한 구체적인 탐구방법을 제시하는데, 이것이 바로 현상학(Phänomenologie)이다. 현상학은 하이데거의 전기사상 형성에 많은 영향을 주었던 철학자인 후설에 의해서 정초된 현대철학의 중요한 분야이다. 후설은 현상학을 통해서 당시에 널리 퍼져 있던 심리주의를 극복하고 편견 없는 무전제의 철학을 구축하려고 하였다. 현상학은 학문으로서 철학의 확고한 길을 정초하는 것이 목표였다. 이러한 현상학의 이념은 "사상 자체로"(Zu den Sachen selbst)라고 정형화할 수 있다. 이 용어는 현상학이 모든 상대성과 우연성을 넘어서서 학문의 명증성을 구축하려 한다는 것을 잘 드러내준다. 하이데거는 여기에서 이러한 현상학의 어원적인 설명을 독특한 방식으로 제시한다. 그에 따르면 현상학은 '현상에 관한 학'이다. 현상이라는 용어는 '스스로를 현시하다'라는 동사에서 유래한다. 좀 더 정확히 표현하면 현상은 '스스로를 그 자신에 따

>**116** 하이데거에 따르면 이러한 해체의 적극적인 작업은 존재론의 역사 속에서 과연 존재를 시간과 연관시켜 해석했는가를 탐구해보는 것이다. 즉 존재론의 해체의 작업은 존재시간성을 중심으로 해서 전개되어야 한다는 것이다. SZ, 21쪽.

라서 현시하는 것'이다. 스스로를 드러낸다는 점에서 이러한 현상은 사물이 단순히 나타남(Erscheinen)과는 다른 것이다. 나타남은 스스로 드러나지 않고 오히려 '현상'에 근거하는 것이다.

하이데거는 자신의 독특한 현상학의 이해를 위해서 이번에는 로고스의 개념에 대해서 언급하고 있다. 먼저 그는 로고스라는 용어가 플라톤과 아리스토텔레스에서 다양하게 사용된다는 점에 주목한다. 일반적으로 그리스어인 로고스라는 용어는 모든 학문과 연결되어 있는 것인데, 그것의 뜻은 이야기 또는 말이다. 이러한 로고스가 서양철학의 흐름 속에서 다양한 의미로 사용되는데, 그것은 이성, 판단, 개념, 정의, 근거, 이유를 의미하기도 한다. 그러나 하이데거는 로고스의 의미를 어떤 것을 보이게 하는 것으로 해석한다. 즉 로고스는 지금 말하고 있는 것을 보이게 하는 것이다. 말함으로서의 로고스는 발언, 즉 낱말을 음성화하는 것을 의미한다. 여기에서 로고스는 소리(음성)라고 해석할 수 있다.[117] 또 다른 로고스의 의미로 종합이라는 의미를 갖고 있다. 이러한 종합은 어떤 것을 어떤 것과 함께 보이게 함을 뜻한다.

하이데거에 따르면 이러한 로고스는 보이게 함이기 때문에 그것은 참이거나 거짓일 수 있다. 여기에서 로고스를 진리의 장소라고 확정짓는 것은 받아들일 수 없다. 하이데거는 이렇게 로고스를 해석하면서 그리스적인 진리개념을 우리가 쉽게 오해할 수 있음을 지적한다. 하이데거는 여기에서 전통적인 진리개념, 즉 진리대응설을 벗어나서 진리의 문제를 논의하고 있다. 진리대응설은 일반적으로 표상과 대상의 일치에 근거해서 진리를 규정한다. 그러나 하이데거의 해

---

[117] 데리다는 이러한 서양의 로고스중심주의를 음성중심주의(Phonozentrismus)라고 규정한다.

석에 따르면 진리라는 현상은 존재자를 은폐되지 않은 것으로 보이게 하는 것, 즉 발견하게 하는 것을 의미한다. 따라서 진리를 사물과 판단의 일치로 규정하는 것은 진리의 적극적인 의미를 망각하는 것이다. 이 점을 하이데거는 다음과 같이 설명한다: "오늘날 널리 퍼져 있는 것처럼, 진리는 본래적으로 판단에 귀속되는 것이라고 규정한다면 그리고 나아가서 이 주장을 가지고 아리스토텔레스를 끌어들인다면 이것은 정당하지도 않고 무엇보다도 그리스적인 진리개념을 오해하는 것이다."[118]

하이데거는 이처럼 현상과 로고스의 개념에 대한 어원적인 분석을 통해서 현상학의 적극적인 의미를 제시하고 있다. 현상학은 스스로 자신을 드러내는 것을 보이게 함을 의미한다. 그러나 하이데거는 이처럼 현상학의 의미를 적극적으로 제시하지만 이러한 현상학이 존재의 의미를 드러내주는 것이 결코 쉽지 않음을 지적한다. 존재는 자신을 교묘하게 은폐할 수도 있기 때문이다. 하이데거는 이 점을 다음과 같이 설명한다: "그러나 이러한 의미에서 숨겨진 채로 있거나 또는 다시 은폐 속에 빠져 있거나, 단지 자신을 위장하여 드러내거나 하는 것은, 이 존재자나 저 존재자가 아니라, 앞선 고찰에서도 지적한 바와 같이, 존재자의 존재이다. 존재자의 존재는 망각되어서 존재와 존재의 의미에 대한 물음조차 생기지 않을 정도로 광범하게 은폐될 수 있다."[119]

현상학은 존재자가 아니라 존재자의 존재가 드러나는 다양한 방

---

[118] SZ, 33쪽. 하이데거에 따르면 '판단의 진리' 라는 개념은 진리의 올바른 해석을 제공해줄 수 없으며, 나아가서 실재론과 관념론의 대립도 그리스적인 진리개념을 올바르게 이해하지 않은 데서 생겨난 것일 뿐이다.

[119] SZ, 31쪽. 그러나 하이데거에 따르면 존재자의 존재는 이렇게 자신을 숨기고 은폐할 가능성에도 불구하고 현상학적인 입장에서 보자면 그 배후에 결코 드러나지 않는 물자체 같은 것일 수는 없다.

식을 다루게 되는데, 『존재와 시간』에서 현상학은 존재의 의미를 밝혀내는 적극적인 역할을 하는 것이다. 하이데거에 따르면 존재론은, 특히 기초존재론은 현상학을 통해서만 가능한 것이다.

하이데거는 이러한 현상학이 해석학과 밀접한 연관성을 지니고 있음을 강조한다. 현상학적 기술의 의미는 어떤 것을 스스로 드러나게 함인데, 이것은 존재자의 존재와 현존재의 존재를 해석하는 것과 같기 때문이다. 해석을 통해서 현존재는 자신의 고유한 존재이해를 드러내는데, 그런 점에서 현상학은 해석학인 것이다.[120]

하이데거는 8절에서 『존재와 시간』의 기본적인 구성을 설명하고 있는데, 그 구성은 다음과 같이 정리할 수 있다.

> 제1부: 시간성에 근거한 현존재의 해석과 존재에 대한 물음과 존재에
> 　　　대한 물음의 초월적 지평으로서의 시간에 대한 설명.
>
> 1. 현존재의 예비적 기초분석.
> 2. 현존재의 시간성.
> 3. 시간과 존재.
>
> 제2부: 존재시간성의 문제성을 실마리로 한 존재론의 역사의 현상학적
> 　　　해체의 근본특성들.
> 1. 존재시간성이라는 문제의 전 단계로서 칸트의 도식론과 시간이론.
> 2. 데카르트의 **cogito sum**의 존재론적 기초와 res cogitans라는

---

[120]　하이데거는 『존재와 시간』 7절에서 존재와 존재자를 구분하는 언급을 하고 있다. 그는 다음과 같이 말하고 있다: "존재자에 대해 이야기하면서 보고하는 것과 존재자를 그 존재에 있어서 파악하는 것은 전혀 다른 것이다." SZ, 39쪽.

문제로 중세 존재론의 수용.

3. 고대 존재론의 현상적 토대와 한계를 판별하는 기준으로서의 시간에
   관한 아리스토텔레스의 논문.

그러나 하이데거가 본래 『존재와 시간』에서 논의하려고 했던 것
은 위에 언급된 것이지만 실제로는 1부의 첫 번째와 두 번째 내용만
다루어졌다. 이런 점에서 『존재와 시간』은 완결된 저서라기보다 단
편적으로 구성된 것이라는 점을 주목해야 할 것이다.

2. 현존재의 예비적 분석

1) 현존재분석의 과제

하이데거는 9절에서 존재물음을 제기하는 주인공인 현존재의 특성에 대해서 언급하고 있다. 그에 따르면 현존재는 하나의 존재자이며 다른 누가 아니라 그때마다 우리들 자신이다. 현존재는 전통철학에서 말하는 것처럼 실체, 자아, 주관이 아니라 그때마다 자신의 고유한 자신의 존재방식에 내던져져 있는 존재자인 것이다. 우리 자신이 바로 현존재이며 이러한 현존재는 서로 자신의 고유한 방식으로 존재한다. 하이데거는 이러한 현존재가 갖고 있는 특징을 두 가지로 요약하고 있다.

첫 번째로 현존재의 특징은 그것이 가능적 존재(Zu-sein)라는데 있다. 하나의 존재자인 현존재의 본질(essentia)은 전통철학과는 달리 현존재의 실존(existentia)에서 파악되어야 한다. 이 점은 다른 것이 아니라 현존재의 본질이 실존에 있다는 것을 말한다. 이것은 본질에 대한 실존의 우월이나 실존에 대한 본질의 우월성을 의미하는 것이 아니다. 물론 현존재의 본질이 실존이라는 하이데거의 주장은 우리를

혼란스럽게 할 수 있는데, 특히 이러한 혼란은 우리가 중세철학에서
제시된 본질과 실존개념에 집착할 때 일어난다. 왜냐하면 중세적인
시각에서는 본질과 실존은 서로 배타적으로 구분되는 것이며 이 양
자는 결코 관계를 맺을 수 없는 것으로 이해하기 때문이다. 이때의
실존은 본질에서 벗어나 있는 사물들의 존재방식을 가리키는 것이지
만 하이데거의 실존은 그때마다의 고유한 방식으로 자신의 본질, 즉
자신의 고유한 존재와 관계하는 방식을 가리키는 용어이다. 현존재
의 진정한 존재는 자신의 존재를 구체적인 형태로 드러내는 것이다.
이런 점에서 "현존재의 본질은 그의 실존에 있다"라고 말하는 것이
다.>121 이러한 현존재의 실존을 다루는 것은 현존재분석의 중심주제
이며 나아가서 『존재와 시간』의 구체적인 목표라고 할 수 있다.

하이데거에 따르면 이러한 현존재에게 있어서 항상 문제가 되는
것은 그때마다의 나의 존재이다. 왜냐하면 현존재는 어떤 식으로든
자신의 존재를 문제 삼는 그런 존재자이기 때문이다. 현존재는 일상
생활 속에서 아무렇게나 놓여 있는 책상, 집, 나무처럼 존재하는 것이
아니라 항상 자신의 존재를 위해서, 즉 자신의 실존을 마음에 두고 있
는 존재자인 것이다. 우리들의 눈앞에 있는 존재자들은 그들의 존재
가 아무래도 상관이 없다. 가파른 산꼭대기에 놓여 있는 바위나 나무
들, 들판에 아무렇게나 피어 있는 꽃들에게서 자신들의 존재는 아무
래도 상관이 없는 것이다. 그러나 인간이라는 존재자, 즉 현존재는 각
자가 어떤 상황에 처해 있든지 항상 자신의 존재에 적극적인 관심을
갖는 독특한 존재자이다. 하이데거는 이렇게 현존재가 갖고 있는 자
신의 개별적인 실존에 대한 관심을 각자성(Jemeinigkeit)이라는 용어를

>121   SZ, 42쪽.

사용해서 표현하고 있다. 각자성이라는 용어는 현존재의 존재, 즉 실존이 모든 사람에게 동일한 방식으로 이루어지는 것이 아니라 각자적인 방식으로, 즉 개별적인 방식으로 이루어진다는 것을 말해준다.

이러한 현존재의 각자성은 현존재의 실존이 수동적으로 주어지는 것이 아니라 그때마다의 지속적인 결단과 선택을 통해서 이루어진다는 것을 말해준다. 현존재의 각자성은 자신의 실존에 대한 책임은 현존재 각자에게 달려 있다는 것을 강조하는 용어이다.[122] 이 점은 하이데거의 다음과 같은 언급에서 잘 나타난다: "현존재의 존재는 그때마다 자기의 가능성이지만 그 가능성을 눈앞에 있는 것처럼 가지고 있는 것이 아니다. 그리고 현존재는 본질상 그때마다 자신의 가능성으로 존재하기 때문에 이러한 존재자는 자기의 존재에 있어서 자기 자신을 선택할 수도, 획득할 수도, 상실할 수도 있으며, 또는 결코 획득하지 못하거나 단지 외견상으로만 획득할 수도 있는 것이다. 현존재가 자기를 상실하기만 하고 아직 자기를 획득하지 못할 수도 있는 것은 현존재가 자신의 본질상 가능적이고 본래적인 자일 수 있는 한에서, 즉 현존재가 자신을 자기 것으로 하는 자인 한에서만 가능한 것이다."[123]

하이데거는 현존재의 실존이 지닌 각자성을 적극적으로 설명하기 위해 본래성과 비본래성이라는 용어를 제시하고 있는데, 우리는 이 용어를 윤리적으로 서로 대립하는 개념으로 이해해서는 안 된다. 즉 본래성을 선한 것이나 좋은 것 또는 긍정적인 것으로 해석하거나 비본래성을 악한 것이나 나쁜 것 또는 부정적인 것으로 해석해서는

---

[122]　이 점은 사르트르가 실존을 언급할 때 강조하는 책임과 연결된다.

[123]　SZ, 42쪽.

안 된다. 왜냐하면 본래성과 비본래성이라는 용어는 현존재가 스스
로 결단하고, 선택하여 실존하는 도상 속에서 구체적으로 경험하게
되는 존재양상을 나타내기 때문이다. 현존재는 실존의 도상에 있어
서 본래성 속에 또는 비본래성 속에 처하게 되는 것이다. 이 점을 하
이데거는 다음과 같이 드러내고 있다: "본래성과 비본래성이라는 두
가지 존재양식은 — 이 표현들은 엄밀한 단어의 뜻에 따라 술어로 선
택된 것인데 — 현존재가 일반적으로 각자성에 의해 규정된다는 데
근거한다. 그러나 현존재의 비본래성은 가령 보다 열등한 존재라거
나 정도가 더 낮은 존재를 의미하는 것이 아니다. 비본래성은 오히려
현존재를 자신의 부지런함(Geschäftigkeit), 활달함, 흥미, 유쾌함 속에
서 그의 충만한 구체성에 의해서 규정할 수 있다."[124]

현존재의 실존과 각자성은 현존재분석론의 독특한 측면을 드러
내주는 것인데, 이것은 우리로 하여금 현존재의 비본래적인 측면, 즉
일상적인 평균성에로 관심을 갖게 한다. 현존재는 우선 대개(zumeist
und zunächst) 무차별적인 일상성 속으로 내던져져 있다. 이것은 우리
의 매일매일의 삶이 그저 그렇게 똑같이 일상적으로 반복되는 사실
을 통해서 알 수 있다. 하이데거는 이렇게 일상 속에 내던져 있는 현
존재의 무차별적 반복성을 평균성(Durchschnittlichkeit)이라고 부르고
있다. 하이데거는 이러한 평균성을 다음과 같이 설명한다: "현존재의
평균적인 일상성은 그러나 단지 외관으로서 받아들여서는 안 된다.
평균적 일상성 속에도, 비본래성의 양상 속에도 실존성의 구조는 선험
적으로 놓여 있다. 그러한 일상성 속에서도 현존재에게 특별한 방식으

---

[124] SZ, 42쪽 이하. 하이데거는 이와 같은 맥락에서 『존재와 시간』 65절에서 다음
과 같이 말한다: "현존재는 자신의 실존의 관점에서는 본래적으로든 비본래적으로든
자기 자신에게 개시되어 있다", SZ, 325쪽.

로 문제되고 있는 것은 그의 존재이다. 현존재는 평균적 일상성의 양
상, 즉 그 존재에 직면해서 거기로부터 도피하는 양상에 있어서나 그
존재를 망각하는 양상에 있어서 존재에 관계하고 있는 것이다."[125]

현존재의 다양한 존재특성들은 현존재의 실존에 기인하는 것인
데, 하이데거는 이러한 실존을 이루고 있는 존재특성들을 실존범주
(Existenzial)라고 부르고 있다. 여기에서 실존범주는 우리가 보통 범
주(Kategorie)라고 부른 것과는 구분해야 한다. 범주는 세계내부에서
우리가 만나는 존재자들을 존재적으로 설명해주는 것이다. 현존재가
아니라 존재자를 언급할 때 사용하는 것이 범주인 것이다. 하이데거
에 따르면 이러한 범주의 뜻은 원래 공개적으로 호소하다, 누군가를
힐책하다라는 뜻을 가지고 있는데, 이러한 범주는 존재자를 선험적
으로 규정하는 것을 의미한다. 범주는 실존범주와 마찬가지로 존재
자를 규정하는 역할을 하는 것이다. 그러나 하이데거는 이러한 실존
범주가 하나의 탁월한 존재자인 현존재의 실존을 구성한다는 점에서
단순한 범주와 구별하고 있다.

하이데거는 10절에서 현존재의 존재를 탐구하는 현존재분석론
이 인간학, 심리학 및 생물학과 구분되는 이유를 설명하고 있다. 인
간학, 심리학, 생물학의 탐구대상은 모두 인간에 관한 것이다. 이런
점에서 이들 학문의 분야가 현존재분석론과 관련이 있을 것이라고
생각할 수 있을 것이다. 그러나 하이데거는 현존재분석론은 존재론
적 물음, 즉 현존재의 존재에 관한 물음을 제기하기 때문에 이들 학
문과 구분해야 한다고 생각한다. 현존재분석론은 존재자 자체가 아

---

[125] SZ, 44쪽. 이러한 하이데거의 주장은 현존재는 본래성이든지 비본래성이든지 항
상 어떤 식으로든 자신의 존재로 향하고 관계를 맺는다는 것을 의미한다. 현존재가 어
떤 식으로 존재하든지간에 존재와의 관계는 현존재에게는 피할 수 없는 숙명인 것이다.

니라 하나의 탁월한 존재자의 존재, 즉 현존재의 존재에 관심을 갖기
때문이다.

이러한 현존재분석론은 데카르트가 간과했던 cogito(나는 생각한
다)와 sum(존재한다)에 대한 존재론적 물음을 전개하는 것이다. 또
한 현존재분석론은 삶 자체가 현존재의 하나의 존재양식인데도 이것
을 존재론적으로 문제 삼지 않았던 삶의 철학(Lebensphilosophie)과
도 구분해야 한다. 딜타이, 베르그송, 후설, 쉘러의 철학은 모두 철학
적 인간학에 불과하다. 하이데거에 따르면 이러한 인간학의 특징은
인간을 이성적 동물로 규정하거나, 인간을 신에 의해서 만들어진 피
조물로 파악하는 것이다. 이와 달리 현존재분석론은 인간의 존재에
대한 근원적인 물음을 제기한다.

2) 현존재와 세계-내-존재

하이데거는 12절에서 인간과 세계의 숙명적인 관계를 독특한 용
어들을 사용하여 기술하고 있다. 현존재는 본래성이나 비본래성 속
에서 또는 이 양자 속에서 차별 없이 실존하는데, 이러한 실존은 하
이데거가 세계-내-존재(In-der-Welt-sein)라고 부르는 존재틀을 근
거로 해서 이해되어야 한다. 이러한 세계-내-존재의 의미를 해석하
는 것은 현존재분석론의 중요한 과제이기도 한데, 우리가 주목할 것
은 세계-내-존재라는 용어는 현존재가 실존하기 위한 근원적이고 통
일적인 현상을 의미한다는 점이다.[126]

컵 속의 물이나 옷장 속의 옷들과 같은 존재자도 특정한 존재자
와 관계를 맺으면서 '어떤 것 속'에 있다. 그러나 이러한 존재자들이

특정한 존재자 안에 있지만 그들이 세계와 관계하면서 존재한다고
할 수는 없다. 이러한 존재자들은 단지 세계 속에 있는 사물들이기
때문이다. 하이데거에 따르면 이러한 존재자들은 무세계적이다. 이
와 달리 현존재는 세계와 관계하면서 존재한다. 현존재는 실존에 있
어서 다양한 방식으로 세계와 관계한다. 현존재는 어떤 식으로든 세
계 내에서 있어야 한다. 그러나 현존재는 존재자들처럼 막연히 세계
속에 놓여 있는 것이 아니라 세계에 관계하면서 존재하고 있다. 현존
재는 세계와 공간에 종속되면서 관계를 맺는 것이 아니다. 또한 현존
재는 특정한 시점에 세계를 벗어나 있다가 다시 돌아오거나 하면서
세계와 관계를 맺는 것이 아니다. 현존재는 어디에 있든지 자신의 존
재를 위해서 항상 세계와 관계를 맺고 있는 존재자인 것이다. 이런
점에서 세계는 현존재와 대립적으로 존재하는 것이 아니라 현존재가
존재하는 토대인 것이다.

그런데 이처럼 현존재를 세계-내-존재로 규정하는 것은 전통철학
에서의 인간이해와는 다른 것이다. 세계는 현존재에게 대립하여 있는
어떤 사물이거나 그렇다고 현존재에 의해서 구성되는 그런 것이 아니
다. 또한 인간은 어떤 정신적 존재자이기 때문에 세계는 이와 다른 형
이상학전체라고 이해해서도 안 된다. 하이데거에 따르면 현존재와 세
계는 숙명적으로 관계를 맺고 있기 때문이다. 그는 이런 이유에서 다
음과 말하고 있다: "세계-내-존재를 현존재의 본질구조로서 이해해
야 비로소 현존재의 실존론적 공간성에 대한 통찰이 가능하게 된다.

>**126** 세계-내-존재를 하나의 통일적인 현상으로 규정하는 것은 현존재와 세계의 관
계를 전통철학에서처럼 주관과 객관의 관계로 파악하는 것을 의미하지 않는다. 하이
데거에 따르면 현존재는 이미 자신의 실존에 있어서 숙명적으로 세계와 관계하기 때
문이다. 현존재는 숙명적으로 세계 내로 내던져 있는 존재자인 것이다.

이를 통찰하고 있어야 이 구조를 무시하거나 처음부터 말살하는 일이 일어나지 않는다. 이런 말살은 존재론적 동기에서가 아니라 형이상학적인 동기, 즉 인간은 우선 하나의 정신적인 사물이고 그 다음에 공간 안으로 옮겨지게 된다는 소박한 견해에서 생기는 것이다."^{>127}

하이데거는 세계-내-존재로서의 현존재가 세계 속에서 다양한 존재자들과 관계를 맺는다는 점을 강조한다. 현존재는 끊임없이 존재자들을 만나고 돌보고 걱정한다. 어떤 존재자들을 사용하고 그것을 통해서 어떤 일을 시도하거나 포기하면서 지속적으로 존재자들과 관계한다. 현존재가 이렇게 다른 존재자들과 관계하는 방식을 '배려'(Besorge)라고 부른다. 그러나 이러한 배려는 존재자 자체를 위한 것이 아니라 현존재가 존재하기 위한 것이다. 다양한 존재자들을 배려하는 현존재는 끊임없이 자신의 존재를 염려하고 걱정하고 두려워하는 존재자이다. 하이데거는 이러한 현존재의 특성을 염려(Sorge)라고 부른다. 하이데거는 이 점을 다음과 같이 말한다: "현존재에게는 본질적으로 세계-내-존재가 속하기 때문에 세계와 관련되는 그의 존재는 본질적으로 염려인 것이다."^{>128}

이러한 염려는 현존재가 항상 자신의 존재, 즉 실존을 생각하기 때문에 있는 것이다. 염려는 현존재가 자신의 존재를 실현하기 위해서 행하는 모든 행위를 지칭한다. 염려는 이런 점에서 현존재의 내적인 심리현상을 의미하지 않는다. 그런데 여기에서 주목할 점은 이러한 염려가 특정한 존재자들을 배려하는 것처럼 있는 것이 아니라는 점이다. 예를 들면 얼마 전에는 니체의 책에 흥미를 가졌다가 이제는

>**127**   SZ, 56쪽. 인간과 세계의 배타적인 관계는 데카르트의 이원론이 잘 드러내준다.
>**128**   SZ, 57쪽.

쇼펜하우어의 책에 흥미를 갖는 것처럼 특정한 존재자에 대한 단순한 관심을 드러내는 것을 의미하지 않는다. 현존재의 염려는 그가 실존의 도상에 있는 한에서, 세계 속에 내던져 있는 한에서 끊임없이 갖고 있는 염려, 숙명적인 염려이기 때문이다. 이러한 염려가 없이는 현존재의 존재, 즉 실존의 수행은 불가능한 것이다.

하이데거는 13절에서 현존재와 인식의 관계를 언급하고 있다. 그에 따르면 세계를 인식한다는 것은 이전의 철학에서처럼 주관과 객관의 관계를 규정하는 소극적인 행위를 의미하지 않는다. 이러한 인식을 통해서 인간과 세계, 현존재와 세계의 관계를 설명하는 것은 피상적인 것일 뿐이다. 하이데거는 이러한 인식의 유한성, 피상성을 지적하면서, 현존재와 세계의 관계를 주관과 객관의 관계설정을 통해서 설명할 수 없다는 점을 강조한다. 하이데거에 따르면 이렇게 피상적인 인식을 통해서 인간과 세계의 관계를 설명하려는 시도는 주관의 존재방식에 대해서 궁극적으로 질문을 제기하지 않았기 때문에 일어난다. 전통철학은, 특히 근대철학은 인식주관의 본질에 대한 물음을 올바르게 제기하지 않았다는 것이다. 그러나 우리는 이러한 견해에 대해서 비판을 제기할 수도 있는데, 하이데거도 이 점을 의식하면서 다음과 같이 말하고 있다: "인식작용은 세계-내-존재로서의 현존재의 한 존재양식이어서 그 존재적 기초를 이 존재틀 속에 가지고 있다. 인식작용은 세계-내-존재의 한 존재양식이라는 이 현상적 사실에 대한 지적에 관해서 사람들은 다음과 같이 이의를 제기할지도 모른다: 그러나 인식작용을 그렇게 해석하면 인식문제는 말소된다. 인식작용은 주관이 초월할 때 비로소 세계에 도달하는 것인데, 인식작용은 이미 그 세계에 몰입했다고 전제한다면 도대체 무엇이 더 물어져야 하는가?"[129]

하이데거는 인식작용 자체가 현존재의 존재를 본질적으로 구성하고 있는 '세계 내에 있음'에 선행적으로 의존하고 있다고 생각한다. 이러한 하이데거의 주장은 인용문에서 제시한 질문에 대한 답변이라기보다 인식에 대한 하이데거의 독특한 태도와 입장을 드러내는 것이라고 볼 수 있다. 그는 단호하게 인식작용은 세계-내-존재 속에 기초를 둔 현존재의 한 존재양식이라고 생각한다. 그런 이유에서 하이데거는 인식문제보다 이러한 세계-내-존재의 의미를 해석하는 것이 우선적인 일이라고 주장한다. 이러한 하이데거의 입장은 데카르트, 칸트에서 볼 수 있는 주관주의적 또는 구성주의적 인식론을 비판하는 것이다. 이 같은 견해는 인식의 문제는 결국 현존재의 존재의 문제로 귀결된다는 것을 지적해주는 대목인 것이다.

3) 세계의 세계성

전통철학과는 다른 세계개념의 이해는 하이데거철학이 지닌 독특한 특징을 잘 드러내준다. 하이데거는 14절에서 세계의 존재론적 의미에 대한 분석을 제시하고 있다. 이 작업은 현존재분석론에 있어서 매우 중요한 대목인데, 왜냐하면 현존재는 세계와 숙명적으로 관계하고 있기 때문이다. 현존재는 그야말로 세계-내-존재이기 때문이다. 하이데거는 이러한 세계개념을 현상학적-존재론적으로 기술한다.

하이데거에 따르면 세계는 수학이나 자연과학에서 다루는 존재자들의 전체를 의미하지 않는다. 오히려 세계는 존재자들이 존재하

>**129** SZ, 61쪽.

기 위한 가능성의 제약이다. 즉 세계는 존재자들이 존재하기 위한 전제인 것이다. 이 점을 하이데거는 다음과 같이 설명하고 있다: "세계내부적인 존재자의 존재적 묘사도, 이 존재자의 존재의 존재론적 해석도 그 자체로는 세계의 현상과 만나지 못한다. 객관적 존재에 대한 이 두 가지의 접근방식에는 여러 방식으로 세계가 이미 전제되어 있을 뿐이다."[130] 세계는 막연히 존재자들이 모여 있는 어떤 상태를 의미하는 것이 아니다. 즉 다양한 존재자가 세계를 구성하고 있는 것이 아니다. 오히려 존재자는 세계와의 관계 속에서 세계내부적(inner-weltlich)으로 있을 뿐이라고 말해야 한다.

그러나 세계내부적인 존재자와는 달리 현존재는 세계와 존재론적으로 관계하는데, 여기에서 하이데거는 세계의 세계성에 대해서 설명한다. 세계의 세계성은 세계-내-존재로서의 현존재를 실존론적으로 규정하는 것이다. 하이데거는 이러한 세계의 세계성을 다음과 같이 설명하고 있다: "세계성은 하나의 존재론적인 개념이며 세계-내-존재를 구성하는 한 계기의 구조를 의미한다. 그러나 우리는 이 세계-내-존재를 현존재의 실존론적 규정으로서 알고 있다. 따라서 세계성은 그 자체 하나의 실존범주이다. 우리가 존재론적으로 세계에 대해서 물을 때 우리는 결코 현존재의 분석론이라는 주제영역을 벗어나지 않는다. 세계는 존재론적으로 본질상 현존재가 아닌 존재자의 규정이 아니라 현존재 자신의 한 특성인 것이다."[131]

하이데거는 세계라는 단어의 의미를 네 가지 점으로 구분하고 있다. 첫째, 세계는 존재적으로 살펴보자면 세계 내부에 놓여 있는 존

---

[130] SZ, 64쪽.
[131] SZ, 64쪽.

재자, 세계귀속적인 존재자들의 총체, 즉 막연히 있는 존재자들의 전
체를 의미하는 것이다. 둘째, 세계를 존재론적으로 고찰해보면 세계
내에 있는 존재자, 즉 막연히 있는 존재자(das Vorhandene)의 존재 또
는 그 영역을 의미한다. 셋째 세계를 다시 존재적으로 파악하면 현존
재가 살고 있는 장소, 즉 환경세계(Umwelt)를 의미한다. 넷째, 세계
는 존재론적-실존론적으로 세계성을 의미한다. 그러나 이때 하이데
거가 말하는 세계의 세계성은 앞의 세 가지의 의미와 다른 것인데,
이것은 현존재가 세계와 관계하고 있는 독특한 상황을 지칭하는 표
현이기 때문이다. 단순한 사물이나 세계내부적 존재자에게는 결코
세계성이 존재하지 않는다. 현존재만이 세계성을, 현존재가 있는 곳
에만 세계성이 있을 뿐이다.

하이데거는 이렇게 세계개념을 구분함으로써 전통적인 존재론이
제시하는 세계개념에 대한 비판을 전개한다. 우리가 일상생활에서
접하는 자연이라는 개념은 눈앞에 있는 존재자들의 전체로서 이해되
기 때문에 세계-내-존재로서의 현존재와 세계 사이에 놓여 있는 존
재론적 연관성을 드러내주지 못한다. 오히려 이러한 세계이해는 세
계를 탈세계화(Entweltlichung)하는 결과만을 초래하게 될 뿐이다. 종
래의 존재론은 세계를 공간개념에 근거해서 연장(res extensa)으로 규
정하는데, 이러한 세계이해는 인간의 존재특성을 사유(res cogitans)로
규정하는 것과 관련이 있으며 여기에서 현존재와 세계의 긴밀한 관
계는 왜곡될 수밖에 없던 것이다.

15절에서는 환경세계에서 만나는 존재자의 존재에 대해서 언급
하고 있다. 하이데거는 여기에서 일상적으로 가장 가까이에서 만나
는 존재자의 존재에 대해서 다루고 있다. 일상에서 현존재가 만나는
존재자들은 이론적인 인식의 대상이 아니라 구체적으로 현존재와 만

나는, 즉 현존재에 의해서 사용되는 존재자이다. 하이데거에 따르면 이러한 존재자들의 존재의미는 이전의 존재론에서 존재자를 막연히 사물(res)로 규정하고 그것의 사물성 또는 실재성을 열거하는 것을 통해서 드러나지 않는다. 존재자의 존재의미는 현존재와의 관계 속에서 언급되어야 한다. 왜냐하면 모든 존재자는 어떤 식으로든 현존재의 배려(Besorge) 속에 놓여 있기 때문이다. 예를 들면 다른 책과 달리 지금 책상 위에 놓여 있는 책은 내가 특정한 주제에 관한 글을 쓰면서 다른 책이 아니라 바로 이 책에 마음을 두기 때문에, 즉 이 책을 배려하기 때문에 존재의미를 갖게 되는 것이다. 눈앞에 있는 존재자는 단순한 사물이 아니라 현존재와 관계하고 있는 존재자인 것이다. 존재자와 현존재의 관계는 무미건조한 형식적인 관계가 아니라 자신들의 존재에 있어서 실천적이고 역동적인 관계를 유지하고 있다.

하이데거에 따르면 그리스인들은 존재자를 표현하는 적합한 용어를 가지고 있었는데, 그것은 프라그마타이다. 그러나 불행하게도 그리스인들은 이것의 존재론적인 특성을 애매하게 방치해버렸기 때문에 존재자를 단지 사물로 규정하게 된다. 존재자와 현존재의 관계는 여기에서 상실된다. 이와 달리 하이데거는 현존재와 관계하는 이러한 존재자에 대한 적절한 표현으로서 도구(Zeug)라는 용어를 사용한다. 도구는 존재론적으로 현존재가 만나는 존재자를 가리키는 용어이다. 하이데거는 철학적으로 보자면 다소 어색한 용어인 도구라는 표현을 사용하여 환경세계에서 만나는 존재자와 현존재의 긴밀한 관계를 존재론적으로 표현하고 있다.

도구는 현존재가 특정한 목적을 위해서 사용하는 것인데, 이것은 현존재와 관계하는 존재자를 지칭한다. 따라서 도구는 현존재와 관계없이 막연히 눈앞에 주어져 있는 사물들을 의미하지 않는다. 도구

는 사물이 현존재의 손안에 쥐어져서 구체적인 목적을 위해서 사용
되는 것이다. 하이데거에 따르면 현존재가 환경세계에서 존재자들을
적극적으로 만나는 방식이 바로 도구인 것이다. 현존재와 관계를 맺
는 모든 존재자들은 이러한 도구의 의미를 갖고 있다. 여기에서 주목
할 점은 이러한 도구는, 즉 현존재의 배려 속에서 특정한 용도로 사
용되는 존재자들은 서로 연관성을 갖고 있다는 점이다. 하이데거는
이 점을 다음처럼 지적하고 있다: "엄밀히 말하자면 하나의 도구는
존재하지 않는다. 도구의 존재에는 그때마다 언제나 도구전체가 속
해 있고, 이 도구전체 속에서 도구는 바로 도구로서 있을 수 있는 것
이다."^{>132} 펜과 잉크, 연필, 책상 등은 모두 글을 쓰는 작업을 위한 도
구로서 서로의 연관성 속에서 존재하는 것이다. 각각의 도구는 각각
의 용도로 사용하도록 지시되어 있다. 그러나 이처럼 다양한 도구들
이 갖고 있는 유용성, 편리성, 사용가능성은 모두 현존재가 무엇을 하
기 위한 목적에 기여하게 된다. 각각의 도구들은 서로 자신의 용도에
맞게 사용되지만, 이들은 모두 현존재에 의해서 사용된다는 점에서 서
로 연관관계를 갖고 있다. 현존재에 의해서 도구전체의 의미가 먼저
파악되고 그 위에서 개별적인 도구의 용도가 드러나게 되는 것이다.

　하이데거는 도구가 자신의 용도에 맞는 방식으로 드러나는 존재
양상을 도구성(Zuhandenheit)이라고 부른다. 어떤 식으로든 도구는
현존재에게 기여하는 특정한 용도를 위해서 사용되는 것이기 때문에
도구성이라는 용어는 하나의 존재자로서의 도구와 현존재의 긴밀한
존재론적 관계를 드러내준다. 하이데거의 말대로 우리가 단지 눈앞
에 있는 도구를 바라보기만 하는 방식으로는 주어진 도구의 도구성

>132　SZ, 68쪽.

을 발견할 수 없다.">133 이것은 존재자의 존재의미를 막연히 이론적인 태도로는 발견할 수 없다는 것을 지적해주는 것이다. 하이데거는 다음과 같이 말한다: "이러저러한 성질을 지닌 사물의 외관을 그냥 바라보기만 한다면 아무리 날카롭게 바라본다고 하더라도 도구존재자(das Zuhandene)를 발견할 수는 없다.">134 현존재는 자신의 존재를 위한 염려 속에서 그리고 존재자와 만나는 배려 속에서 존재자들의 적극적인 의미를 드러낸다.

하이데거는 이 절에서 두 가지 점을 강조하고 있는데, 그것은 첫째로 인식작용은 배려 속에 있는 도구존재자를 넘어서 눈앞에 있는 존재자에 관계한다는 것을 비판한다는 점이다. 둘째는 세계내부적인 존재자를 해석할 때에 이미 세계를 전제해야 한다는 점이다. 이것을 정리하면 세계내부적인 존재자를 모아놓는다고 해도 결코 그 총계로서 세계현상이 생기는 것이 아니라는 점이다. 하이데거는 이러한 주장을 통해서 이론적인 인식은 세계를 이미 전제하고 있다는 점, 인식에 대한 존재론의 중요성 그리고 근대적인 자연관에 대한 비판을 제시한다.

하이데거는 18절에서 도구존재자들의 적극적인 존재의미를 다루고 있는데, 이것은 결국 세계의 세계성을 다루는 것이기도 하다. 세계는 도구존재자 속에서 이미 개시되어 있다. 세계는 이미 우리가 도구존재자를 도구성 속에서 파악하게 하는 것이다. 따라서 세계의 의미를 파악하기 위해서는 이러한 도구들의 도구성의 의미를 파악하여야 한다. 하이데거에 따르면 각각의 도구존재자들은 도구로서 특정

>133 자연의 적극적인 의미도 자연을 단지 막연히 있는 존재자로서 간주하는 것을 통해서는 드러날 수 없다. 여기에서는 생동하고 있으며 우리를 매료시키는 존재자로서의 자연은 은폐되고 만다.

>134 SZ, 69쪽.

한 용도를 지시한다. 즉 각각의 도구는 무엇을 위한 유용성, 사용가능성을 지시하고 있다. 연필은 글을 쓰는 것을 그리고 망치는 못을 박는 것을 지시한다. 이러한 지시는 도구존재자가 갖고 있는 유용성을 의미한다.

하이데거는 도구존재자의 존재를 쓰임새(Bewandtnis)라고 부른다.[135] 쓰임새는 도구의 존재를 의미하는데, 이것은 도구존재자를 적절한 곳에 올바르게 사용하는 것을 가능하게 한다. 쓰임새는 다른 것이 아니라 '어떤 것을 가지고 어떤 경우에 적합하게 한다'는 의미를 함축하고 있다. 하이데거는 이러한 쓰임새를 다음과 같이 설명하고 있다: "쓰임새는 세계내부적인 존재자의 존재이며 그 쓰임새를 근거로 해서 그 존재자는 그때마다 이미 우선 개시되어 있는 것이다. 세계내부적인 존재자는 존재자로서 그때마다 쓰임새를 갖고 있다. 존재자가 어떤 쓰임새를 갖는다는 것은 이러한 존재자의 존재에 대한 존재론적 규정이지, 존재자에 대한 존재적 서술이 아니다. 존재자가 어디에 쓰임새를 갖는다는 것은, 유용성의 '어디에', 즉 사용가능성의 '무엇에'인 것이다. 유용성의 '어디에'는 다시 자신의 쓰임새를 가질 수 있다. 예컨대 망치질 때문에 우리가 망치라고 부르는 도구존재자는 망치질에 그 쓰임새를 갖고 있는 것이고, 망치질은 고정시키는 데에 그 쓰임새를 가지며, 이 고정시키는 것은 비바람을 막는 데 그 쓰임새를 갖고 있다."[136]

현존재의 존재가 실존이라고 한다면 도구존재자의 존재는 쓰임새라고 할 수 있다. 쓰임새라는 용어는 도구존재자들이 서로 배타적

---

[135] 독일어 Bewandtnis는 쓰임새라고 번역할 수도 있고 적재적소성이라고도 번역할 수 있다.

[136] SZ, 84쪽.

으로 존재하는 것이 아니라 연관성 속에서 존재한다는 것을 말해준
다. 하이데거에 따르면 이러한 존재자들의 쓰임새는 전체적으로 연
결되어 있다.

그러나 이러한 존재자의 쓰임새는 궁극적으로 존재자 자체가 갖
고 있는 것이 아니라는 점을 주목해야 한다. 하이데거는 여기에서 쓰
임새가 현존재의 존재에 관계하는 것이라고 강조하는데, 이런 점에
서 보면 도구존재자들의 궁극적인 존재의미는 현존재의 존재에 기여
한다는 데 있다. 여기에서 세계의 궁극적인 의미는 다른 것이 아니라
현존재의 한 존재특성이며, 현존재는 도구존재자를 만나고 이것을
적절한 곳에 올바르게 쓰이게 하는 현상인 것이다. 하이데거는 이 점
을 다음과 같이 말하고 있다: "존재자를 쓰임새라는 존재양식에서
만나게 하는 기반, 즉 자기 지시적 이해가 행해지는 거기가 다름 아
닌 세계라는 현상인 것이다.">137

하이데거는 세계 안에서 이러한 도구존재자들이 올바르게 쓰일 수
있는 가능성을 가리켜서 발굴성(Entdecktheit)이라고 부른다. 발굴성이
라는 말은 도구존재자의 존재, 즉 그 쓰임새는 현존재에 의해서 발견
될 때에만 그 적극적인 의미를 가질 수 있기 때문에 붙여진 이름이다.

현존재는 도구존재자를 그에 알맞은 적절한 곳에 쓰이게 지시하
는데, 이러한 작용이 유의미화의 작업이다. 현존재는 자신이 세계-
내-존재라는 사실에 근거해서 도구존재자들의 존재를 발굴해내는
데, 하이데거는 이러한 유의미화의 작업이 현존재의 존재와 존재가
능을 이해하게 한다는 점을 강조한다. 현존재는 이런 유의미화의 작
업을 통해서 자신이 세계-내-존재라는 것을 선행적으로 이해할 수

>137 SZ, 86쪽.

있는 것이다. 현존재는 도구존재자를 자신이 무엇을 할 때에 적절하게 쓰이도록 의미화하는 작업을 한다. 하이데거는 이러한 유의미화의 작업전체를 가리켜서 유의미성(Bedeutsamkeit)이라고 부른다. 그에 따르면 "유의미성은 세계의 구조, 즉 현존재가 현존재로서 그때마다 이미 그 안에 존재하는 그런 세계의 구조를 형성하는 것이다. 현존재는 스스로 유의미성과 친숙하다는 점에서 존재자가 발견될 수 있는 가능성의 존재적 조건인 것이다."[138] 이러한 도구전체의 유의미성이 하이데거가 밝혀내려는 세계의 세계성인 것이다.

하이데거는 19절부터는 유의미성을 세계의 세계성으로 규정하고 이러한 세계이해를 데카르트의 세계해석과 비교해서 논의하고 있다. 데카르트의 세계개념을 요약하고 그것의 존재론적 전제를 비판적으로 밝혀내고 있다. 하이데거는 데카르트가 세계의 존재론적 근본규정을 연장(extentio)으로 보는 것을 비판하고 있다.[139]

데카르트는 세계를 순수하게 물질적인 사물로 이해한다. 우리가 흔히 자연이라고 부르는 세계는 다른 것이 아니라 물질들전체를 의미할 뿐이다. 이러한 견해는 생각하는 자아(ego cogito)와 물체적 사물(res corporea)을 구분하고 있는 데카르트에게는 당연한 것이다. 데카르트는 전통적으로 이어져온 정신과 물질의 대립을 극단화시켰는데, 이러한 작업은 정신과 자연, 영혼과 육체의 구분을 확고하게 하는 결과를 초래하게 된다.[140]

하이데거에 따르면 데카르트가 자신의 존재론을 이렇게 이분법

---

[138] SZ, 87쪽.
[139] 하이데거에 따르면 세계는 인간인 현존재와 배타적인 관계를 갖고 있는 것이 아니라 긴밀한 관계를 갖고 있다. 하이데거는 그런 점에서 세계는 현존재의 한 특성이라고까지 말하는데, 이런 점이 하이데거로 하여금 데카르트의 세계개념을 비판하게 한다.

적으로 설정하게 된 근본적인 이유는 그가 존재자의 존재를 실체
(substantia)라고 생각했기 때문이다.〉**141** 이것은 데카르트뿐만 아니라
이전으로 거슬러 올라가 보면 전통적인 존재론의 출발점으로도 작용
했는데, 여기에서 존재자의 존재는 단지 실체성으로 해석되었다. 실
체는 어원적으로 보면 존재하기 위해서 아무것도 필요로 하지 않는
독립적인 것을 의미한다. 즉 실체는 스스로 존재하며 배타적인 특성
을 갖고 있다. 하이데거는 이러한 실체개념을 다음과 같이 설명하고
있다: "실체의 존재특징은 일종의 불필요성이다. 자기의 존재에 있
어서 단적으로 다른 어떤 존재자를 필요로 하지 않는 것 그것이 실체
라는 이념의 본래적 의미를 충족시킨다."〉**142** 데카르트는 정신과 물질
이라는 개념을 두 개의 실체로 규정하는데, 여기에서 이 두 실체는
서로 배타적인 대립관계에 놓이게 될 뿐이다.

　하이데거는 20절에서 데카르트가 세계의 의미를 실체개념에 근
거해서 제시한다는 점을 지적하고 있다. 세계에 존재하는 모든 존재
자는 실체로 규정된다. 그러나 하이데거는 데카르트가 이러한 세계
관에 사로잡혀 있었기 때문에 중세적인 존재론보다 뒤떨어진다고 지
적한다. 중세의 존재론에서는 '신이 있다', '세계가 존재한다'라는
표현에서 공통적으로 언급되는 '있음' 또는 '존재'를 동일한 의미로,
일의적인 것으로 받아들이지 않았기 때문이다. 특히 중세의 스콜라

>140　초기의 그리스철학에서는 이러한 이분적인 구분이 엄격히 행해지지는 않는다.
특히 고대 그리스의 자연개념은 근대의 자연개념과는 전적으로 구분되는 것이다.
>141　플라톤의 이데아와 달리 세계가 우시아로 이루어졌다고 생각하는 아리스토텔
레스의 입장도 이러한 실체관에 힘입고 있음을 부인하기는 어렵다.
>142　SZ, 92쪽. 이러한 실체관은 결국 인간(주관)도 하나의 실체로 가정하게 하며 이
것은 인간중심주의를 초래하게 되는 역할을 한다.

철학은 존재라는 말이 지닌 다양한 의미를 구별해서 유비적으로 파악하려고 했는데, 하이데거에 따르면 아리스토텔레스에서 유래된 이러한 구분은 데카르트에서는 찾아볼 수는 없는 것이다.

그러나 하이데거는 중세의 존재론이나 데카르트의 존재론 모두 존재 자체가 무엇인지에 대해서 적극적으로 물음을 제기하지는 못했다고 비판한다. 하이데거는 그 이유가 존재의미를 너무나 자명한 것으로 받아들였기 때문이라고 이해한다. 또한 존재에 대한 칸트의 언급, 즉 '존재는 실제적인 술어가 아니다'라는 칸트의 주장도 하이데거에 따르면 데카르트의 주장을 반복한 것에 불과한 것이다. 여기에서 철학은 존재에 대한 올바른 물음을 망각하고 단지 실체에 근거한 존재론을 구축하게 되는 것이다. 여기에서 존재는 전적으로 실체성으로 환원될 뿐이다.

21절에서는 세계에 대한 데카르트의 존재론적 이해가 갖고 있는 문제점을 지적한다. 하이데거는 정신과 물질을 배타적인 실체로 파악하는 데카르트의 존재론이 세계라는 현상을 존재론적으로 해석하는 작업을 불가능하게 한다고 비판한다. 데카르트는 연장으로서의 세계에 접근할 수 있는 유일한 통로가 인식작용이라고 간주한다. 인식작용은 존재하는 세계를 파악하는 유일한 방식인 것이다. 이러한 인식작용은 세계가 항상 그것으로 있는 바의 것, 즉 부단한 현전일 뿐이라고 규정한다. 데카르트에게 존재는 부단히 영속적으로 존재하는 것이다. 그러나 여기에서 세계내의 존재자를 그 존재에 있어서 이해할 수 있는 가능성을 상실하게 된다. 이것은 하이데거에 따르면 실체관에서 이끌어진 당연한 세계관이다. 데카르트의 실체적 존재론은 존재를 다른 것이 아니라 영속적인 현전성(ständige Vorhandenheit)으로 규정할 뿐이다. 하이데거는 이러한 데카르트의 존재론이 가진 문제점을 다음과 같이 비판한다: "그러나 존재를 영속적인 현전성으로 보는 이념은 세계내부적 존재자의 존재를 극단적으로 규정하는 계기가 되며 또 이 존재를 세계 일반과 동일시하는 계기가 될 뿐만 아니라 동시에 이 존재이념은 현존재의 태도를 존재론적으로 적절하게 시야 속에 끌어들여 오는 것을 방해한다. 그러나 이를 통해서 감각적인 분별과 지성적인 분별은 모두 세계-내-존재에 근거한다는 특성을 알고 이 양자를 세계-내-존재의 한 가능성으로서 이해하는 길은 완전히 차단되어버리고 만다. 현존재의 근본틀에는 세계-내-존재가 속함에도 불구하고 데카르트는 그러한 현존재의 존재를 연장의 존재를 파악하는 것과 동일한 방식으로 실체로서 파악하는 것이다."[143]

이처럼 데카르트의 존재론은 현존재의 근원적인 존재론적 문제성을 드러내지 못하고 세계라는 현상을 왜곡하게 되고 세계의 존재론은 특정한 세계내부적인 존재론으로 만들어버린다.

하이데거는 22절에서 세계내부적 존재자의 공간성에 대해서 언급하고 있다. 여기에서 그는 현존재와 도구존재자가 공간적으로 어떤 관계를 갖고 있는가를 다루고 있다. 도구존재자는 다른 존재자, 즉 막연히 있는 존재자(das Vorhandene)보다 더 먼저 그리고 더 가까이서 만나는 존재자이다. 막연히 있는 존재자와는 달리 우리가 일상적인 교제(Umgang) 속에서 만나는 도구존재자는 가까움(Nähe)이라는 공간적 특성을 갖고 있다. 도구, 즉 도구존재자의 가까움은 이미 이 존재자의 존재특성, 즉 도구성이라는 말 속에 놓여 있기도 하다. 도구존재자의 도구성(Zuhandenheit)은 어떤 것이 '손안에 있음'을 뜻하는 zuhanden이라는 독일어와 연결되어 있다.[144] 그러나 도구존재자의 이러한 가까움은 단순하게 일상적인 의미에서의 공간적인 가까움만을 의미하지는 않는다. 도구존재자의 가까움은 현존재의 배려 속에 특정한 존재자가 놓여 있다는 점을 부각시키기 때문이다. 만약에 내가 지금 책상 바로 위에 있는 책이 아니라 옆의 책장에 있는 책을 응시하고 그것에 관심을 갖게 되면 그 책장의 책은 도구존재자로서 존재의미를 드러내게 되고 지금 책상 위에 놓여 있는 책보다 더 '가까이' 있다고 말할 수 있기 때문이다.

23절에서는 세계-내-존재의 공간성이 다루어지고 있다. 현존재의 공간성은 막연히 있는 존재자나 도구존재자의 공간성과는 구분되어야 한다. 막연히 있는 존재자와 도구존재자는 세계내부적으로 만나는 존재자의 존재양식을 지니기 때문이다. 하이데거는 이러한 현존재의 공간성을 거리-제거(Ent-fernung)와 방향엶(Ausrichtung)이라고 부르고 있다. 현존재는 사물들이 단지 막연히 있는 존재자로 머무는 것을 넘어서 그것이 현존재의 구체적인 배려 속에서 도구존재자로 되게 한다. 이때에 현존재는 막연히 있는 존재자에게 놓여 있는 그러한 거리감과 단절감을 제거하면서 세계를 도구전체성 속에서, 유의미성 속에서, 즉 그 쓰임새 속에서 받아들이면서 그 안의 존재자에게 좀 더 친밀하고 가깝게 다가간다. 현존재에게는 가까움을 지향하는 본질적인 성향이 깃들어 있기 때문이다. 그러나 이러한 거리-제거라는 현존재의 공간성은 존재자들이 서로를 배제하고 이탈시키는 거리두기(Entfremdung)와는 구분해야 한다.[145] 하이데거는 이 점

>144 여기에서 도구존재자(das Zuhandene)를 손안존재자라고도 번역할 수 있을 것이다. 이것은 존재자가 현존재와의 관계 속에서 적극적으로 만나고 있음을 지칭하는 표현이다. 이에 반해 막연히 있는 존재자라는 표현은 현존재와 존재자가 형식적으로 또는 소극적으로 관계함을 의미한다.

에 대해서 다음과 같이 기술하고 있다: "우리가 오늘날 많든 적든 간에 불가피하게 참여하고 있는 모든 종류의 속도의 상승은 거리두기를 극복하는 것이다. 예를 들면 현존재는 오늘날 라디오를 가지고 그 현존재적 의미를 미처 짐작할 수 없을 만큼 일상적인 환경세계를 확대하는 방법으로 세계의 거리를 제거하고 있다."[146]

현존재의 방향엶은 현존재가 거리를 제거할 때 막연하게 존재자와의 거리를 제거하는 것이 아니라 그때마다의 방향성을 두고서 다가가는 특성을 드러내준다. 이러한 방향엶은 우리가 일상생활에서 왼쪽 또는 오른쪽이라고 방향을 정하는 것을 가능하게 해준다. 즉 왼쪽과 오른쪽이라는 방향은 현존재가 지닌 거리-제거에 근거한 방향엶에서 비로소 유래하는 것이다. 하이데거는 이 점을 다음과 같이 설명하고 있다: "왼쪽, 오른쪽으로 방향이 정해져 있다는 것은 현존재 일반의 본질적 방향엶에 근거하며 이러한 방향엶은 그것대로 본질적으로 세계-내-존재를 통해서 함께 규정된다."[147] 하이데거에 따르면 이러한 방향엶은 거리-제거처럼 세계-내-존재의 존재양상으로서 세계내부적인 존재자와의 관계를 긴밀하게 해주는 역할을 한다.

하이데거는 24절에서 철학의 중요한 개념인 공간에 대해서 언급하고 있다. 현존재는 거리-제거와 방향엶이라는 방식으로 공간적으로(räumlich) 존재한다. 현존재는 세계-내-존재로서 세계내부적인 존

[145] 이 점에서도 잘 드러나듯이 하이데거는 전통철학에서 사용된 일반적인 개념들을 거부하여 독특한 표현들을 만들어 사용하는데, 이것은 하이데거의 독창성을 나타내주며 동시에 하이데거철학의 난해함을 드러내기도 한다. 이러한 하이데거의 입장은 오늘날 정보화사회와 인터넷문명 속에서 사람들의 관계가 가까워짐에도 불구하고 일어나는 소외현상에 대한 지적이라고 이해할 수 있다.

[146] SZ, 105쪽.

[147] SZ, 109쪽 이하.

재자들에게 공간성을 부여한다. 하이데거는 현존재와 이러한 공간의 관계에 대해서 다음과 같이 언급하고 있다: "공간이 주관 안에 있는 것도 아니고, 세계가 공간 안에 있는 것도 아니다. 현존재를 구성하는 세계-내-존재가 공간을 개시한 이상, 공간은 오히려 세계 안에 있는 것이다. 공간이 주관 안에 있는 것도 아니고 주관이 세계를 마치 공간 안에 있는 듯이 관찰하는 것도 아니며, 존재론적으로 충분히 이해된 주관, 즉 현존재가 근원적 의미에서 공간적인 것이다. 그리고 현존재가 앞서 말한 방식으로 공간적이기 때문에 그 공간은 아프리오리로서 드러난다."[148]

하이데거의 이러한 공간 해석에 따르면 근대철학의 배경을 제공하는 절대공간이라는 개념은 받아들일 수 없는 것이다. 왜냐하면 이것은 공간의 공간성에 대한 존재론적 해석의 결여에서 나오는 것이며 세계-내-존재로서의 현존재의 공간성(거리-제거와 방향엶)을 올바르게 파악하지 못한 데서 오는 것이기 때문이다. 이것은 공간이 세계라는 현상을 구성해내는 것이 아니라 공간은 현존재의 한 특성인 세계에 환원시켜서 비로소 파악할 수 있다는 것을 말해준다. 공간은 세계를 근거로 해서만 비로소 발견될 수 있을 뿐이다. 공간은 현존재 자신의 공간성에 근거해서 구성되는 것이며 그렇기 때문에 공간전체가 세계를 의미하지 않는다. 여기에서 하이데거는 공간이 데카르트의 실체로서의 연장개념에 관계하거나 칸트에서처럼 직관형식(Anschauungsform)으로 이해되는 것이 아니라 현존재가 세계내부에서 존재자와 관계할 때 비로소 생겨나는 것이라는 점을 지적한다.

[148] SZ, 111쪽.

4) 상호존재와 일상인

하이데거는 세계-내-존재로서의 현존재는 근대적인 주관처럼 혼자 있는 것이 아니라 다른 존재자, 즉 다른 현존재와 함께 살아가는 상호존재라는 점에 주목한다. 인간은 로빈슨 크루소처럼 혼자서 살아가는 존재자가 아니라 어떤 식으로든 타인과 함께 살아가는 존재이기 때문인데, 여기에서 현존재가 일상성 속에서 어떤 모습을 드러내는가를 살펴보는 것이 필요하다. 하이데거는 현존재의 일상성을 일상인(das Man)이라는 용어를 통해서 기술하고 있다. 하이데거는 이를 통해서 현존재가 과연 누구인가라는 물음에 대한 답변을 제시한다.

25절에서는 현존재는 누구인가는 물음 — 이것은 사실 현존재분석론이 제기하는 궁극적인 물음인데 — 에 대한 실존론적인 토대를 제시하고 있다. 우리는 현존재는 누구인가라는 물음에 대한 답변을 앞서 언급한 현존재는 그때마다 나 자신인 존재, 즉 현존재의 각자성에서 우선적으로 찾아볼 수 있다. 각자성은 현존재가 다른 어떤 사람일 수 없는 존재자, 즉 자기 자신이라는 것을 말해준다. 현존재는 실존에 있어서 타인이 아니라 자신의 실존에 관심을 갖고 있다는 것을 말해준다. 또한 각자성은 끊임없이 변하는 삶의 상황 속에서 부단히 자신의 존재에 대한 관심을 가져야 한다는 것을 말해준다. 그러나 하이데거는 일상적인 현존재는 항상 자기 자신으로 있지 않을 수도 있다는 점을 여기에서 언급하고 있다. 앞에서 하이데거는 현존재가 실체처럼 불변하고 영속적인 것이 아니라는 점을 강조하였는데, 이것은 달리 보면 현존재가 얼마든지 다양한 모습으로 변할 수 있다는 것을 의미한다. 인간이라는 존재는 항상 자신의 본질적인 모습을 드러내지 않을 수도 있다. 이러한 사정은 우리의 일상생활을 살펴보면 잘 알 수 있다. 삶의 도상에서 자신의 존재를 지키기 위해서 타인을 희생시키려 하고 심지어는 자기 자신을 파국의 상황으로까지 몰고 가는 일들이 곳곳에서 벌어지기 때문이다. 이런 점에서 현존재의 본래적인 모습뿐만 아니라 일상 속에서 드러나는 모습을 현상학적으로 탐구해볼 필요가 있다. 하이데거에 따르면 이러한 현존재의 일상적인 모습은 현존재의 존재와 전혀 관계가 없는 것이 아니라 현존재의 자기상실성(Selbstverlorenheit)을 말해주는 것이다.>149

하이데거는 26절에서 세계-내-존재로서의 현존재는 다른 현존재와 만나면서 존재한다는 것을 강조하고 있다. 하이데거는 이 점을 다음과 같이 언급하고 있다: "세계-내-존재의 해명을 통해 드러난 바에 의하면 세계 없는 단순한 주관은 존재하지도 않고 결코 주어져 있지도 않다. 마찬가지로 결국 타자 없이 고립된 자아도 우선 주어져 있지 않다."<150 현존재는 세계 속에서 존재하는데, 이때의 세계는 나만을 위한 세계가 아니라 타자와 함께 살아가는 세계인 것이다. 그런 점에서 타자는 나의 현존재만큼이나 존재의미를 지녀야 할 것이다. 이러한 타자는 비현존재적인 존재자가 아니다. 하이데거는 다음과 같이 말한다: "이 존재자〔타자〕는 도구나 사물일반과 구분될 뿐만 아니라 그 존재양식에 있어서 그 자신 세계-내-존재의 방식으로 현존재로서 세계 내에 있으며, 그 세계 내에서 동시에 세계내부적 존재자를 만나는 것이다. 이 존재자는 막연하게 있는 것도 아니고 도구적으로 있는 것도 아니며 발굴하는 현존재 자신과 마찬가지로 그렇게 존재한다. 이러한 존재자는 존재하고, 그리고 함께 거기에 있다."<151

>149 SZ, 116쪽.
>150 SZ, 116쪽.
>151 SZ, 118쪽.

이러한 하이데거의 언급은 타자의 존재에 대한 적극적인 승인과 긍정을 의미하는데, 이것은 현존재분석이 타자의 승인의 문제를 중요하게 생각한다는 것을 말해준다. 이러한 타자의 존재에 대한 논의는 현대철학의 전개에 있어서 많은 철학자들이 관심을 두는 주제이다.

하이데거에 따르면 타자에 대한 승인은 세계가 유아론적인 것이 아니라 그때마다 이미 언제나 내가 타자들과 함께 교류하는 그런 세계라는 것을 말해준다. 이런 이유에서 하이데거는 세계는 다른 것이 아니라 상호세계(Mitwelt)라고 부르고 있다. 이러한 세계에 존재하는 현존재는 또한 상호존재(Mitsein)인 것이다. 세계는 나와 타자의 세계인 것이며 우리는 이러한 세계 속에서 다른 현존재와 함께 살아가는 것이다. 현존재는 타자와의 관계 속에서 살아가는 존재자인 것이다. 이 점을 하이데거는 다음과 같이 말하고 있다: "타자의 이 상호현존재가 현존재에게 또 상호현존재하는 것들에게 세계내부적으로 개시된 것은 현존재가 본질적으로 그 자체로 상호존재이기 때문이다."[152]

타자에 대한 이러한 이해는 후설의 타자이해 또는 주관성철학에서의 이해와는 구분된다. 이 점은 하이데거의 다음과 같은 언급에서 잘 알 수 있다: "타자에 대한 존재는 물론 막연하게 있는 사물에 대한 존재와는 존재론적으로 다르다. 다른 존재자(das andere Seiende)는 그 자신 현존재의 존재양식을 지니고 있다. 따라서 타자들과 함께 있고 또 타자들을 대하고 있음으로 해서 현존재에 대해 현존재가 갖는 존재관계(Seinsverhältnis)가 있게 된다. 그러나 이러한 관계는 현존재가 자기 자신에 대한 존재이해를 가지고 있고 그래서 현존재에 대해

[152] SZ, 120쪽. 하이데거의 이러한 주장은 우리가 일상생활 속에서 타인을 좀처럼 배려하지 않고 자신의 존재만을 위해 살아가는 모습에 대한 비판을 제기하는 것이라고 해석할 수 있을 것이다.

태도를 취하고 있으므로 그때마다 자기의 현존재에 대해 이미 구성적이라고 사람들은 말할 것이다. 그렇게 되면 타자들을 대하는 존재관계는 자기 자신을 대하는 자기의 존재를 타자들에게 투영시키는 것이 된다. 타자는 자신의 복사(eine Dublette des Selbst)인 것이다.">[153]

이렇게 타자의 중요성을 강조하는 하이데거의 철학은 흔히 타자의 철학을 전개했던 레비나스의 철학과 연결된다.>[154] 레비나스는 서양철학의 역사를 자아의 철학으로 규정하고 비판한다. 그에 따르면 이러한 자아의 철학은 자아의 우월성에 집착한 나머지 극단적인 이기주의로 나아가게 되었으며 여기에서 타자에 대한 배려와 타자에 대한 적극적인 관심이 상실되어버린다. 유대인으로서 유대교의 전통 속에서 타자의 철학을 전개했던 레비나스는 인간의 실존을 강조했던 사르트르의 실존주의도 자아의 철학의 변형물에 불과할 뿐이라고 비판한다.>[155] 개인의 실존과 자유 그리고 선택과 책임을 강조하는 사르트르의 실존주의는 소크라테스 이래로 전개된 자아의 철학의 연장선상에 놓여 있을 뿐이다. 이러한 자아의 철학은 타자를 모두 자아의 입장에서 이해할 뿐이다. 그것은 마치 모나드적인 자아가 창이 없기 때문에 타자의 세계와 관계할 수 없듯이 폐쇄적인 것이다. 이처럼 모나드적인 자아에 집착하는 서양철학은 당연하게 타자의 존재와 타자에 대한 배려를 논의할 수 없었던 것이다.

타자의 존재는 결코 자아에 비추어서 유비적으로 설명될 수 없는

>[153] SZ, 124쪽.

>[154] 데리다 같은 철학자도 차별성에 대한 탐구를 통해서 동일성에 근거해서 전개된 서양 형이상학의 해체를 시도한다. 이처럼 현대철학자들이 타자의 존재에 관심을 갖게 된 데에는 하이데거의 영향을 간과할 수는 없을 것이다.

>[155] Bernhard Taureck, *Levinas zur Einführung*, Hamburg 2000, 27쪽.

것이다. 레비나스는 이런 점에서 현대의 포스트모던적인 경향을 대변하는 주체의 해체를 예고하고 있다. 레비나스에 따르면 타자의 존재는 추상적인 이해를 통해서 가능한 것이 아니다. 레비나스는 고통받는 타자의 얼굴을 예로 들면서 타자의 승인이나 이해가 결코 추상적인 것일 수 없다는 것을 강조하고 있다. 이러한 점은 하이데거가 현존재를 상호현존재로 규정하는 것과 긴밀한 연관성을 갖고 있다.

하이데거에 따르면 세계는 현존재의 본질, 즉 실존을 수행하는 데 중요한 역할을 하는데, 여기에서 다시 한 번 세계는 단순히 막연하게 있는 존재자나 도구존재자들의 집합체가 아니라는 점을 확인할 수 있다. 세계는 세계내부적으로 만나는 존재자를 도구존재자로서 발굴해낼 뿐 아니라 현존재가 상호현존재라는 점을 드러내준다.

타자에 대한 이해와 배려는 인식을 통해서 이루어지는 것이 아니라 인간이 현존재할 때부터 주어지는 것이다. 하이데거는 다음과 같이 말한다: "타자에 대한 존재는 고유하고 환원할 수 없는 존재관계(Seinsbezug)일 뿐만 아니라 이 존재관계는 상호존재로서 이미 현존재의 존재와 함께 있다."[156] 이 같은 언급을 통해서 하이데거는 타자와의 만남은 현존재의 숙명, 인간의 숙명이라는 것을 드러내주고 있다. 현존재는 세계-내-존재로서 상호존재라는 존재양식을 지닐 수밖에 없는 것이다.

하이데거는 27절에서 이러한 상호존재로서의 현존재가 타인들과의 만남 속에서 어떻게 자신의 모습을 드러내는가를 분석하고 있다. 아마도 이 절은 하이데거의 철학이 실존철학이라는 점을 잘 드러내주고 있는 곳이라고 할 수 있을 것이다. 앞 절에서는 현존재가 근대

---

[156] SZ, 125쪽.

적인 주관처럼 세계 내에서 고립되어 존재하는 것이 아니라는 측면
을 강조한 데 반해서 이 절에서는 현존재가 그런 타인과의 관계 속에
서 어떤 식으로 자신의 존재를 드러내는가, 자신의 존재를 경험하는
가를 논의하고 있다.

상호존재인 현존재는 타인들과 함께 있을 때 항상 타인들을 신경
쓰게 된다. 예를 들어 집에서 혼자 있을 때에는 타인들의 존재를 의
식하지 않아도 되기 때문에 타인과의 차이에 관심을 두지 않는다. 심
지어 자신의 존재까지도 별로 관심을 갖지 않을 것이다. 그러나 타인
을 만나게 되면 어느 순간에 그 타인의 존재를 의식하게 되고 자신의
존재와 타인의 존재 사이에 놓여 있는 차이에 대해서 신경을 쓰게 된
다. 나는 타인과 다르다는 점을 자각하고 타인과 나 사이에 놓여 있
는 근원적인 차이점을 강조하게 된다. 어떤 식으로든 타인의 옷차림,
말투와 행동에 대해서 주목하게 되고 그리고 그것들을 자신의 것과
비교하게 된다. 현존재는 상호존재로서 타인과의 차이에 적극적으로
관심을 갖게 되는 것이다. 하이데거는 이 점을 다음과 같이 설명하고
있다: "타자들과 함께, 타자들을 위해, 타자들과 대립해서 사로잡힌
것을 배려함 속에서 사람들은 늘 타자들과의 차이에 마음을 쓰게 된
다. 그것은 단지 타자들과의 차이를 없애기 위한 것이기도 하고 자기
의 현존재를 — 타자에 뒤떨어져 있기 때문에 — 타자들과의 관계에
서 끌어 올리려고 하는 것이기도 하며, 자기의 현존재가 타자들보다
우월해서 그들을 억누르려고 하는 것이기도 하다. 서로함께있음(Mit-
einandersein)은 — 자기에게 감추어져 있지만 — 이런 차이에 대한 관
심으로 인해 불안해 한다. 실존론적으로 표현하자면 상호존재는 차
이성이라는 특성을 갖고 있다. 이 존재양식이 일상적 현존재 자신에
게 눈에 띄지 않으면 않을수록 그 존재양식은 더욱더 집요하고 근원

적으로 작용한다."[157]

그러나 여기에서 주목할 것은 현존재와 타자 사이에 놓여 있는 이러한 차이성이 현존재의 존재를 위협할 수도 있다는 점이다. 하이데거는 앞에서 현존재가 상호존재라는 점을 강조하면서 인간이 타자와 올바른 관계를 유지하면서 살아갈 수 있는 가능성을 언급했지만, 지금은 오히려 타자 때문에 현존재가 자신의 존재를 잃어버릴 수 있음을 지적한다. 실제적인 현존재와 타자와의 관계는 마치 홉스가 주장한 것처럼 '인간은 인간에 대한 늑대'(homo homini lupus)의 관계일 수 있기 때문이다. 즉 현존재는 타자와의 차이성에 너무 집착한 나머지 타자들에게 종속될 수도 있다. 현존재는 타자와의 차이성을 극복하는 데에만 사로잡혀 자신을 잃어버리게 될 수 있을 것이다.

하이데거의 이러한 주장은 현대의 대중사회가 갖고 있는 부정적인 점들을 잘 드러내주고 있다. 우리는 대중 속에서 익명성을 갖게 되고 좀처럼 자신의 존재에 대해 신중하게 성찰하지 않고 무책임하게 되는 경향이 있기 때문이다. 인간은 다수의 대중들 속에서 집단행동에 쉽게 사로잡히게 되고, 자기를 상실해버리고 특정한 개인에 대한 폭력성과 광기를 드러낼 수 있기 때문이다. 현대에는 개인들의 삶이 점점 더 집단화, 획일화, 대중화되는데, 여기에서 타자들의 획일적인 의도가 개인들의 삶을 지배하고 통제할 수 있기 때문이다. 하이데거는 타자와의 관계 속에서 발생하는 개인들의 변질을 다음과 같이 기술하고 있다: "사람들 자신이 타자들에 종속되어, 그 타자들의 힘을 강화하고 있다. 타자들이란 자기가 본질적으로 그들에게 귀속되어 있음을 감추기 위해 사람들이 부르는 명칭이지만 사실은 그 타자들은 일상적인

---

[157] SZ, 126쪽.

상호존재에 있어서 우선 대개 현존재하는 사람들이다. 그 '누구' 는 이 사람 저 사람이 아니고 사람 자신이나 몇몇 사람도 모든 사람의 총계도 아니다. 그 누구는 중성적인 것, 일상인(das Man)이다."¹⁵⁸

하이데거는 일상성 속에서 변해버린 현존재를 일상인이라고 부른다. 그에 따르면 현존재는 누구나가 쉽게 일상인으로 전락할 수 있다. 하이데거는 일상인의 특성을 다음과 같이 설명한다: "우리는 일상인이 즐기듯이 즐기고 만족스러워하며 일상인이 보고 판단하듯이 문학과 예술에 관해 우리도 읽고 보고 판단한다. 일상인이 물러서듯이 우리도 많은 무리들로부터 물러서고 일상인이 화를 내듯이 우리도 화를 낸다. 일상인은 특정한 사람이 아니며 총계라는 의미에서가 아닌 모든 사람인 것이다. 이러한 일상인은 일상성의 존재양식을 규정하는 것이다."¹⁵⁹

일상인은 타자와의 차이성을 극복하고 넘어서려는 경향을 지니고 있는데, 이러한 일상인의 존재특성은 평균성(Durchschnittlichkeit)이라고 부를 수 있다. 일상인은 타인들이 자신보다 우월한 것을 어떤 식으로든 제거하려는 경향을 갖고 있다. 예를 들면 자신이 다른 사람보다 경제적인 능력이 없으면 어떤 식으로든 그 사람들을 비난하게 된다. 다른 사람이 자신보다 뛰어난 외모나 능력을 지니고 있으면 그것을 시샘하고 그들의 장점을 깎아내리려고 한다. 현존재는 일상 속에서 함께 살아가는 타인의 존재를 나와 똑같이 만들어버리려는 성향을 갖고 있기 때문이다. 이러한 일상인의 평균성 속에서 "모든 근원적인 것은 하룻밤 사이에 오래전부터 알려진 것으로 세속화되고

>158 SZ, 126쪽.
>159 SZ, 126쪽 이하.

어렵게 얻어진 모든 것은 다루기 쉬운 것으로 되어버린다. 모든 비밀은 그 힘을 잃어버린다."[160] 하이데거는 이러한 일상인의 성향을 평탄화(Einebnung)라고 부른다. 모든 개별적이고 은밀한 차이성들을 평탄화하는 것은 일상인의 삶의 방식인 것이다.

또한 앞에서 말한 차이성, 평균성, 평탄화는 흔히 대중 속에서 구축되는 공공성(Öffentlichkeit)이라는 것을 만들어낸다. 하이데거는 이러한 공공성이라는 용어를 통해서 대중사회에 대한 비판을 전개한다. 그는 이러한 공공성이 사물의 진실한 모습과 진실한 가치를 부정하게 하고 우리의 통찰을 혼란스럽게 한다고 주장한다. "공공성은 일체를 흐르게 하고 그렇게 해서 은폐된 것을 알려진 것, 누구에게나 접근할 수 있는 것으로 드러낸다."[161]

일상인의 차이성, 평균성과 평탄화에 근거한 공공성은 우리로 하여금 자신들의 삶에 신중하지 않게 하고 자신의 존재의미를 숙고하지 않게 하면서 자신에 대한 책임을 망각하게 한다. 하이데거는 이 점을 다음과 같이 지적한다: "일상인은 도처에서 막연하게 있지만 현존재가 결정해야 할 때는 언제나 도망쳐버리고 만다. 그러나 일상인은 모든 판단과 결단을 미리 주기 때문에 그때그때의 현존재에게 책임을 면제해준다. 일상인이 언제나 사람들을 증인으로 끌어들이는 것을 일상인은 말하자면 수시로 행하고 있다. 어떤 것에 대해 아무도 책임질 필요가 없기 때문에, 일상인은 아주 쉽게 모든 것에 대해서 책임질 수 있다. 일상인은 언제나 책임져야 할 사람이었지만 그런 사람은 아무도 없다라고 말하게 된다. 현존재의 일상성에서 일어나는

>160 SZ, 127쪽.

>161 SZ, 127쪽.

일의 대부분은 책임질 사람이 아무도 없었다고 말할 수밖에 없는 일상인에 의해서 야기된다."[162]

현존재가 일상인으로 변하여 시종일관 안이한 것을 추구하고 자신이 존재를 고려하지 않을 때 현존재에게서 자신의 존재를 책임지는 모습을 찾아볼 수 없다. 우리가 일상인으로 살아가는 한 이러한 무책임성을 피할 수 없다. 그러나 여기에서 주목할 것은 이러한 일상인의 모습이 실존을 추구하는 현존재가 일상성 속에서 어떤 식으로든 경험할 수밖에 없는 모습이라는 점이며, 그런 점에서 일상인의 존재방식이 결코 현존재와 아무런 연관이 없는 것으로 이해해서는 안 된다. 물론 일상인은 아무도 아닌 자(Niemand)라고 할 수 있지만 그렇다고 해서 현존재에게 아무런 의미를 지니지 않은 것은 아니기 때문이다. 일상인은 다른 것이 아니라 바로 현존재의 존재방식 중의 하나이기 때문이다. 일상인은 그런 점에서 하나의 실존범주이며 현존재의 존재특성에서 결코 제거할 수 없는 요소이다. 왜냐하면 현존재는 우선 대개 일상인이며, 그리고 일상인으로 있기 때문이다. 따라서 우리가 현존재의 본래적인 모습, 본래적인 자기를 찾기 위해서는 실존범주인 일상인에 대한 적극적인 고찰이 필요할 것이다.

5) 내-존재

하이데거는 내-존재 자체(In-Sein als solches)에 대한 고찰을 전개하는데, 이것은 세계-내-존재로서의 현존재가 구체적으로 어떻게 세

---

[162] SZ, 127쪽.

계 속에 있는가를 분석하는 것이다. 또한 이러한 작업은 현존재의 존
재인 염려(Sorge)의 의미를 파악하기 위한 예비적인 과정이 된다. 하
이데거는 28절에서 현존재가 다른 존재자와 달리 자신의 존재를 개
시하는 존재자이기 때문에 이러한 현존재의 개시성(Erschlossenheit)을
다루는 것이 필요하다는 점을 강조한다. 현존재는 자신의 존재에 있어
서 다른 사물들, 특히 막연히 있는 존재자들처럼 폐쇄적으로 있지 않고
끊임없이 자신의 존재를 드러내려는 성향을 갖고 있기 때문이다. 이런
점에서 하이데거는 다음과 같이 말한다: "현존재는 자기의 현(現)을
본래부터 동반하기 때문에 이러한 현 없이 현존재는 현사실적(faktisch)
으로 존재하지 않을 뿐만 아니라 이러한 본질을 가진 존재자가 아니
다. 현존재는 그의 개시성인 것이다."[163] 이러한 현존재의 현 또는 개
시성을 구성하는 것은 처해있음(Befindlichkeit)과 이해(Verstehen) 그
리고 말(Rede)이다.

　하이데거는 29절에서부터 현존재의 현이 어떻게 구성되는가를
다루고 있다. 하이데거는 먼저 처해있음에 대해서 언급한다. 처해있
음은 독일어 befinden이라는 동사에서 유래하는데, 이것은 어떤 대상
이 어떠한 상태에 놓여 있음을 의미한다. 독일어로 Sie befinden sich
im ersten Stock이라고 하면 '당신은 2층에 있습니다' 라는 뜻이다.
하이데거는 이처럼 befinden이라는 동사를 명사적으로 사용하여 Be-
findlichkeit이라는 말을 만드는데, 이것은 독일어 어원을 고려하여
처해있음이라고 번역할 수 있다. 처해있음은 현존재가 자신의 존재
에 운명적으로 관계하고 있음을 말해준다. 그러나 처해있음은 어떤
장소적인 의미뿐만 아니라 우리가 일상적으로 어떤 기분에 빠져있음

[163] SZ, 133쪽.

을 말해주기도 한다. 처해있음이라는 용어는 예를 들어 우리가 특정한 대상에 대해서 불쾌한 감정이나 무기력한 기분을 가질 때에 사용할 수 있다. 그러나 여기에서 이러한 기분은 현존재의 실존범주로서 단순히 심리학의 주제로 간주해서는 안 된다. 현존재는 어떤 식으로든 세계 속에서 어떤 기분에 젖어서 살아가기 때문이다.

다소 애매한 하이데거의 이러한 주장은 우리의 일상생활 속에서 쉽게 살펴볼 수 있다. 아침 일찍 집을 나서 학교에 올 때 나는 항상 특정한 기분에 젖어 있다. 어제와는 달리 오늘은 무엇인가 다른 기분에 젖게 된다. 한 겨울에 추위 속에서 걷다보면 삶을 더 비장하게 살아야 한다는 기분에 빠지곤 한다. 그러나 집에 돌아오는 길에 지는 해를 바라보면 또 다른 기분에 사로잡히게 될 수도 있다. 어느 봄날 학교 입구에 피어나는 벚꽃을 보면 또 다른 기분에 젖어들게 된다. 근원을 알 수 없는 고독에 사로잡혀 저녁 무렵 저무는 해를 바라보면서 맥주 한잔을 마시면서 또 다른 기분에 빠지게 된다. 그런데 이러한 기분은 금방 사라지는 것이 아니라 오랫동안 나를 지배할 수 있으며 나의 삶의 태도를 이끌어갈 수 있다. 어쩌면 우리의 삶은, 삶의 의미는 전적으로 이러한 기분에 의해서 지배되는 것인지도 모르겠다. 하이데거는 이런 점에서 다음처럼 말한다: "기분은 사람이 어떤 심정으로 있으며 또 있게 될 것인가를 나타낸다. 이 사람의 심정 여하에서 기분에 젖어 있으면 존재를 그 현 속에 가져오는 것이다."[164]

만약 우리가 어떤 상황에서 기분이 상한다면 우리 현존재의 현은 은폐된다. 기분이 상하면 현존재는 자신의 감정에 대해서 맹목적으로 되고 존재자와 타인을 배려하는 태도를 잃어버리고 사물들 사이

---

[164]   SZ, 134쪽.

에 놓여 있는 관계를 올바로 보지 못하게 된다. 기분은 언제든지 현존재를 덮치면서 그를 특정한 세계로 몰아간다.

하이데거는 현존재가 이렇게 기분 속에서 자신을 드러내고 있는 상황, 현존재가 어디에서 오고 어디로 가야 하는지가 은폐되어 있는 상황을 가리켜 내던져있음(Geworfenheit)이라고 부른다. 현존재의 내던져있음은 하이데거의 철학이 실존철학이라는 점을 잘 드러내주는 용어이다. 이러한 내던져있음은 내가 원하지 않았지만 중세가 아니라 지금 태어났고 유럽이 아니라 한국에 태어났다는 사실에서 경험할 수 있다. 내가 원하지 않았지만 여기 한국에서 그리고 그것도 현대에 태어났다는 사실은 우리의 존재가 내던져 있다는, 내던져있음이 우리의 삶을 각인한다는 점을 말해준다.

하이데거에 따르면 현존재의 처해있음과 기분은 현존재가 세계-내-존재로서 자기 자신에 직면하고 자기 자신을 발견해야 하는 상황에 내던져 있다는 것을 알려준다. 이러한 내던져있음은 현존재 자신이 기분에 빠져 있을 때 비로소 가능한 것이다. 현존재는 기분 속에서 자신의 존재에 떠맡겨져 있다. 현존재는 기분 속에서 자신의 존재에 대한 관심을 갖도록 내던져 있는 것이다. 달리 말하자면 현존재의 처해있음을 드러내주는 기분과 내던져있음은 존재에 대한 현존재의 숙명적인 관계를 나타내준다. 하이데거는 여기에서 다음과 같이 말하고 있다: "현존재는 모든 인식과 의욕 이전에 그리고 인식과 의욕의 개시영역을 훨씬 넘어서 기분에 있어서 자기 자신에게 개시되어 있다. 그뿐 아니라 우리가 기분을 지배한다 해도 그것은 기분 없이 하는 것이 아니라 그때마다 반대의 기분으로 하는 것이다."[165]

---

[165] SZ, 136쪽.

하이데거에 따르면 처해있음은 세 가지의 특성을 갖고 있다. 첫째 처해있음은 현존재를 내던져있음 속에서 개시한다. 둘째 처해있음은 세계를 전체적인 연관 속에서 파악하게 한다. 셋째 처해있음은 세계의 세계성이 무엇인지를 더 철저하게 이해할 수 있게 한다.

하이데거는 30절에서는 처해있음의 한 양상으로서 두려움에 대해서 다루고 있다. 그에 따르면 두려움은 어떤 대상을 갖고 있는데, 이러한 대상은 세계내부적 존재자이다. 그러나 정작 이러한 두려움의 이유는 그러한 세계내부적인 존재자를 위한 것이 아니라 현존재 스스로를 위한 것이다. 현존재는 스스로 두려워할 수 있다는 사실, 자기의 존재에 있어서 그 존재 자체를 문제 삼기 때문에 두려워한다. 우리는 타자를 위해서 두려워할 수 있지만 그러한 두려움은 결코 타자를 위한 것이 아니다. 하이데거는 이 점을 다음과 같이 설명하고 있다: "우리가 타자를 위해 두려워하는 것은 대개 그가 겁 없이 앞뒤 가리지 않고 위협을 가해오는 자를 향해 달려드는 바로 그때이다. 누구를 위해서 두려워함은 타자와 함께처해있음(Mitbefindlichkeit)의 한 방식이지만, 반드시 두려워함을 함께하거나 더욱이 서로서로 두려워하는 것은 아니다. 자기는 두려워하지 않으면서 남을 위해 두려워할 수 있다. 그러나 자세히 살펴보면 〔남〕을 위해 두려워함은 사실 자기를 두려워함인 것이다."[166] 이러한 두려움은 하이데거에 따르면 언제나 현존재를 그의 현 속에서 드러낸다. 그런 점에서 두려움은 처해있음의 한 양상인 것이다.

하이데거는 31절에서 현존재의 이해(Verstehen)에 대해서 언급하고 있다. 이해는 처해있음과 동근원적으로 현존재의 개시성을 구성

---

[166] SZ, 141쪽 이하.

하고 있다. 그러나 하이데거가 여기에서 말하는 이해는 단순한 인식
작용이나 판단작용을 의미하지 않는다. 이해는 또한 어떤 존재자들
의 특성에 대한 단순한 설명(Erklären)을 의미하지도 않는다.[167] 이러
한 이해는 현존재의 존재의 근본양상이다.

실존범주로서의 이해는 세계 내에 처해 있는, 세계 내에 던져져
있는 현존재가 단순히 수동적으로 존재하지 않고 그때마다 적극적으
로 자신의 존재를 드러내려 한다는 것을 말해준다. 하이데거에 따르
면 이러한 이해 속에 놓여 있는 것은 존재-가능(Sein-Können)으로서
의 현존재의 존재양식이다. 그런데 이러한 이해는 아직 있지 않은 것
을 이해하는 것이 아니다. 이해는 이미 처해있음에 주어져 있는 것, 세
계 내에 개시되어 있는 것을 이해하는 것이다. 그렇다고 이러한 이해는
주어진 존재자의 존재방식을 소극적으로 받아들이는 것을 의미하지 않
는다. 어떤 것을 이해한다는 말 속에는 오히려 무엇을 할 수 있다, 어떤
것을 이룰 수 있다는 적극적인 행위가 깃들어 있다. 이해는 존재할 수
있는 능력, 현존재의 존재가능에 뿌리를 둔 적극적인 행위인 것이다.

현존재는 자기 자신의 존재가능을 이해하고 이러한 이해를 기반
으로 구체적으로 자신을 개시하는 존재자이다. 현존재는 삶의 도상
에서 쉽게 혼란스러워하면 자기를 잃어버릴 수 있다. 여기에서 이해
는 이러한 현존재의 상태를 벗어나게 하고 자신의 존재의미를 개시
하는 역할을 할 수 있다. 이해를 통해서 현존재는 자신이 고유한 존

---

[167] 하이데거는 여기에서 이해와 설명을 구분하고 있는데, 이러한 구분은 이미 딜
타이의 해석학에서 나타나 있다. 딜타이는 자연과학이 사물에 대한 설명을 시도하는
것과 달리 정신과학은 이해를 추구한다고 말한다. 즉 이런 점에서 보면 이해와 설명
이라는 용어는 정신과학의 작업과 자연과학의 작업을 구분해주는 용어라고 할 수 있
다. 하이데거는 여기에서 이러한 딜타이적인 구분과 달리 설명은 하나의 인식양식으
로 이해는 현존재의 실존범주로 받아들이고 있다.

재를 개시할 수 있는 실존론적 존재자라는 사실을 드러낼 수 있고 자신의 존재가 무엇에 관계하는지를 개시할 수 있다. 따라서 이해는 현존재의 실존구조를 드러내주는 중요한 실존범주로 파악되어야 한다.

하이데거는 이해의 이러한 적극적인 실존론적인 특성을 설명하기 위해서 기투(Entwurf)라는 용어를 사용한다. 우리에게 다소 생소한 기투라는 말은 단순히 어떤 계획을 만들거나 예측하는 것을 의미하지 않는다. 기투는 현존재의 존재를 수행하는 실존범주이다. 현존재는 처해있음 속에서 그리고 기분 속에서 세계에 내던져지고 이해 속에서 자신의 고유한 존재가능성을 기투한다. 이해는 현존재의 존재가능성을 내펼친다. 이러한 이해의 적극적이고 구체적인 실행이 기투인 것이다. 하이데거는 이해와 기투의 이러한 관계를 다음과 같이 설명하고 있다: "이해가, 이해 속에서 개시 가능한 것이 가지고 있는 모든 본질적인 차원에 따르면서도 언제나 제 가능성 속으로 파고드는 까닭은 무엇인가? 그것은 우리가 기투라고 부르는 실존론적 구조를 이해 자신이 갖고 있기 때문이다. 이해는 현존재의 존재를 현존재의 궁극목적을 향해 근원적으로 기투할 뿐만 아니라 그와 마찬가지로 현존재의 그때그때의 세계의 세계성인 유의미성을 향해서도 근원적으로 기투한다. 이해의 기투특성은 세계-내-존재의 현이 존재가능의 현으로서 개시되어 있다는 점에서 세계-내-존재를 구성하는 것이다."[168]

이해는 막연히 있는 존재자와 달리 현존재가 갖고 있는 고유한 존재양식인데, 현존재는 이러한 이해를 통해서 존재자의 존재를 보게 된다. 이러한 봄(Sicht)은 현의 개시성과 함께 있는데, 이러한 봄은

---

[168] SZ, 145쪽.

현존재의 실존에 관계하기 때문에 꿰뚫어봄(Durchsichtigkeit)이라고 부를 수도 있다. 이러한 봄은 존재자를 만나게 해주고 현존재의 실존을 가능하게 해준다. 하이데거는 다음과 같이 말하고 있다: "봄이라는 말은 물론 오해해서는 안 된다. 이 말은 우리가 현의 개시성을 특징지은 바 있는 밝혀져있음(Gelichtetheit)과 일치한다. 본다는 육안으로 지각하는 것을 의미하지 않을뿐더러 막연히 있는 존재자를 그 현전성에서 순수하게 비감성적으로 인지하는 것을 의미하지도 않는다. 봄의 실존론적인 해석을 위해 요청되는 것은 봄의 바로 그 특성, 즉 봄은 그 봄에 접근하는 존재자를 그 존재자 자체에 즉해서 은폐하지 않고 만나게 한다는 것이다."[169]

서양철학의 흐름은 어떤 점에서 본다는 것과 깊은 관련이 있다. 고대 그리스 사람들은 이상적인 삶의 가치를 '관조하는 삶'(bios theoretikos)이라고 보았으며 플라톤의 이데아도 본다는 것과 관련이 있다. 그러나 하이데거가 말하는 봄은 현존재의 개시성이 이해 속에서 드러나는 것이며 현존재의 존재가능의 고유한 방식이다. 봄은 이해에 속한다. 하이데거는 이러한 봄이 전통철학에서 말하는 순수직관, 본질직관이나 사유보다도 더 근원적인 것이라고 주장하고 있다. 반면에 우리가 사유하거나 대상에 대한 직관을 갖는 것은 이해에 의해서 파생된 이차적인 행위일 뿐이다. 하이데거의 이러한 입장은 인식 행위는 자신의 존재가능을 현존재가 드러내는 이해 행위에서 비로소 파생되는 것으로 간주한다. 따라서 인식이 존재나 진리를 구성한다고 보는 식의 인식론은 하이데거에게 통용되지 않는다. 오히려 현존재의 존재가 미리 현존재에게 주어지고 현존재는 이것을 이해하고

---

[169] SZ, 147쪽.

현존재의 이해가 기투되면서 인식이 발생한다는 것이다. 하이데거의 주장은 현존재의 인식 또는 사유작용은 현존재의 존재를 전제로 해서만 가능하다는 것을 의미한다.

하이데거는 32절에서 이해와 해석에 대해서 언급하고 있다. 현존재는 자신의 존재가능을 어떤 식으로든 기투한다. 현존재가 처해있음과 이해 속에서 주어진 자신의 존재가능성을 밖으로 드러내고 표현하는 적극적인 행위를 하는데, 하이데거는 이것을 해석(Auslegung)이라고 부른다. 그런데 여기에서 말하는 해석이라는 용어는 우리가 일상생활 속에서 접하는 것과는 구분해야 한다. 해석은 난해한 텍스트를 알기 쉽게 이해하거나 번역해 내는 것을 의미하는 것이 아니라 하나의 실존범주로서 파악되어야 한다. 해석은 이해와 함께 현존재의 존재를 드러내는 실존적인 행위이다. 하이데거는 다음과 같이 말한다: "우리는 이해의 완성을 해석이라고 부른다. 해석에 있어서 이해는 자기가 이해한 것을 이해하면서 자기 것으로 한다. 해석에 있어서 이해는 다른 것으로 되는 게 아니라 자기 자신으로 된다. 해석은 실존론적으로 이해에 근거하는 것이며, 해석을 통해서 이해가 생겨나지는 않는다. 해석은 이해된 것을 받아들이는 것이 아니라 이해에서 기투된 가능성들을 완결하는 것이다."[170]

하이데거는 『존재와 시간』에서 전개되는 자신의 작업을 해석학적이라고 말하는데, 32절에서는 이러한 해석의 적극적인 의미를 다루고 있다. 그에 따르면 해석에 대해서 논의함에 있어서 세 가지의 내용이 언급되어야 하는데, 그것은 '로서의 구조', '선구조' 그리고 '의미'이다.

먼저 '로서의 구조'는 현존재가 이해한 것을 해석하는 메커니즘

---

[170] SZ, 148쪽.

을 말해준다. 해석의 구조는 '어떤 것을 어떤 것으로서'(etwas als etwas) 표현하는 것으로 이루어져 있다. 현존재는 세계 내에서 막연히 있는 존재자를 도구존재자로 사용하는데, 이것은 존재자를 특정한 용도 속에서 어떤 것 '으로서' 사용하는 것이다. 이것을 하이데거는 다음과 같이 설명하고 있다: "도구존재자는 분명하게 이해의 봄 속에 들어온다. 준비, 정돈, 수리, 개선, 보충 등 모든 것은 다음과 같은 방식으로 수행된다. 즉 도구존재자는 신중하게(umsichtig) '하기 위하여'에 따라 나누어 놓여지고, 보이게끔 나누어 놓여진 것에 따라 배려된다. '하기 위하여'에 따라서 신중하게 나누어 놓여진 것 자체, 즉 분명하게 이해된 것은 어떤 것으로서의 어떤 것이라는 구조를 갖고 있다."^{>171}

해석은 도구존재자를 만나면서 그것을 봄 속에서 어떤 것으로서 받아들이고 사용하는 데서 시작된다. 현존재가 해석 속에서 도구존재자를 어떤 것으로서 보는 행위는 선술어적인 것으로서 이해에 근거한 해석의 고유한 영역에서 일어나는 것이다. '어떤 것을 어떤 것으로서'라는 해석구조에 근거해서 존재자를 해석할 때 이해된 것은 이미 이러한 해석 이전에 분절되어주어 진다. 우리가 쇼핑센터에 가서 다양한 물건들을 보고 그중에서 자기가 필요한 물건을 사는 행위도 일종의 해석의 행위라고 할 수 있다. 만약 내가 등산용 배낭이 필요해서 몇 개의 배낭 중에서 하나의 특정한 배낭을 선택할 때 나는 특별히 선택된 배낭을 나에게 알맞은 것 '으로서', 내가 필요한 것 '으로서' 해석하는 것이다. 이처럼 로서의 구조는 현존재자가 존재자를 구체적으로 경험하는, 즉 존재자를 해석하는 근본적인 원리인 것이다.

>171 SZ, 148쪽 이하.

하이데거는 로서라는 구조가 해석의 기본적인 구조를 드러낸다고 하면서 이러한 해석의 구체적인 전개가 먼저-구조(Vor-struktur)에 의해서 이루어진다고 말한다. 먼저-구조는 해석이 적극적으로 전개되는 과정을 우리에게 알려준다. 이러한 먼저-구조는 구체적으로 먼저가짐(Vorhabe), 먼저봄(Vorsicht), 먼저파악(Vorgriff)으로 이루어진다.

우리는 벚꽃이 피는 것을 보고서 봄이 왔다고 해석하는 과정을 생각해보자. 벚꽃이 핀 것을 봄이 온 것으로서 해석하기 위해서는 우선 먼저 우리가 피어난 벚꽃을 가지고 있어야 한다. 잘 피어난 벚꽃이 실제로 있지 않을 경우에 봄이 왔다고 해석하는 것은 불가능하기 때문이다. 이것이 먼저가짐이다. 다음으로는 벚꽃의 다른 부분이 아니라 순결하게 피어난 벚꽃의 잎을 바라보는 것이다. 수많은 벚꽃 중에서도 탐스럽게 피어난 벚꽃잎을 구체적으로 바라보지 않고는 탐스럽게 핀 벚꽃이 봄을 의미한다고 해석할 수 없기 때문이다. 이것이 먼저봄이다. 순결하게 핀 벚꽃이 있고 그 벚꽃잎을 바라보면서 우리는 이것은 봄이 오는 신호로서 파악하게 된다. 이러한 먼저파악은 다른 먼저-구조와 함께 해석의 구조인 로서-구조를 명료하게 하는 것이다.

하이데거는 이해가 구체적으로 해석을 통해서 드러나는 것, 즉 로서-구조와 먼저-구조를 통해서 드러나는 것을 의미(Sinn)라고 부른다. 의미는 우리에게 어떤 것을 어떤 것으로서 이해한 것을 해석에 근거하여 드러내주는 것이다. 이러한 의미는 사물들이 그 자체로 지니고 있는 것이 아니라 현존재가 이해와 해석을 통해서 비로소 만들어내는 것이다. 이러한 의미는 하나의 실존범주이며 현존재의 존재를 개시해주는 것이다. 하이데거는 다음과 같이 말한다: "의미는 먼저가짐, 먼저봄, 먼저파악의 구조를 지닌 기투의 기반이며, 이 기반에 근거해서 어떤 것이 어떤 것으로서 이해될 수 있는 것이다."[172]

예를 들어 오랜만에 우연히 길에서 만난 두 사람이 서로의 손을 잡고 흔들며 어깨를 치는 것은 서로에 대한 친밀감 또는 감정을 드러내는 행위로 이해할 수 있고 이 위에서 두 사람의 행위는 그 의미를 갖고 있는 것이다. 그러나 길에서 전혀 모르는 사람이 다가와 그런 행동을 한다면 그런 행위를 이해할 수도 없을뿐더러 전혀 다른 의미를 만들어낼 것이다.

여기에서 우리가 주목할 것은 이러한 의미는 사물자체나 특정한 존재자가 갖고 있는 것이 아니라는 점이다. 의미는 사물이 이미 내포하고 있고 그 다음에야 비로소 우리가 그것을 사용하거나 받아들이는 것이 아니다. 하이데거에 따르면 이러한 의미는 현존재가 이해와 해석을 통해서 드러내는 것이다. 이것은 사물 또는 존재자가 의미를 갖거나 상실해버리는 것이 아니라는 것을 말해준다. 하이데거는 이 점을 다음과 같이 설명하고 있다: "의미는 현존재의 실존범주이지 존재자에 붙어 있거나 존재자의 배후에 있거나 혹은 중간영역 어딘가에 떠 있는 어떤 특성이 아니다. 세계-내-존재의 개시성이 이 개시성에서 발견할 수 있는 존재자를 통해서 채워지는 한에서 의미는 오로지 현존재만이 갖는다. 그러므로 오직 현존재만이 의미를 갖거나 의미를 상실할 수 있다."[173]

하이데거는 이해와 해석의 긴밀한 관계에 관심을 갖는다. 현존재의 이해는 해석으로 구체화되지만 해석될 것은 이미 이해되어야 한다. 이해와 해석의 과정 사이에는 일종의 순환이 놓여 있다고 할 수 있을 것이다. 그러나 하이데거는 이러한 순환을 순환논법으로 받아들

>172 SZ, 151쪽.
>173 SZ, 151쪽.

여서는 안 된다고 말한다. 이러한 순환은 오류이거나 회피할 것이 아니라 현존재의 이해구조가 갖고 있는 숙명적인 구조인 것이다. 즉 이해는 순환구조 속에서 자신을 드러내는 것이다. 이러한 순환은 현존재의 실존범주인 것이다. 하이데거는 세계-내-존재로서 자기 존재에 관계하는 존재자인 현존재는 존재론적 순환구조를 갖고 있다고 본다.

하이데거가 이러한 이해의 순환구조를 통해서 대상을 기술하는 자연과학의 엄밀성이라는 것은 현존재가 이해한 것을 기투할 때 비로소 가능하다는 것이라는 점을 제시한다. 즉 수학과 과학의 엄밀성은 이러한 현존재의 이해와 해석의 과정에 의존한다는 것이다. 아무리 자연과학적인 방법론이 사물에 대한 세밀한 분석과 정보를 제시해준다고 하더라도 이러한 작업은 전적으로 인간의 삶의 태도, 가치관 그리고 자신의 존재에 의존한다는 것이 하이데거의 주장이다.

하이데거는 33절에서는 해석의 탁월한 양태인 진술(Aussage)에 대해서 언급한다. 해석이라는 독일어 Auslegung이 밖으로 내놓다는 뜻을 가지고 있는 것처럼 진술을 뜻하는 독일어 Aussage는 밖으로 말하다, 진술하다라는 뜻을 가지고 있다. 여기에서 해석과 마찬가지로 진술도 현존재의 이해를 분절하는 한 형태라고 할 수 있다. 판단이라고도 말할 수 있는 진술은 특정한 이해의 표현인 것이다. 처음에는 이해, 다음에는 해석 그리고 마지막으로 진술에 이르면서 현존재의 존재가능은 더 구체적으로, 더 적극적으로 된다.

하이데거는 이러한 진술의 의미를 세 가지로 구분하고 있다. 첫 번째로 진술은 나타냄(Aufzeigung)을 의미한다. 나타냄은 그리스어로 apophansis인데, 이것은 존재자를 그 자체로 나타나게 하는 것을 의미한다. 예를 들어 '망치가 너무 무겁다'라는 진술 속에서 개념으로서나 표상된 것으로서의 망치가 아니라 무거운 망치 자체가 자신을 나타내게 된다. 이런 점에서 진술은 특정한 존재자에 대한 표상작용으로 이해해서는 안 된다. 두 번째로 진술은 술어화(Prädikation)를 의미한다. 주어와 술어로 구성된 문장에 있어서 주어의 존재특성은 술어를 통해서 규정된다. 예를 들면 '이 망치는 무겁다'라는 말에서처럼 무겁다라는 술어는 주어인 망치를 규정한다. 그러나 이러한 망치에 대한 진술 속에서 드러나는 것은 술어 자체가 아니라 망치 자신이다. 세 번째로 진술은 전달(Mitteilung)을 의미한다. 진술은 자신을 드러내는 존재자를 타인과 함께 보게 한다. 진술을 통해서 진술자와 타자 사이에 존재자에 대한 이해가 공유된다. 예를 들어 내가 지금 사용한 망치가 무겁다는 것을 망치가 필요한 다른 사람에게 '이 망치는 너무 무겁다'라고 진술한다면 이러한 진술을 통해서 다른 사람은 이 망치가 무겁다는 사실을 공유하게 된다.

이러한 진술 속에서 해석의 본질적 구조가 제시된다. 진술은 먼저-가짐, 먼저-봄, 먼저-파악 속에서 개시된 것을 제시하는 것이다. 이때에 진술은 존재자를 임의적으로 개시하는 것이 아니라 이미 이해에서 개시된 것을 근거로 해서 이루어진다. 하이데거는 이런 이유에서 이해와 해석의 파생된 형태, 즉 이해와 해석이 적극적으로 드러나는 진술을 '전달하면서 규정하는 나타냄'(mitteilend bestimmende Aufzeigung)이라고 부르고 있다. 진술은 어떤 것을 어떤 것으로서 전달하면서 규정하는 나타냄인 것이다.

하이데거는 해석학적인 로서(das hermeneutische Als)와 진술적인 로서(das apophantische Als)를 구분하는데, 그는 여기에서 해석학적인 로서가 진술적인 로서 속에서 망각될 수 있음을 비판하고 있다.[174] 하이데거에 따르면 사물에 대한 진술은 그 사물이 도구존재자로서 그리고 그의 도구성을 우리가 먼저 경험하고, 즉 존재자를 해석학적인 로서 속에서 파악하고 그 다음에서야 비로소 그러한 존재자를 '진술적인 로서'를 통해서 드러나게 할 수 있을 뿐이다. 그러나 하이데거는 이러한 진술적인 로서가 해석학적인 로서에 근거하고 있다는 점이 고대 존재론에서는 쉽게 간과되고 있음을 지적하고 있다. 이러한 간과 속에서 로고스는 단지 낱말과 낱말을 결합하거나 분석하는 작용으로서 소극적으로 이해하게 된다.

하이데거는 34절에서 현존재와 언어의 관계를 설명하고 있다. 언어는 현존재의 실존에 있어서 중요한 역할을 하기 때문이다. 우리의 일상생활을 살펴보면 우리는 우리의 생각과 의도 그리고 우리의 존재까지도 언어로 표현한다. 이런 점에서 아마도 언어 없이 인간이 살아간다는 것은 불가능하다고 할 수 있을 것이다. 하이데거는 이 절에서 자신의 독특한 언어관을 잘 드러내주고 있다. 그에 따르면 언어는 현존재의 개시성에 그 실존론적인 뿌리를 두고 있는데, 이러한 언어의 단초는 말(Rede)이다. 말은 처해있음과 이해와 함께 현존재의 실존을 구성하는 근본적인 실존범주이다. 현존재의 실존은 처해있음과 이해 그리고 말을 통해서 비로소 완성된다. 이 점을 하이데거는 다음과 같이 설명하고 있다: "말은 처해있음 및 이해와 함께 실존론적으로 동근원적이다. 이해성(Verständlichkeit)은 자기 것으로 하는 해석 이전에 항상 이미 분절되어 있다. 말은 이해성의 분절(Artikulation)이다. 그러므로 말은 이미 해석과 진술의 근저에 놓여 있다. 해석에 있어서,

>174 하이데거는 해석학적 로서와 구분하여 진술적 로서(apophantisches Als)를 언급하고 있다. 해석학적 로서가 현존재의 존재를 해석하는 데 반해서 진술적 로서는 이러한 현존재의 존재를 해석하는 것이 아니라 존재자에 대한 피상적인 언급을 제공할 뿐이다. Edelgard Spraude(Hg.), *Großen Themen Martin Heideggers*, Freiburg im Breisgau 1994, 47쪽.

즉 더 근원적인 말에 있어서 분절 가능한 것 자체를 우리는 의미(Sinn) 라고 불렀다. 우리는 말하는 분절 속에 분절된 것 자체를 의의 전체(Be-deutungsganze)라고 부른다. 이러한 의의 전체는 여러 개의 의의로 분해될 수 있다. 여러 개의 의의는, 분절 가능한 것이 분절된 것이기 때문에 언제나 의미를 갖게 된다. 즉, 현(Da)의 이해성의 분절이 개시성의 근원적인 실존범주이다. 그러나 개시성이 일차적으로 세계-내-존재에 의해 구성된다면 그 말도 본질상 하나의 특수한 세계적 존재양식을 갖지 않으면 안 된다. 세계-내-존재의 처해 있는 이해성(die befind-liche Verständlichkeit)은 말로서 표현되는 것이다.">175

　이러한 말이 밖으로 표현된 것이 언어이다. 이것은 언어가 그 실존론적 뿌리를 말에 두고 있음을 의미한다. 하이데거는 여기에서 우리가 일상적으로 동일시하는 말과 언어를 구분하고 있는데, 쉽게 받아들이기 어려운 이러한 구분을 왜 하는지는 그가 이러한 말의 적극적인 가능성으로서 듣는 것(Hören)과 침묵하는 것(Schweigen)을 언급하는 것에서 알 수 있다. 말은 현존재가 언어를 사용할 수 있는 토대이며 근거인 것이다. 말은 다양한 단어들을 결합하여 발화하는 언어보다 근원적이고 포괄적인 행위이다. 여기에서 하이데거는 현존재가 특정한 상황에서 침묵하거나 다른 현존재의 언어에 귀를 기울이는 것을 말의 또 다른 현상이라고 본다. 말이 듣는 것과 침묵하는 것을 통해서도 현존재의 개시성을 드러낼 수 있다고 하는 것은 하이데거가 이 절에서 언어현상이 아니라 언어의 본질에 대해서 다루고 있다는 것을 말해준다.

　하이데거에 따르면 말한다는 것은 세계-내-존재의 이해성을 분

>175　SZ, 161쪽.

절하는 것이며, 현존재는 이러한 말을 통해서 공동의 처해있음과 상호존재의 이해내용을 전달하게 된다. 현존재와 상호존재는 말 가운데서 자신들의 존재이해를 공유하게 된다. 말은 이런 점에서 탁월한 실존범주인 이해와 연결되어 있다.

말이 이해와 관련되어 있음은 말 자체에 속하는 실존론적인 가능성인 들음에 의해서 분명해진다. 우리는 일상생활 속에서 올바르게 듣지 않게 되면 상대방을 이해하지 못한다는 것을 쉽게 경험할 수 있다. 우리는 상대방의 말을 들음을 통해서 상대방이 무엇을 표현하고자 하는지 무엇을 요구하는지를 이해할 수 있는 것이다. 상호존재로서의 현존재는 타인의 말을 들음으로서 타인을 좀 더 깊게 이해할 수 있다. 들음에 대한 이러한 하이데거의 주장을 통해서 우리는 현대인들이 좀처럼 타인의 말을 들으려 하지 않고 그렇기 때문에 타인에 대한 이해를 전혀 고려하지 않는 태도를 비판해볼 수 있을 것이다. 이러한 들음 없이 타인의 이해 그리고 자신의 존재이해는 현존재에게서 불가능한 것이다.[176]

침묵도 들음과 마찬가지로 동일한 실존론적인 의미를 갖고 있다. 그러나 침묵은 단순히 말을 하지 않는다는 것을 의미하지 않는다. 하이데거는 여기에서 다음과 같이 기술한다: "진정하게 말하는 가운데에서만 본래적으로 침묵할 수 있다. 침묵할 수 있기 위해서는 현존재는 말해야 할 어떤 것을 가지고 있지 않으면 안 된다."[177] 침묵은 현

---

[176] 물론 이러한 입장은 이해가 단지 이리저리 분주하게 돌아다니면서 듣고 다니는 데서 생긴다는 것을 의미하지 않는다. 하이데거에 따르면 오히려 이미 이해하고 있는 사람만이 타인의 말에 귀를 기울일 수 있기 때문이다. 하이데거가 말하려는 것은 들음을 통해서 현존재의 자기이해와 타인의 이해가 심화된다는 것이다.

[177] SZ, 165쪽.

존재가 자신의 존재와 타인의 존재를 적극적으로 이해하려는 행위이다. 대화의 순간에 침묵하는 자는 타인의 말에 귀 기울이면서 타인의 존재를 이해하고 이를 통해서 자신의 존재를 이해하려는 자이다. 서로 무엇인가에 대해서 말하는 가운데 일순간에 침묵하는 자는 상대방의 말을 가로막고 자기의 주장만을 내세우는 자보다 더 타인과 자신을 이해하고 있다. 왜냐하면 아무렇게나 특정한 주제에 대해 많은 말을 내뱉는다고 해서 그것을 더 잘 이해한다고 할 수 없기 때문이다. 오히려 마음대로 내뱉는 말은 우리를 서로에 대한 몰이해로 이끌고 갈 뿐이다. 이런 점에서 실존범주로서의 침묵하는 사람은 단순히 '말을 못하는 사람'과는 구분되어야 한다.

하이데거는 현존재와 말의 긴밀한 관계에 주목하면서 전통적으로 인간을 이성적인 동물로 해석하는 것이 부적절하다고 지적하고 있다. 이성적인 동물을 뜻하는 라틴어 표현인 animal rationale의 출처는 그리스어로 zoon logon ekon인데, 이것은 말을 하는 동물로 해석할 수 있다. 인간은 말을 하면서 자신을 드러낸다. 이러한 말을 통해서 인간은 인간으로서 존재하게 된다. 하이데거도 현존재가 말을 통해서 세계와 현존재 자신을 발견하게 된다는 점을 강조하면서 말의 중요성을 인정한다. 그러나 이러한 인간과 언어의 관계는 결코 언어학이 다룰 수 있는 것이 아니다. 언어학은 언어를 막연히 있는 존재자로서 대상화하기 때문이다. 그러나 하이데거는 언어가 현존재의 존재론에 뿌리내리고 있다고 주장한다. 따라서 언어에 대한 올바른 해석은 오로지 현존재의 존재틀 속에서 언어현상이 차지하는 역할을 분석하면서 가능할 뿐이다.

하이데거는 앞에서는 현존재의 개시성을 드러내는 처해있음, 이해 그리고 말을 다루었는데, 이것은 현존재의 존재가능성을 적극적으로 드러내주는 역할을 한다. 그러나 35절에서부터는 현존재가 아니라 일상인이 세계 내에서 드러내는 존재양식을 기술하고 있다. 하이데거는 35절에서 먼저 공허한 말(das Gerede)에 대해서 언급한다.

현존재는 일상 속에서 우선 대개 공허한 말을 한다. 공허한 말이라는 표현은 그 자체로 보면 부정적인 표현처럼 보이지만 하이데거에 따르면 이것은 일상 속에서의 현존재, 즉 일상인과 말과의 관계를 잘 드러내는 것이다. 원래 말은 현존재의 개시성을 잘 드러내주는 역할을 해야 한다. 그러나 공허한 말은 사물에 대한 관계를 피상적으로 모방해서 말할 뿐이다. 이것을 글 쓰는 것에 비유하자면 그저 아무 거리낌 없이 베껴 쓰는 것을 뜻한다. 이러한 공허한 말은 각각의 현존재와 존재자에게 고유한 이해를 드러내주는 것이 아니라 이러한 이해를 획일적으로, 평균적으로 만들어버리는 역할을 한다. 앞서 현존재가 일상인으로 전락할 때는 평균성, 평탄화, 공공성에만 사로잡히게 된다고 지적한 것과 같은 것이다. 이런 이유에서 하이데거는 다음과 같이 말하고 있다: "공허한 말의 무기반성은, 공허한 말로 하여금 공공성 안으로 들어가는 것을 가로막는 것이 아니라 오히려 조장한다. 공허한 말은 사태(Sache)를 먼저 자기 것으로 하지 않고도 모든 것을 이해하는 가능성이다. 공허한 말은 사상을 자기 것으로 할 때 좌절할 위험을 사전에 막아주기도 한다. 아무나 집어올릴 수 있는 공허한 말은 참된 이해라는 과제로부터 벗어날 뿐만 아니라 무차별적인 이해성을 만들어낸다. 이러한 무차별적 이해성은 아무것도 감추지 않는다."[178]

하이데거가 여기에서 지적하고자 하는 것은 말은 현존재의 존재틀에 속하면서 현존재의 개시성을 드러내지만 그러한 말이 너무 쉽게 존재자에만 집착하는 공허한 말이 될 수도 있다는 점이다. 이런

공허한 말은 세계-내-존재로서의 현존재의 존재를 개시하는 것이 아
니라 오히려 은폐시키고 만다. 공허한 말은 근거 없이 이리저리 현존
재의 개시성이 드러나는 것을 방해한다. 공허한 말은 존재자와 현존
재에 대해서 잘못된 이해에 근거하기 때문에 우리로 하여금 사물에
대한 잘못된 만남을 제공한다. 이러한 공허한 말에 의존할 때 비록
우리는 사물에 대해서 이러저러한 이해를 얻을 수는 있겠지만 그것
은 그저 평균적인 이해에 불과한 것이다.

현존재는 공허한 말 속에서 자기 자신이 스스로 해석하는 자라는
사실을 망각하고 오히려 자신이 해석되어버리는 상황에 처해버리게
될 뿐이다. 공허한 말은 하나의 장애로서 우리를 공공연하게 평균적
인 삶의 방식으로 이끌고 세계를 피상적으로 경험하게 한다. 무지반
성에 근거한 공허한 말은 너무 쉽게 우리의 삶 속에 파고들어서 실존
에 근거한 우리의 삶의 방식을 파괴해버린다. 현존재와 세계는 오히
려 이러한 공허한 말에 의해서 그 본래적 의미가 왜곡된 채 해석될
뿐이다. 따라서 하이데거는 이러한 피해석성(Ausgelegtheit)으로부터
벗어나기 위해서는 우리가 공허한 말의 유혹으로부터 벗어나야 한다
는 것을 강조한다. 현존재의 실존을 개시하는 진정한 이해, 해석, 전
달은 이러한 일상적인 공허한 말에서 벗어날 때에 비로소 가능한 것
이다. 공허한 말 속에 자기를 드러내는 현존재 및 존재자는 존재와의
진정한 만남이 불가능하다. 현존재는 공허한 말 속에서 점점 더 자신
의 존재를 상실해버리고 만다.

하이데거는 36절에서 호기심(Neugier)에 대해서 언급하고 있다.
호기심이라는 용어는 현존재가 일상 속에서 세계를 만나는 독특한

>**178** SZ, 169쪽.

경향을 잘 드러내준다. 이러한 호기심은 현존재가 세계내부적인 존재자와 만나는 고유한 방식인 봄(Sicht)이 일상성 속에서 드러난 것을 의미한다. 그러나 호기심은 존재자에 대한 올바른 봄을 방해한다. 즉 호기심은 존재자가 봄이라는 존재양식을 통해서 자신의 존재를 드러내는 것을 방해한다. 호기심은 존재자의 존재에로 우리를 이끄는 것이 아니라 단지 보기 위한 것일 뿐이다. 이러한 호기심은 존재자의 존재를 고려하지 않기 때문에 끊임없이 우리를 새로운 존재자에게로 눈을 돌리게 한다. 존재자의 의미는 그것의 존재를 탐구할 때, 그것의 존재에 관심을 가질 때 가능한 것인데, 호기심은 존재자의 존재에로의 넘어감이 아니라 단지 새로운 존재자에로 다가갈 뿐이다. 호기심은 사물 자체가 아니라 사물의 외관에만 관심을 갖는 것이다. 하이데거는 이러한 호기심에 대해서 다음과 같이 말한다: "그러므로 호기심은 특별히 가장 가까운 것에는 머무르지 않는다는 특성을 가지고 있다. 그래서 호기심이 찾는 것은 관찰하면서 머무르기 위한 여가가 아니라 새로운 것이나 만나는 것을 항상 바꿈으로 해서 생기는 초조와 흥분이다. 호기심은 그 어떤 곳에도 머무르지 않음으로써 산란함의 부단한 가능성을 배려한다. 호기심은 존재자를 경이로워하면서 관찰하는 것, 경이로움(taumazein)과는 무관하다. 호기심에게 중요한 것은 경이로움을 통해 무이해(Nichtverstehen)에 도달하는 것은 아니다. 호기심이 배려하는 것은 하나의 앎, 그러나 단지 알아두기 위한 앎인 것이다."[179]

이러한 호기심은 머무르지 않음(Unverweilen), 산란함(Zerstreuung)

---

[179] SZ, 172쪽. 플라톤과 아리스토텔레스는 이러한 경이로움을 철학함의 근본적인 동기로서 이해한다.

그리고 무정주성(Aufenthaltslosigkeit)에 근거해서 일상적인 현존재가 세계 내에 존재하지 않고 뿌리 뽑힌 채 있다는 것을 반증해주는 것이다. 공허한 말과 호기심은 서로 함께 일상성 속에서 현존재가 존재자를 만나는 방식을 각인한다. 모든 것을 이해한 것처럼 지껄여지는 공허한 말과 함께 단지 새로운 존재자에로의 관심을 드러내는 호기심은 현존재가 자신의 존재가능성에 점점 더 멀어진다는 것을 폭로해줄 뿐이다.

하이데거는 37절에서 애매성(Zweideutigkeit)에 대해서 언급한다. 공허한 말과 호기심에 의해서 드러난 모든 것은 현존재를 애매성 속에 빠트린다. 그런데 이러한 애매성은 현존재뿐만 아니라 상호존재와의 관계 속으로 파고들어 이들 사이의 관계를 혼란스럽게 한다. 이러한 애매성은 현존재의 진정한 존재가능성을 잘못 보게 하고 우리에게 가상의 세계를 제시할 뿐이다. 특히 애매성은 현존재가 상호존재인 타인과 만날 때 서로가 마음을 드러내지 않고 서로를 긴장하면서 살피게 하고 서로 공허한 말을 하게 할 때 잘 드러난다. 서로에 대한 거부감을 호의로 위장하게 하여 그들 사이의 관계를 애매하게 한다.

하이데거는 38절에서 공허한 말, 호기심 그리고 애매성 속에서 살아가는 현존재의 일상적인 모습을 그려내고 있다. 그는 이러한 현존재의 일상적인 모습을 빠져있음(Verfallen)이라고 부른다. 그런데 주목할 것은 이러한 빠져있음이라는 용어를 단순하게 부정적으로 받아들여서는 안 된다는 점이다. 빠져있음을 통해서 우리는 현존재가 일상성 속에서 어떤 방식으로 존재하는지를 엿볼 수 있기 때문이다. 하이데거는 이러한 빠져있음의 특징을 다음과 같이 설명하고 있다: "이 제목[빠져있음]은 부정적인 평가를 나타내는 것이 아니라 현존재가 우선 대개 배려된 세계에 몰입해 있음을 의미한다. 이 …에 몰두함은 대개 일상인의 공공성 속으로 상실되어 있다는 특성을 지니고 있다. 현존재는 본래적 자기 존재가능으로서의 자신으로부터 탈락해서 우선 언제나 이미 세계 속에 빠져 있다. 세계 속에 빠져 있는 것은 상호존재가 공허한 말, 호기심과 애매성에 이끌리는 한 그 상호존재 속에 몰두해 있음을 뜻한다. 우리가 현존재의 비본래성이라고 부르는 것은 이제 빠져있음의 해석을 통해서 더욱 분명하게 규정된다. 그러나 비본래적이거나 본래적이 아니라고 하는 것은 마치 현존재가 이런 존재양태를 취하게 되면 일반적으로 자기의 존재를 상실하기라도 하는 듯이 본래적으로 없다는 뜻이 아니다. 비본래성은 이제 세계-내-존재가 아니다라는 것을 의미하지 않고 두드러진 세계-내-존재, 즉 세계와 일상인 속에 있는 타자인 상호현존재에 의해 완전히 함몰되어 있는 그런 세계-내-존재를 형성한다. 자기 자신으로 있지 않음은 본질상 배려하면서 세계 속에 몰두하는 존재자의 적극적인 가능성으로서 기능한다. 이 있지않음은 현존재가 대개 자기를 유지하고 있는 현존재의 가장 가까운 존재양식으로 파악되어야 한다."[180]

빠져있음은 현존재의 일상적인 모습을 적나라하게 보여주는 용어이다. 따라서 위에서 하이데거가 말한 것처럼 어떤 근원적인 상태에서 벗어나서 타락하거나 추락하는 것으로 이해해서는 안 된다. 물론 이러한 하이데거의 주장에 대해서 많은 비판을 제기할 수 있지만 여기에서 빠져있음이라는 용어가 현존재가 일상성 속에서 사물과 타인을 만나는 방식이라는 점에 더 주목해야 할 것이다. 현존재는 일상생활 속에서 쉽게 일상인은 되며 쉽게 본능에 충실하고 자신의 고유한 존재의미를 상실하고 눈앞에 주어진 대상들에 집착하게 되기 때

>180 SZ, 175쪽 이하.

문이다. 예를 들면 매일 반복되는 도시 속에서의 삶은 우리를 권태롭게 하며 그저 새롭고 흥미 있는 대상에게로 우리의 관심을 옮겨가도록 한다. 저녁 시간에 술집에서 들려오는 사람들의 이야기는 그 사람들이 특정한 대상에 빠져있음을 잘 말해준다. 자녀들과 의사소통이 부족하거나 금전적인 문제의 어려움, 직장에서의 관계가 어렵다는 식의 불평들이 들려온다. 시간이 지나서 술에 취할수록 그들은 열을 내서 그들이 처한 상황을 설명하고 누군가를 비판하고 나름대로 해결책을 모색하기도 한다.

우리는 일상생활 속에서 이런 식으로 그 누군가에 대해서 말하고 그 무엇에 대해서 관심을 두고 그것에 빠지게 된다. 이러한 일상적인 삶의 태도, 즉 빠져있음에서 벗어나는 것은 결코 쉽지 않은 것이다. 그러나 이러한 일상적인 삶의 모습은 무조건 부정적인 것을 의미하지는 않는다. 하이데거에 따르면 현존재가 자신의 존재가능을 실현하기 위해서는 이러한 일상적인 삶에 대한 고찰과 반성을 필요로 한다. 그런 점에서 현존재의 비본래적인 상태, 즉 빠져있음을 자각하고 그것의 특성에 관심을 갖는 것은 아주 중요한 일이라고 할 수 있겠다.

하이데거에 따르면 현존재는 빠져 있는 자로서 우선 대개 세계-내-존재로서의 자기 자신으로부터 떨어져 있다. 그러나 이러한 빠져있음은 결코 우리가 그런 상황을 피할 수 있거나 벗어날 수 있는 것이 아니라 오히려 우리가 세계-내-존재로서 살아가는 한 어쩔 수 없이 경험하게 되는 것이다. 세계-내-존재로서의 현존재는 쉽게 이러한 빠져있음에 처할 수 있는데, 하이데거는 이러한 빠져있음에 처한 현존재의 비본래적인 존재특성을 상세하게 열거하고 있다. 그것은 유혹(Versuchung), 위로(Beruhigung), 소외(Entfremdung), 매여있음(Verfängnis)이다.

첫 번째로 일상 속에서 비본래적인 삶에 빠져 있는 현존재는 유혹적(versucherisch)이다. 하이데거는 "세계-내-존재는 그 자체로 유혹적이다"라는 점을 강조한다.[181] 현존재는 공공적인 피해석성 속에서 자기를 일상인 속에서 상실하거나 자신이 서 있을 지반을 상실해버릴 수 있는 유혹에 쉽게 드러나 있는 존재자이다.

두 번째는 현존재는 일상 속에서 쉽게 공허한 말과 애매성에 사로잡혀 있기 때문에 모든 것을 보고 모든 것을 올바르게 이해했고 이해할 수 있을 것이라고 자기 확신 속에 놓이게 된다. 이러한 확신은 완전하고 진정한 삶을 살아가고 있다고 일상성 속에 빠진 현존재를 위로해준다.

세 번째로 유혹과 위로 속에서 현존재는 끊임없이 자신의 입장을 밀어붙이게 되는데, 여기에서 현존재는 소외에 내몰리게 된다. 이 점을 하이데거는 다음과 같이 설명하고 있다: "다방면에 걸친 호기심과 모든 것을 끊임없이 아는 것은 보편적인 현존재이해(ein universales Daseinsverständnis)를 처음부터 기만한다. 그러나 도대체 무엇이 본래 이해되어야 하는가에 대해서는 근본적으로 규정되지도 않고 질문되지도 않은 채로 있다. 이해되지 않고 있는 사실은 이해라는 것 자체가 오직 가장 고유한 현존재에 있어서만 자유롭게 되어야 하는 존재가능이라는 점이다. 이렇게 위안에 빠져서 모든 것을 이해하면서 자기를 모든 것과 비교하는 가운데 현존재는 소외에 내몰리게 되며 소외 속에서는 가장 고유한 존재가능이 현존재에게서 은폐된다. 빠져 있는 세계-내존재는 유혹적이고-위로적이면서 동시에 소외적이다."[182]

>181 SZ, 177쪽.
>182 SZ, 178쪽.

2. 현존재의 예비적 분석

네 번째로 유혹적이고-위로적인 소외는 현존재로 하여금 자기 자신을 속박하게 할 뿐이다. 소외는 나아가서 현존재 자신뿐만 아니라 타자와의 관계를 왜곡시키고 결국은 세계-내-존재로서의 현존재의 본래성과 가능성을 훼손하게 할 뿐이다.

비본래적인 삶 속에 놓여 있는 일상인이 지닌 이러한 네 가지의 특성들은 현존재의 빠져있음의 특성을 잘 드러내주는데, 이것은 모두 추락(Absturz)이라는 용어이다. 현존재는 비본래적인 일상성의 무지반성과 공허함 속으로 끊임없이 노출되는데, 이것이 바로 현존재의 추락인 것이다. 이러한 추락은 현존재로 하여금 일상성 속에서도 자신의 존재를 이해하고 실존으로 나아가고 있다고 착각하게 하는데, 하이데거는 이러한 추락이 현존재에게는 소용돌이(Wirbel)와 같은 것이라고 말한다.

여기에서 하이데거는 현존재라는 존재자가 일상성 속에서 자신을 상실해버리는 빠져있음 속에 끊임없이 자기로부터 일탈해서 살아갈 수 있다는 점을 밝히고 있다. 그러나 이러한 하이데거의 설명은 우리가 현존재의 일상성을 무조건 부정적으로 평가해야 한다는 것을 의미하지 않는다. 왜냐하면 현존재의 본래적인 실존은 비본래적인 일상성 너머에 차갑게 ·고립되어 머물러 있는 것이 아니기 때문이다. 빠져있음이라는 현상은 현존재의 부정적인 면이나 현존재가 실존할 수 없다는 것을 의미하지 않고 오히려 그러한 실존의 어려움과 필요성을 강조해주기 때문이다. 이러한 하이데거의 일상성 속에서의 현존재 분석은 인간본성의 타락이나 불완전성을 의미하는 것이 아니라, 현존재의 존재를 염려(Sorge)로 해석하기 위한 토대를 제공해주는 것이다.

6) 현존재와 염려

하이데거는 39절에서 현존재의 구조전체를 실존론적-존재론적으로 설명해야 할 필요성을 언급하고 있다. 세계-내-존재로서의 현존재는 항상 전체적인 구조 속에서 파악되어야 한다는 것이다. 세계-내-존재는 우선 대개 세계, 즉 도구존재자와 상호존재에게 몰입해 있으면서 비본래적인 일상인의 모습으로 살아간다. 하이데거는 현존재분석에 있어서 현존재의 이러한 일상적인 모습에 주목을 하는데, 이것은 하이데거가 인간을 이념적으로, 즉 현실과 격리된 이데올로기적인 것으로부터 인간을 이해하지 않는다는 것을 말해준다. 하이데거에 따르면 존재자와는 다른 현존재의 실존론적이고 존재론적인 고찰은 현존재 자신 속에 드러나는 가장 광범위하고 가장 근원적인 현상을 실마리로 해서 이루어져야 한다. 하이데거는 이러한 현상을 불안(Angst)이라고 부른다. 불안은 앞서 말한 현존재의 근원적인 개시성인 처해있음(Befindlichkeit)의 근원적인 현상이다.

불안은 현존재가 그 속에서 자신의 존재가능을 드러내는 적극적인 현상이다. 불안은 현존재의 존재전체를 근원적으로 드러내주는 존재론적인 토대이다. 현존재는 항상 세계전체를 잃어버릴 가능성 그리고 자기 자신을 잃어버릴 가능성을 갖고 있다. 그렇기 때문에 현존재는 불안을 느끼게 된다. 이러한 불안은 하이데거에 따르면 현존재가 염려하는 존재자라는 사실을 말해준다. 불안은 현존재의 존재가 사실은 염려라는 것을 존재론적으로 해석하기 위한 단초인 것이다. 이제 현존재분석론은 기초존재론의 기본적인 물음, 즉 존재의 의미에 대한 답변을 위한 토대를 제공하게 된다.

하이데거는 40절에서 현존재의 존재를 두드러지게 나타내는 불

안에 대해서 상세히 다루고 있다. 그에 따르면 일상인으로 살아간다
는 것 그리고 존재자들의 세계에 몰두하는 것은 현존재가 본래적인
자기 존재로부터 도피하고 있다는 것을 말해준다. 현존재가 자신으
로부터 도피한다고 하는 것은 현존재가 우선 대개 빠져있음이라는
상태에 있다는 것을 잘 드러내준다. 이러한 도피는 현존재로 하여금
자기 자신으로부터 점점 더 멀어지게 한다. 이러한 도피는 현존재의
개시성을 왜곡하고 폐쇄시키게 된다. 현존재는 점점 본래적인 자신
에게 다가가지 못함을 느끼게 되고 여기에서 현존재는 더욱더 불안
을 경험하게 된다. 비본래적인 상태에서 현존재에게 존재자를 만나
는 것, 상호존재를 만나는 것, 이 모든 것은 불안으로 다가올 뿐이다.
이처럼 불안이라는 현상은 현존재가 일상성 속에서 세계전체와 관계
하는 방식을 잘 드러내주는 실존적 현상이다.

　　하이데거는 이러한 불안을 두려움(Furcht)과 구분한다. 두려움의
대상은 구체적인 것이며 세계내부적인 존재자이다. 우리는 삶 속에
서 특정한 대상에 대한 두려움을 가지고 있다. 현존재는 어떤 위협적
인 것에 대해서 두려움을 갖기도 하고 특정한 존재자가 소멸하거나
부서져버릴 것에 대한 두려움을 또는 병에 걸려서 고통스러울 것에
대한 두려움을 가질 수도 있다. 그러나 이러한 두려움은 현존재 자신
이 자신의 존재에서 이탈하거나 벗어날 것에 대한 두려움이 아니라
오히려 세계내부적인 존재자에 대한 것이다. 여기에서 두려움과 실
존적인 현상으로서의 불안이 구분된다. 두려움은 불안이라는 근원적
현상에 근거하고 있다. 이러한 두려움은 현존재가 일상성에 빠져있
음을 설명할 수 있는 것이 아니라 그것이 불안에 의해서 가능하다.
하이데거는 이 점을 다음과 같이 설명하고 있다: "빠져있음의 이탈
(Abkehr)은 또한 세계내부적인 존재자에 직면한 두려움에 근거한 도

피가 아니다. 두려움에 근거하는 도피의 특성은 이탈에 속하지 않으며 이탈은 세계내부적인 존재자에 몰두하는 것으로서 세계내부적 존재자에 몰두한다. 빠져있음의 이탈은 오히려 불안에 근거하는 것이고 불안이 비로소 두려움을 가능하게 한다."[183]

두려움은 특정한 대상에 대한 두려움일 뿐이다. 물론 이 두려움이 현존재가 경험하는 일상성의 한 측면을 어느 정도 반영해주는 것은 사실이다. 그러나 하이데거가 생각하기에는 이러한 두려움은 현존재가 그의 전체 세계와의 관계를 드러내기에는 부족하다. 오히려 여기에서 특정한 대상때문에 야기되는 두려움은 불안이라는 전체적이고 근원적인 현상에 근거하고 있음이 강조되어야 할 것이다. 두려움이 특정한 존재자에 직면하는 것과는 달리 불안이 직면하는 것은 세계-내-존재 전체이기 때문이다. 불안의 대상은 세계내부적인 존재가 아니다. 불안의 대상은 그런 점에서 완전히 무규정적인 것이라고 말할 수 있다.

그런데 이때에 불안의 대상이 무규정적이라는 말은 불안 속에서 현존재가 세계를 어떻게 경험하는지를 잘 드러내준다. 이것은 불안 속에서 세계는 아무런 의미를 갖지 않는다는 것을 말해준다. 두려움과 달리 불안은 세계내부적 존재자가 아무런 의미를 갖지 않으며 우리가 앞서 말한 도구존재자로서의 쓰임새와 그 유의미성을 사라지게 한다. 불안한 상태에서 현존재는 세계 내에서 어떤 의미도 발견하지 못하게 된다. 그런 점에서 불안의 대상은 특정한 장소, 즉 여기나 저기에서 경험하는 것이 아니다. 오히려 이러한 불안의 대상은 어디에서도 경험할 수 없다고 말할 수 있을 것이다. 하이데거는 이러한 불

---

[183]   SZ, 186쪽.

안의 특성을 다음과 같이 기술하고 있다: "위협하는 것은 어디에도 없다는 것이 불안의 대상이 지닌 특성이다. 불안은 그것에 대해 스스로 불안해하는 그 불안의 대상이 무엇인지를 알지 못한다. 어디에도 없다는 것은 그러나 아무것도 없다는 뜻이 아니다.">184

이러한 불안은 막연히 현존재가 세계에 대해서 갖고 있는 감정상태가 아니다. 우리는 불안 속에서 모든 존재관계를 상실해버릴 수 있다. 불안은 우리의 숨을 조일 정도로 그렇게 현존재를 급습한다. 그러나 두려움과는 달리 그때마다 불안의 대상은 우리에게 쉽게 드러나지 않는다. 이런 점에서 우리는 불안의 특성을 무(無)라고 할 수 있을 것이다. 우리는 불안 속에서 세계가 점점 멀어지고 사라질 것 같은 느낌을 갖기 때문이다. 불안은 우선적으로는 현존재의 모든 존재가능을 소멸시키는 것처럼 보이기 때문이다.

그러나 존재론적으로 보자면 이것은 불안의 대상이 없다는 것을 의미하지 않는다. 이렇게 현존재의 삶을 뒤흔드는 불안은 불안의 대상이 세계 자체임을, 아니 현존재가 세계-내-존재라는 존재론적 사실 자체에 있다는 것을 말해준다. 우리의 삶 속에서 끊임없이 다가오는 불안은 교묘하게 그러한 불안의 대상에 대한 탐구로 우리의 관심을 이끌어내지만 실제로는 그러한 불안의 대상은 존재하지 않는다. 왜냐하면 불안의 대상은 — 만약 대상이 있다고 말할 수 있다면 — 현존재의 존재 자체이기 때문이다. 즉 불안은 근원적으로 내가 현존재라는 사실에서, 내가 세계-내-존재로서 있다는 사실에서 생기는 것이기 때문이다.

불안은 현존재로 하여금 자신이 삶의 기반인 세계로부터 점점 벗

>184 SZ, 186쪽.

어나게 한다. "불안 속에서는 환경세계적 도구존재자, 일반적으로 세계내부적인 존재자는 침몰해버린다. 세계도 타자의 상호현존재도 이제 아무것도 제공하지 못한다. 그래서 불안은 빠져 있으면서 세계 및 공공적 피해석성에 근거하여 자기를 이해할 가능성을 현존재로부터 박탈한다."[185] 그러나 불안은 처해있음의 근원적인 양상으로서 현존재가 세계-내-존재인 한에서 숙명적으로 주어진 것이다. 이런 점에서 불안에서 벗어난다거나 불안을 회피한다는 것은 불가능한 것이다.

불안에 대한 이러한 설명은 불안 속에서 현존재는 모든 관계를 상실할 수 있음을 경고해준다. 이 점은 실제로 현대인의 삶을 살펴보면 잘 알 수 있다. 복잡한 사회관계는 현대인으로 하여금 자신의 삶의 방향성을 쉽게 잃어버리게 하고 타인과 사회조직에 대한 불안감 속에 사로잡히게 한다. 너무 이기적이고 계산적으로 구축되는 현대인의 인간관계 속에서 그리고 너무 쉽게 변하고 복잡해지는 사회구조 속에서 사람들은 끊임없이 불안을 느낄 수밖에 없다.

지금까지의 논의에 있어서 불안에 대한 언급은 모두 현존재에게는 부정적인 요소로 비추어진 것이 사실이다. 그런데 하이데거는 여기에서 인간을 불안에 내던져져 있는 존재자로 규정해버리고 마는 것일까? 인간은 그저 이런 불안 속에 내팽개쳐진 존재자에 불과한 것일까? 이런 물음을 제기하는 것은 너무 성급한 판단이다. 하이데거는 오히려 이러한 불안이 긍정적인 측면을 가지고 있음을 강조한다. 이것은 마치 현존재의 비본래성이 결코 부정적인 것으로 받아들여서는 안 되는 것과 마찬가지이다. 하이데거는 이런 이유에서 다음과 같이 말한다: "불안은 현존재 속에서 가장 고유한 존재가능에 이

---

[185] SZ, 187쪽.

르는 존재, 즉 자기를 선택하고 자기를 거머쥘 수 있는 자유로운 존재라는 것을 드러낸다."[186]

불안은 극단적인 방식으로 현존재를 자기의 세계에 직면하게 하고 그러한 현존재 자신이 세계-내-존재라는 것, 즉 현존재는 어떤 식으로든 세계-내-존재일 수밖에 없다는 것을 자각하게 하는 실존적 현상인 것이다. 물론 불안 속에서 모든 현존재는 으스스하게(unheimlich) 있을 수밖에 없다. 이러한 으스스함 속에서 현존재는 마음이 안절부절못할 것이다. 그러나 이러한 으스스함과 안절부절못함은 현존재가 일상성 속으로 추락하는 것을 방지할 수 있다. 불안은 현존재를 일상성 속으로 추락하는 것으로부터 벗어나게 한다는 것이다. 이런 점에서 보면 불안의 역할은 다른 것이 아니라 이러한 일상적인 친숙함과 평균성으로의 침몰로부터 현존재를 구해내는 긍정적인 역할을 하는 것이다.

하이데거는 41절에서 현존재의 존재로서 염려에 관하여 논의하고 있다. 앞서 말한 불안은 현존재의 존재를 염려로서 파악하기 위한 예비적인 과정이라고 할 수 있다. 하이데거는 우리가 불안해하는 것은 특정한 존재자가 아니라 세계-내-존재로서의 존재방식이며, 불안이 직면하는 것은 세계-내-존재이며 불안의 이유도 바로 세계-내-존재라는 것을 언급했다. 여기에서 불안은 다른 것이 아니라 현존재를 현실적으로 실존하는 세계-내-존재로 드러내주는 것이다. 또한 이러한 불안은 세계-내-존재에 대한 통일적인 특성을 드러내주는데, 특히 이것은 실존성(Existenzialität), 현사실성(Faktizität), 그리고 빠져있음(Verfallenheit)이라는 현존재의 존재특성을 통일적으로 이해하게 한다.

실존성이라는 용어는 현존재가 항상 자기 자신을 넘어서 있으려

[186] SZ, 188쪽.

는 성향을 잘 나타내주는 용어이다. 현존재는 자신의 존재가능을 실
현하려는 경향을 갖기 때문에 자신을 넘어 있음(Sich-vorweg-sein)을
특징으로 한다. 그러나 이렇게 자기를 넘어있음은 현존재가 이미 현
사실적으로 존재할 때에야만 비로소 가능한 것이다. 현사실성 없는
현존재는 있을 수 없기 때문이다.[187] 빠져있음은 현존재가 추락하면
서 어떤 것, 즉 특정한 존재자에 몰두해 있는 것을 나타내준다. 이러
한 세 가지의 존재특성은 현존재가 현사실적으로 빠져 있으면서 실
존하는 존재자라는 것을 말해준다. 현존재의 존재는 세계내부적인
존재자에 몰두함으로써 세계 안에 이미 있으면서 자기를 앞서는 것
을 말하는데, 하이데거가 염려라고 부르는 것은 바로 현존재가 이러
한 존재상태에 놓여 있다는 것을 말해준다. 여기에서 염려는 존재론
적으로 그리고 실존론적으로 파악되어야 하는데, 이것을 단순히 어
떤 문제나 대상을 걱정하는 심리적인 작용으로 이해해서는 안 된다.
특히 여기에서는 하이데거가 그의 박사학위 논문에서 당시에 널리
퍼져 있던 심리주의를 비판했었다는 점을 고려하면 염려라는 현존재
의 존재는 단순한 심리적인 현상과 철저하게 구분해야 할 것이다. 염
려는 의욕이나 소망 또는 어떤 것에 대한 충동이나 본능으로 환원할
수 없는 것이다.

　　하이데거는 염려의 존재론적 특징에 대해서 다음과 같이 설명하
고 있다: "근원적 구조전체성으로서 염려는 현존재의 모든 현실적
태도나 상황(Lage)에 실존론적으로 또 아프리오리하게 앞서 있다. 다

>187　현사실성이라는 용어는 현존재가 시간적이라는 것을, 현존재가 역사성을 갖고
있다는 것을 말해준다. 이런 점에서 근대철학에서처럼 인간을 모든 경험에서 벗어난
선험적 주관으로서 이해하는 것은 불가능하다. 하이데거에게서 현사실성 없는 인간
을 상정하는 것은 불가능하기 때문이다.

시 말하면 언제나 이미 그런 것들 속에 놓여 있는 것이다."[188] 이러한 염려는 현존재가 가지는 다양한 감정, 의욕, 충동, 성향을 앞서 있으며 현존재가 존재자와 관계하는 모든 방식의 존재론적인 토대가 된다.

　염려는 현존재의 분석에 있어서 하이데거가 제시하는 중요한 결론이다. 그는 염려라는 용어를 통해서 현존재의 존재에 대한 전체적인 구조를 제시하고 있는 것이다. 이러한 염려는 다양한 양태로 현존재가 존재자와 관계 맺도록 한다. 그런데 이러한 염려가 현존재의 특정한 감정적 상태나 관계를 드러내는 것이 아니기 때문에 그것의 구조를 획일적으로 파악하는 것은 쉬운 일이 아니다. 염려는 현존재의 존재로서 그것은 특정한 존재자의 구조를 존재적으로 드러내는 것처럼 다루어질 수 없다. 염려는 근심이나 걱정처럼 존재적으로 이해해서는 안 된다.

　하이데거는 42절에서 현존재의 존재를 염려로서 해석하는 배경을 고대 그리스의 휘기누스(Hyginus)의 우화에서 찾고 있다. 하이데거는 여기에서 이러한 우화를 끌어들임으로써 현존재의 존재를 염려(Cura)라고 규정하는 자신의 입장을 정당화하고 있다. 이 우화의 내용을 요약하면 다음과 같다:

　쿠라(염려)가 강을 건넜을 때 거기에서 쿠라는 진흙을 발견하였다. 곰곰이 생각하면서 쿠라는 진흙 한 덩어리를 떼어내어 무엇인가를 만들기 시작했다. 쿠라가 자신이 만든 것을 옆에 놓고 생각에 잠겨 있을 때 주피터가 다가왔다. 쿠라는 자신이 만든 것에 정신을 부여해달라고 주피터에게 부탁하였는데, 주피터는 이 부탁을 들어주었다. 그런데 자기가 만든 형상에 쿠라가 자신의 이름을 붙이려고 하자

---

[188]　SZ, 193쪽.

주피터는 이를 반대하고 자기 이름을 붙여야 한다고 주장하였다. 이름 때문에 쿠라와 주피터가 다투고 있을 때 텔루스(대지)도 나서서 그 형상에는 자기 몸의 일부가 제공되었기 때문에 자기 이름이 붙여지길 바랐다. 다툼이 해결되지 않자 그들은 사투르(Saturn)에게 판결을 요청했다. 사투르는 다음과 같이 판결하였다. 정신을 준 주피터는 만들어진 것이 죽을 때 정신을 갖도록 하고, 육체를 준 텔루스는 육체를 가져가라. 그러나 쿠라가 이것을 먼저 만들었으므로 이것이 살아 있는 동안 쿠라의 것으로 하는 것이 좋겠다고 판결을 내린다. 그러나 사투르는 이름 때문에 싸움이 생겼기 때문에 호모(homo)라고 부르는 것이 좋겠다고 중재한다. 그 이유는 쿠라가 만든 것이 후무스(땅)로 만들어졌기 때문이다.[189]

   하이데거가 이러한 우화를 통해서 상징적으로 말하고자 하는 것은 인간의 본질은 죽은 다음에 정신이나 육체로 나뉠 수 있을지는 몰라도 살아 있는 동안에는 쿠라의 지배를 받는다는 점이다. 쿠라에 의해서 만들어진 것을 인간(homo)이라고 부르는 것은 그가 흙(humus)으로 이루어졌기 때문일 뿐이다. 인간이 살아 있는 한 쿠라의 것으로 한다는 것은 인간은 자신의 근원과 관련하여 항상 염려하는 존재자일 수밖에 없다는 것을 말해준다. 그런데 우리는 여기에서 이러한 인간의 본질이 염려라는 점이 시간의 신인 사투르에 의해서 밝혀진다는 점에 주목해볼 필요가 있다. 우리는 이 점에서 인간의 본질이 무엇인가는 바로 시간에 의해서 설명될 수 있다고 이해할 수도 있을 것이다. 쿠라의 우화 속에서 제시되는 핵심내용은 인간은 시간적인 존재일 수밖에 없다는 점인데, 이것은 『존재와 시간』 2편의 현존재와

---

[189]   SZ, 198쪽.

시간성에서 잘 묘사되고 있다.

여기에서 쿠라의 우화가 제시하는 것을 현존재분석과 관련하여 정리해보면 인간은 자신의 고유한 존재가능성을 위해서 끊임없이 염려하고 노력하는 존재자라는 점이다. 그런데 이것은 단지 인간이라는 존재자가 항상 근심에 차 있고 걱정과 고민 속에서 살아가야 한다는 것을 의미하지 않는다. 오히려 하이데거가 여기에서 말하고자 하는 것은 인간은 세계 내에서 이러한 근심과 걱정에 내던져진 존재자이지만 자신의 실존을 위해서 끊임없이 노력해야 한다는 점이다. 또한 이 점은 비록 우화를 통해서지만 하이데거가 현존재인 인간의 특성을 이전의 철학과는 다른 각도에서 고찰해야 한다는 것을 말해주고 있다.

하이데거는 43절에서 실재성(Realität)의 문제를 다루고 있다. 실재성이라는 용어는 전통적인 철학의 주제로서 세계가 어떻게 존재하는지를 논의하는 데 있어서 간과할 수 없는 중요한 주제이다. 하이데거는 여기에서 이전의 철학자들과는 다르게 실재성의 문제를 다루고 있다.

전통철학은 세계를 사물 또는 막연히 있는 존재자들의 집합으로 간주하고 여기에서 세계에 존재하는 것을 그것의 실체성으로부터 이해하게 된다. 세계에 존재하는 사물들은 실재하는(real) 하나의 대상으로 또는 객관으로 전락하게 된다. 여기에서 사물의 존재는 실재성으로 규정된다. 그런데 이처럼 세계의 존재를 실재성 위에서 파악하는 전통철학은 현존재도 다른 존재자처럼 실재하는 것으로만 규정하게 된다. 하이데거는 이러한 전통철학의 실재성이해를 비판한다: "존재는 실재성이라는 의미를 지닌다. 존재의 근본규정은 실체성(Substanzialität)이 된다. 이렇게 존재이해가 잘못 놓여짐에 따라 현존재의 존재론적 이해도 이러한 존재개념의 지평으로 옮겨가게 된다. 현존재도 다른 존재자와 마찬가지로 실재적으로 막연히 있게 된다. 여

기에서 존재 일반은 실재성이라는 의미를 지니게 된다. 따라서 실재
성이라는 개념이 존재론적 문제성에서 특유의 우위를 차지한다. 이
우위가 현존재의 진정한 실존론적 분석론으로 가는 길을 가로막을
뿐만 아니라 세계내부적으로 가장 가까운 도구존재자의 존재로 향하
는 시선까지도 이미 가로막고 있다.">[190]

하이데거의 주장에 따르면 실재성은 하나의 존재양식일 뿐이며,
이러한 실재성은 존재론적으로 보자면 현존재가 존재자와 관계하는
방식에 근거해 있는 것이다. 여기에서 데카르트의 철학에서처럼 사유
와 구분되는 연장의 전체로서 세계의 존재를 이해하는 것은 비판받는
다. 왜냐하면 세계에 있는 사물의 실재는 결코 데카르트처럼 실체적
으로 있을 수 없기 때문이다. 하이데거가 보기에는 데카르트에서의
실재성의 문제는 현존재가 어떤 식으로 존재자와 관계하는지를 살펴
볼 수 있는 통로를 전혀 제공해주지 않고 있다. 데카르트의 사물들, 세
계는 단지 막연히 있는 존재자들의 집합체에 불과할 뿐이며, 염려로서
의 현존재가 어떻게 그러한 세계에 관계하는가를 설명해주지 않는다.

하이데거는 여기에서 세계의 실재성에 대해서 다룰 때에 주목해
야 할 점을 네 가지로 구분하고 있다. 첫째로 의식을 초월해서 존재
하는 존재자가 있을 수 있는가의 문제이다. 둘째는 외부세계의 실재
성이 과연 증명될 수 있는가의 문제이다. 셋째는 하나의 존재자가 실
재적이라고 할 때 얼마만큼 그 존재자 자체를 인식할 수 있는가의 문
제이다. 넷째로는 이러한 존재자의 존재, 즉 실재성이 어떤 것을 의
미하는가의 문제이다. 이 네 가지 문제는 엄밀한 의미에서 말하자면
서로 구분되는 것이 아니라 밀접하게 연결되어 있다. 하이데거는 이

>[190] SZ, 201쪽.

문제들이 세계의 존재에 대한 관념론과 실재론자들의 논쟁에서부터
야기된 것이라고 보고 있다.

　하이데거는 실재성의 문제를 끌어들임으로써 현존재와 세계의
관계를 좀 더 적극적으로 기술하고 있다. 그에 따르면 전통철학의 물
음들, 특히 근대철학에서 중요한 물음이었던 도대체 세계가 있는가,
만약 세계가 있다면 우리의 외부에 어떻게 있는가의 문제들은 이미
현존재를 세계-내-존재로 규정한 이상 의미 없는 물음일 뿐이다. 왜
냐하면 세계는 현존재의 존재와 함께 본질적으로 이미 개시되어 있기
때문이다. 또한 세계는 현존재가 있는 한에서 이미 주어져 있기 때문
이다. 이것은 현존재를 어떤 실체적인 것으로 간주하는 것을 반대하
는 하이데거의 입장에서 보면 당연한 입장인 것이다. 여기에서 보면
사물의 실재성은 현존재와의 관계 속에서 파악되어야만 한다. 이런
이유에서 먼저 세계현상 자체가 어떻게 가능한가를 밝히지 않고서 외
부세계의 실재성에 대해서 물음을 제기하는 것은 잘못된 것이다.

　하이데거는 실재성의 문제를 다루는 데 있어서 데카르트보다는
칸트를 긍정적으로 평가한다. 데카르트는 외부세계에 있는 사물들을
실체로서 파악함으로써 또 하나의 실체인 인간정신과의 단절을 야기
한다. 그러나 칸트는 데카르트에게서는 실체라고 볼 수 있는 물자체
의 세계를 부정하고 주관에 의해서 구성된 객관전체로서 세계를 이
해하는데, 이를 통해서 주관과 객관, 달리 말하자면 인간과 세계의
긴밀한 관계를 제시하려고 하기 때문이다. 그러나 이런 점에도 불구
하고 하이데거는 실재성에 대한 논의에 있어서 칸트도 역시 데카르
트적인 노선에서 완전히 벗어나지 않고 있음을 비판한다. 하이데거
는 이 점을 다음과 같이 언급하고 있다: "그러나 비록 고립된 주관과
내적 경험의 존재적 우위가 포기되었다고 하지만, 존재론적으로는

여전히 데카르트의 입장이 유지되어 있을 것이다. 칸트가 증명하고 있는 것은 — 이 증명과 그 기초일반의 정당성은 일단 받아들인다고 하더라도 — 변하는 존재자와 지속하는 존재자가 필연적으로 함께 막연히 있다는 것이다. 그러나 이러한 두 개의 막연히 있는 존재자의 이러한 동위성(Gleichordnung)은 결코 주관과 객관이 함께 막연히 있음을 의미하는 것이 아니다. 또 비록 이것이 증명되었다고 하더라도 존재론적으로 결정적인 것, 즉 주관의 근본틀인 현존재의 근본틀이 세계-내-존재라는 점은 여전히 은폐되어 있다. 물리적인 것과 심리적인 것이 함께 막연히 있다는 것은 존재적이거나 존재론적이든 간에 세계-내-존재의 현상과는 완전히 다른 것이다."[191]

　하이데거는 여기에서 실재론자와 관념론자 양자를 모두 비판한다. 그 이유는 실재론과 관념론 모두 너무 인식론적인 입장에서만 인간과 세계의 관계를 설명하기 때문이다. 실재론자에 대한 하이데거의 비판은 다음과 같다: "세계-내-존재로서의 현존재와 함께 세계내부적인 존재자는 그때마다 이미 개시되어 있다. 이러한 실존론적-존재론적 진술은 외부세계는 실재적으로 막연하게 있다는 실재론의 주장과 일치하는 것처럼 보인다. 실존론적인 진술에서 세계내부적인 존재자의 막연히 있음이 부인되지 않는 한, 그 진술은 결과적으로는 — 학설적으로(doxographisch) 말하자면 — 실재론의 주장과 일치한다. 그러나 실존론적 진술이 모든 실재론과 원칙적으로 구분되는 것은 실재론은 세계의 실재성 증명을 필요로 하지만 그러나 동시에 증명가능하다고 간주한다는 점이다. 이 두 가지는 실존론적 진술에서는 당장 부정된다."[192]

---

[191]　SZ, 204쪽.

실재론은 사물들이 현존재와 아무런 관련이 없이 존재할 수 있다는 점을 강조하는데, 현존재를 세계-내-존재라고 규정하는 하이데거는 이러한 실재론의 입장을 받아들일 수 없다. 왜냐하면 오히려 사물의 실재성은 현존재의 존재에 근거해서 해석되어야 하기 때문이다.

하이데거는 다음으로 관념론을 다음과 같이 비판하고 있다: "관념론이 존재와 실재성은 오직 의식 안에만 있다고 강조할 때에는 존재는 존재자에 의해서 설명될 수 없다는 이해가 표현된다. 그러나 존재이해 자체가 무엇을 의미하는가, 어떻게 그것이 가능한가 그리고 그 존재이해가 현존재의 존재들에 속한다는 것이 해명되지 않는 한에서는 관념론의 실재성 해석은 공허한 것일 뿐이다. 존재가 존재자에 의해서 설명될 수 없고 실재성은 존재이해에서만 가능하다는 것이 의식의 존재, 즉 사유(res cogitans) 자체는 묻지 않아도 된다는 것을 의미하지 않는다. 관념론적 주장의 귀결 속에는 의식 자신의 존재론적 분석이 불가결한 선행과제로 놓여 있을 뿐이다."[193]

하이데거의 관념론에 대한 입장은 실재론에 대한 입장보다는 우호적인 것처럼 보인다. 그러나 관념론이 모든 사물의 존재를 주관이나 의식으로 환원시키면서도 주관이나 의식의 존재에 대해서 근본적으로 물음을 제기하지 않는 것은 실재론 못지않게 받아들일 수 없는 태도라는 것이 하이데거의 지적이다. 실재론과 관념론에 대한 하이데거의 비판은 실재성의 문제를 인식론적으로만 해결하려 한다는 것에 있다.[194] 실재성의 문제는 존재론적으로 다루어져야 한다. 하이데거는 세계라는 현상이 세계-내-존재의 본질적 구조계기로서 현존재의 근본틀이

---

[192] SZ, 207쪽.

[193] SZ, 207쪽.

라는 입장에서 사물(res)의 실재성에 다가가야 한다는 것을 강조한다. 그 이유는 세계가 세계-내-존재인 현존재의 존재구조에 밀접히 연결되어 있기 때문인데, 이러한 실재성의 문제는 하이데거로 하여금 현존재의 존재에 대한 독특한 이해를 전개하는 계기를 제공한다.

하이데거는 여기에서 실재성에 관한 자신의 독특한 입장을 제시하기 위해서 실재성에 대한 딜타이의 입장을 소개하고 있다. 딜타이에 따르면 실재성은 저항성(Widerständigkeit)이다. 그러나 하이데거는 '더 이상 소급될 수 없는 삶'에서 출발하는 딜타이의 철학이 현존재에 대한 존재론적 해석에까지 도달하지 못했다고 평가한다. 하이데거는 실재성이 저항성에 의해서만 규정될 때 생기는 문제점을 지적하는데, 그는 이러한 저항성은 실재성의 특성 중에 하나에 불과하며 그것은 필연적으로 이미 개시된 세계가 전제되어야 한다고 본다.[195]

하이데거는 실재성의 문제는 염려라는 현상에 근거해서 다루어져야 한다는 것을 강조한다. 실재성은 현존재의 존재에 근거해서 다루어져야 하기 때문이다. 이러한 하이데거의 주장은 현존재의 존재에 대한 실존론적-존재론적인 분석의 필요성을 강조하는 것으로 이해할 수 있다.

하이데거는 44절에서 진리의 문제를 다루고 있다. 진리의 문제는 철학사의 전개에 있어서 매우 중요한 주제인데, 왜냐하면 철학은 다른 것이 아니라 진리를 추구하는 학문이라고 할 수 있기 때문이다. 고대 그리스의 탈레스, 소크라테스, 플라톤, 아리스토텔레스에서부터 근대

---

[194] 이런 점에서 하이데거는 데카르트의 cogito ergo sum은 sum ergo cogito로 바꾸어서 말해져야 한다고 지적하고 있다. 이것은 실재성의 문제에 대한 존재론적 논의의 중요성을 드러내주는 것이다. SZ, 211쪽.

[195] SZ, 211쪽.

의 데카르트를 거처 칸트와 헤겔 그리고 현대의 수많은 철학자들이 추구하는 것은 다른 것이 아니라 이러한 진리의 탐구이기 때문이다.

그러나 하이데거는 진리의 문제가 독립적으로 논의될 수 있는 것이 아니라 존재의 문제와 깊게 연결되어 있다고 생각한다. 하이데거의 해석에 따르면 진리와 존재의 문제를 같이 다루었던 사람은 파르메니데스이다. 파르메니데스의 입장은 사유와 존재를 동일시하는 것인데, 이러한 존재는 사유(noein)를 통해서 다가갈 수 있는 것이다. 우리가 생각할 수 있는 것은, 즉 사유할 수 있는 것은 존재뿐이다. 파르메니데스에게서 진리는 다른 것이 아니라 이러한 존재, 정확히 말하자면 존재자의 존재를 탐구하는 것이다. 아리스토텔레스는 철학이 다른 것이 아니라 진리에 관한 학문이라고 생각하는데, 엄밀하게 말하자면 또한 그것은 존재자를 존재자로서, 즉 존재자의 존재를 탐구하는 것이라고 본다.

하이데거의 입장에서도 진리는 존재의 문제와 밀접히 연결되어 있다. 하이데거는 이 절에서 진리의 문제를 존재론에서 다루어야 한다는 것을 역설한다.『존재와 시간』에서 전개하는 기초존재론 그리고 현존재분석론을 전개하는 하이데거는 이런 이유에서 진리와 존재의 문제를 중요하게 다룬다. 그러나 여기에서 우리가 주목할 점은 하이데거는 종래의 진리관을 그대로 답습하는 데 머무는 것이 아니라 진리의 의미를 새로운 방식으로 해석하고 있다는 것이다.

하이데거는 우선 전통적인 진리개념을 분석한다. 그에 따르면 진리에 대한 전통적인 견해는 다음의 세 가지로 요약할 수 있다. 첫 번째는 진리의 장소는 진술이다라는 입장이다. 두 번째는 진리의 본질은 판단과 그 대상의 일치에 있다는 것이다. 세 번째는 진리가 판단에 있다고 하거나 대상과 판단의 일치로 보는 견해이다.[196] 이런 구분에도 불구하고 하이데거는 전통적으로 진리는 일치(adaequatio), 즉 판단과 대상의 일치라고 이해하였다. 하이데거는 이러한 일치라는 용어에 관심을 두고서 진리에 대한 논의를 시작한다. 그는 다음과 같이 말한다: "도대체 일치라는 용어는 무엇을 의미하는가? 어떤 것과 어떤 것과의 일치는 어떤 것과 어떤 것과의 관계라는 형식적 특성을 가지고 있다. 모든 일치와 마찬가지로 진리도 하나의 관계이다."[197]

하이데거는 일치라는 용어를 관계로 해석함으로써 진리의 문제를 존재의 문제와 연결시키고 있다. 이 점은 하이데거의 다음과 같은 언급에서 잘 나타나 있다: "…어떤 점에서 지성(intellectus)과 사물(res)은 일치하는가? 지성과 사물은 양자의 존재양식과 본질내용으로 보아 양자가 그 점에서 일치할 수 있는 어떤 것을 도대체 제공하고 있는가? 양자 사이에는 동종성이 없으므로 이들이 같을 수 없다고 한다면 양자(지성과 사물)는 서로 닮은 것인가? 그러나 인식은 사상을 그것이 있는 바와 같이 그렇게 주어야 한다. 일치는 '~와 같이 그렇게'라는 관계특성을 갖고 있다. 어떤 방식으로 이러한 관계는 지성과 사물 사이의 관계로서 가능한가? 이런 물음들로부터 다음의 사실이 명확해진다. 진리의 구조를 설명하기 위해서는 이 관계 전체를 그냥 전제하는 것은 불충분하고 이 전체 그 자체를 담지하고 있는 존재연관(Seinszusammenhang) 속으로 소급해서 물어가지 않으면 안 된다는 것이다."[198]

---

[196] 하이데거에 따르면 아리스토텔레스는 진리의 근원적 장소가 판단이라고 강하게 주장하지는 않았다. SZ, 226쪽.

[197] SZ, 216쪽. 전통적인 진리이론으로는 진리대응설, 진리정합설 그리고 실용주의적 입장을 언급할 수 있다.

[198] SZ, 216쪽.

그런데 여기에서 일치를 지성과 사물 사이의 존재연관으로서 파악할 때 생기는 문제는 지성과 사물 또는 주관과 객관 중에 어느 쪽에 비중을 두는가의 문제이다. 지성과 사물 중 어느 쪽에 비중을 두는가에 따라서 전통철학에서 진리에 대한 이해는 실재론적이거나 관념론적으로 기울게 된다. 하이데거는 여기에서 실재론이나 관념론 중에서 하나를 옹호하는 것이 아니라 이러한 관계에 대한 존재론적인 물음제기의 필요성을 역설하고 있다. 하이데거에 따르면 이러한 물음은 서양철학사의 흐름 속에서 제대로 제기되지 않았는데, 이것은 한편으로는 진리를 파악한다는 것의 어려움을 드러내주는 측면이기도 하다.

전통적인 방식에서 진리는 사물과 지성의 일치라고 규정한다고 했는데, 이것을 예를 들어서 설명해보자. 이 책상 위에는 연필 한 자루가 있다라는 진술이 참인지 아닌지는 우리가 책상 위를 관찰하면 알 수 있다. 우리의 시선을 책상 위로 고정시켜서 그 위에 연필 한 자루가 있음을 발견할 때 그 진술은 진리가 되는 것이다. 하이데거는 여기에서 일치가 아니라 발견이라는 말을 사용하는데, 이것은 진리는 존재자를 발견한다는 의미를 갖고 있기 때문이다. 하이데거는 다음과 같이 말하고 있다: "진술이 참이다라는 것은 진술이 존재자를 그 자체에 즉해서 발견한다는 뜻이다. 진술은 존재자를 그 피발견성에 있어서 진술하고, 제시하고, 보이게 한다. 진술의 참임(진리)은 발견하면서 있음으로서 이해되어야 한다. 그러므로 진리는 결코 한 존재자(주관)가 다른 존재자(객관)에 동화한다는 의미에서의 인식작용과 대상 사이의 일치라는 구조를 갖고 있는 것이 아니다."[199]

진리는 존재자를 발견하는 것을 의미한다. 이러한 하이데거의 주

[199] SZ, 218쪽.

장은 전통적인 진리관과 구분되는 독특한 주장이다. 그런데 여기에서 주목할 것은 존재자를 발견하는 것이 누구인가의 문제인데, 하이데거는 존재자를 발견하는 것이 세계-내-존재에 근거해서만 가능하다고 말하면서 진리, 즉 존재자를 발굴하는 것이 세계-내-존재로서의 현존재에 근거하고 있음을 강조하고 있다.

하이데거 스스로는 이러한 진리개념이 어쩌면 터무니없는 것으로 보일 수도 있다는 점을 간과하지 않는다. 그러나 하이데거는 이렇게 진리를 해석할 수 있는 씨앗이 이미 고대철학에 숨어 있다는 것을 강조하고 있다. 특히 하이데거는 아리스토텔레스가 진리를 뜻하는 단어인 aletheia를 현상이라는 용어와 동일시하였다는 것을 예로 들고 또한 헤라클레이토스가 진리현상을 피발견성(Entdecktheit) 또는 비은폐성(Unverborgenheit)으로 보았던 것을 언급하고 있다. 그러나 하이데거는 이러한 자신의 진리개념이 전통적인 진리개념을 전적으로 거부하거나 뒤흔드는 것이 아니라 진리의 의미를 좀 더 근원적으로 파악하는 것이라는 점을 강조한다.[200] 이 위에서 하이데거는 진리를 피발견성으로 해석하는 것은 현존재의 분석에서 야기한다고 말한다. "발견하면서 있음으로서의 진리존재(Wahrsein)는 현존재의 하나의 존재방식이다. 이러한 발견함 자체를 가능하게 하는 것은 필연적으로 보다 더 근원적인 의미에서 참이라고 불러야 한다. 발견함 자체의 실존론적-존재론적 기초가 비로소 진리의 가장 근원적인 현상을 제시하는 것이다."[201]

앞서 우리는 세계-내-존재로서의 현존재가 개시성 속에서 막연히

>200 SZ, 220쪽.

>201 SZ, 220쪽.

있는 존재자를 도구존재자로 만들어간다는 것을 말한 바 있다. 이러한 개시성은 처해있음, 이해 그리고 말을 통해서 구성되며 염려로서의 현존재는 다양한 존재자를 존재자로서 개시성에 근거해서 발굴해내는 것이다. 각각의 존재자들의 피발견성은 — 이것은 존재자의 측면에서 진리를 말하는 것인데 — 현존재의 개시성에 근거한다. 하이데거는 이런 점에서 "따라서 진리의 가장 근원적인 현상은 현존재의 개시성을 통해서 비로소 도달된다"라고 말하고 있다.[202]

　이러한 하이데거의 주장은 현존재가 진리 한가운데 있다는 것인데, 이 주장이 갖고 있는 실존론적인 의미를 정리하면 다음과 같다. 첫째, 현존재에게는 근본적으로 개시성이란 현상이 속한다는 것이다. 개시성은 염려로서의 현존재가 세계 속에서 존재자를 발견할 수 있는 근본적인 현상이다. 이러한 현존재의 개시성이 없이는 존재자의 피발견성도 없다. 둘째, 현존재는 진리와 비진리 가운데 동근원적으로 있다. 이것은 현존재가 기투하면서 자신의 존재가능을 실현하기도 하지만 다른 한편으로는 이러한 현존재에게 빠져있음이라는 실존범주가 속하기 때문에 현존재는 존재자를 발굴하면서 뿐만 아니라 존재자를 은폐하면서 있을 수도 있다는 것을 말해준다. 이런 점에서 하이데거는 "현존재는 본질상 빠져 있기 때문에 그 존재틀에서 보면 비진리 가운데 있다"라고 말한다.

　이러한 하이데거의 주장에 따르면 철학사에서 진리의 문제가 왜곡되거나 제대로 다루어지지 않은 이유는 현존재에 대한 올바른 이해를 추구하지 않았기 때문이다. 이런 이유에서 하이데거는 "진리는 현존재가 있는 한에서만 또 그 동안에만 있다"라고 말한다. 존재자는

>202　SZ, 220쪽 이하.

현존재가 있는 그때에 비로소 발견되고 그 동안에만 개시되기 때문이다. 이러한 주장은 현존재분석론이 제시하는 중요한 결론 중의 하나인데, 이를 통해서 우리는 진리의 문제가 단지 인식론적인 입장에서 다루어지는 것이 아니라는 것을 알 수 있다. 그런 점에서 모든 진리는 현존재의 존재양식에 의해서, 즉 현존재의 존재와 상관적으로 논의되어야 한다는 것을 알 수 있을 것이다.

3. 현존재와 시간성

1) 현존재와 죽음으로 향한 존재

하이데거는 45절에서 지금까지 현존재를 예비적으로 분석한 것의 결과와 앞으로 이 현존재를 어떻게 해석할 것인가를 언급하고 있다. 우선 현존재의 예비적인 분석을 통해서 밝혀진 것은 자신의 존재를 이해하는 현존재가 세계-내-존재라는 구조를 갖고 있으며 이러한 현존재는 끊임없이 자신의 존재를 개시하는 존재자이다. 현존재는 그때마다 나 자신으로 있으면서 실존을 자신의 본질로 삼는데, 이러한 현존재는 자신의 존재를 이해하면서 존재하고 그러면서 이 존재 자체를 문제로 삼는 존재자이다.

이러한 현존재의 존재특성을 전체적으로 각인하는 용어가 염려인데, 이것은 현존재의 존재에 대한 존재론적 고찰을 전개했던 『존재와 시간』 1편의 결과이기도 하다. 그러나 1편에서 전개된 현존재의 실존론적 분석은 현존재의 존재가 무엇인가라는 물음에 대한 완벽한 답변이라고 할 수는 없다. 그래서 하이데거는 2편에서 현존재의 존재에 대한 존재론적 분석을 전개한다. 또한 1편에서는 현존재의 존재를 비본래적인 면에서 논의하였는데, 이제 2편에서는 본래적인 면에서 논의한다.

특히 하이데거는 2편에서 현존재의 죽음에 대해서 언급하는데, 이것은 현존재의 시간성에 근거해서 이루어진다. 이러한 죽음에 대한 고찰은 필수적인데, 왜냐하면 실존하는 존재자에게 죽음은 항상 어떤 식으로든 다가와 있는 것이기 때문이다. 또한 현존재는 자신의 존재 속에서 자기의 본래적인 실존의 가능성과 방식을 양심이라는 현상에 근거해서 제시할 수 있다. 하이데거에 따르면 이러한 죽음과 양심은 현존재의 본래적 존재를 드러내주는 근원적인 현상이다.

하이데거는 47절에서 현존재가 타자의 죽음을 경험하면서 죽음에 대한 생각, 즉 자기 자신도 죽을 수밖에 없다는 사실을 어떻게 깨닫게 되는지 다루고 있다. 우리는 일상 속에서 타자의 죽음을 곳곳에서 경험한다. 현존재는 이러한 타자의 죽음을 쉽게 경험한다. 우리는 우리가 알고 있는 사람이나 모르고 있는 사람의 죽음을 통해서 누군가가 죽었다는 것을 경험하게 된다. 우리는 이렇게 타인이 죽는 것을 통해서 객관적으로 죽음을 경험한다. 물론 여기에서 타자의 죽음이 바로 현존재인 나의 죽음을 직접적으로 경험하게 하지는 않는다. 그러나 비록 타자의 죽음을 통해서 내가 직접적으로 죽음을 경험하는 것은 아니지만 나 자신도 직접 죽음을 체험하는 타자처럼 죽음에 이를 수 있다는 점을 자각하게 한다. 하이데거는 이 점을 다음과 설명하고 있다: "타자의 죽음에서 우리는 한 존재자가 현존재(또는 삶)라는 존재양식으로부터 더 이상 현존재가 아님으로 급변한 것으로 규정되는 이상한 존재현상을 경험할 수 있다."[203]

---
[203] SZ, 238쪽.

　우리는 이러한 타자의 죽음을 통해서 인간은 모두 죽을 수밖에 없다는 것을 느끼게 된다. 그러나 우리가 타자의 죽음에 함께한다고 해서 우리 자신이 직접 죽음을 체험할 수는 없다. 설령 죽은 사람 곁에 있다고 해서 나의 죽음 자체를 우리가 경험하지는 않기 때문이다. 우리는 타인의 죽음을 통해서 죽음이라는 것이 종말이며 상실이라는 것을 느낄 수는 있겠지만 그것은 죽은 사람 자신이 직접 감당해야 하는 것 이상은 아니다. "우리는 진정한 의미에서 타자의 죽음을 경험하는 것이 아니고 기껏해야 언제나 거기에 있을 뿐이다."[204] 우리가 아무리 죽은 사람을 그리워하고 그의 죽음을 안타까워한다고 하더라도 그것은 타자의 죽음 자체가 아니라 타자의 죽음에 대한 나의 태도를 드러내줄 뿐이다. 우리는 어떤 식으로든 타자의 죽음을 직접 경험할 수 없으며 그렇기 때문에 죽음은 결코 어느 누가 대신해줄 수는 없다고 말해야 한다. 물론 우리가 타자를 위해서 대신 죽을 수도 있겠지만 그것은 결코 타자의 죽음을 직접적으로 경험하는 것은 아니다. 하이데거가 말하듯이 어느 누구도 타자로부터 그의 죽음을 제거해줄 수는 없기 때문이다.[205] 죽음은 자신에게 고유한 것이기 때문이다.

　이러한 죽음은 그 어떤 누구도 대신 경험할 수 있는 것이 아니다. "죽는 것은 어느 현존재이든지 그때마다 스스로 받아들여야 한다. 죽음은 그것이 있는 한에서 본질적으로 그때마다 나의 죽음인 것이다."[206] 모든 인간은 반드시 죽음을 경험하지만 그러한 죽음은 각자에게 고유한 죽음일 뿐이다. 어떤 식으로든지 죽음은 결코 대신해줄 수 없는 고유한 현상이다. 죽음은 혼자서 맞이해야 하는 고통스러우면서도

---

[204]　SZ, 239쪽.
[205]　SZ, 240쪽.
[206]　SZ, 240쪽.

고독한 실존적인 현상인 것이다. 현존재의 실존이 각자성에 근거해서 이루어지듯이 죽음이라는 근원적인 현상도 각자성 위에서 경험할 수 있는 것이다.

하이데거는 48절에서 현존재가 죽음에 이른다는 것이 갖고 있는 의미를 토대로 실존하는 존재자인 현존재가 어떻게 전체적으로 자신의 존재를 구성하는가에 대해서 언급하고 있다. 하이데거에 따르면 현존재의 죽음은 궁극적인 목적지에 도달하는 것이나 성숙을 의미하지 않는다. 과일은 성숙과 함께 자기를 완성한다. 그러나 현존재가 도달하는 죽음은 이러한 성숙과는 다른 것이다. 현존재의 죽음은 보다 더 나은 삶을 보증해주거나 본래적인 자신의 모습으로 다가가는 것을 의미하지도 않는다. 그렇다고 현존재의 죽음은 내리던 비가 그쳤을 때처럼 어떤 존재자가 소멸하거나 끝나버리는 것을 의미하지 않는다. 죽음을 경험하는 현존재는 자신의 존재를 완성시키거나 소멸시키는 것이 아니다. 현존재의 종말로서의 죽음이 가진 특성은 이런 것과는 다른 것이다. 하이데거는 이처럼 현존재의 죽음이 지닌 독특한 특성을 다음과 같이 묘사하고 있다: "오히려 현존재는 존재하는 한 부단히 이미 자신은 아직 아님으로 있다. 이와 마찬가지로 현존재는 이미 언제나 자신의 종말로 있기도 한다. 죽음이라는 말이 의미하는 끝남은 결코 현존재의 끝에있음(Zu-Ende-sein)이 아니라 이 존재자가 죽음에 이르는 존재라는 것이다. 죽음은 현존재가 존재하자마자 그 현존재가 받아들이는 하나의 존재방식이다."[207]

하이데거는 49절에서 죽음이 삶의 한 현상이라고 주장한다. 이러한 삶은 세계-내-존재로서의 현존재가 속하는 것이다. 삶은 존재하

[207] SZ, 245쪽.

는 모든 존재자, 즉 현존재와 다른 생명체들을 포괄하는 것이다. 그러나 현존재의 죽음에 대한 실존론적인 해석은 죽음이 다른 모든 생명체들의 생명이 끝나버리는 것과는 다른 것이라는 점을 제시한다. 죽음에 대한 실존론적인 설명은 생명체의 생명이 끝나버리는 것을 다루는 것과는 다른 것이다. 이런 점에서 죽음에 대해서 실존론적 분석은 생물학, 심리학과 신학에서 제시하는 죽음에 대한 이해를 넘어서는 것이다. 막연히 있는 존재자로서는 결코 접근할 수 없는 현존재에 숙명적으로 다가와 있는 죽음의 분석은 어떤 식으로든 존재론적으로 규명되어야 할 것이기 때문이다.

50절에서는 죽음에 대한 실존론적-존재론적 밑그림을 제시하고 있다. 여기에서 죽음은 현존재의 근본틀인 염려(Sorge)와 관련하여 해석된다. 이러한 죽음은 현존재의 눈앞에 다급하게 다가서 있는 것이다. 만약 우리 자신이 며칠 안에 죽게 된다고 한다면 내 앞에 다가온 죽음은 그 어떤 것보다도 가까이 임박해있음을 느낄 것이다. 하이데거는 우리 앞에 서 있는 이러한 죽음에 대해서 갖는 현존재의 태도를 임박함(Bevorstand)이라고 부르고 있다. 하이데거는 이 점을 다음과 같이 설명하고 있다: "죽음은 그때마다 현존재 자신이 받아들이지 않으면 안 되는 하나의 존재가능성이다. 현존재 자신은 죽음과 함께 자기의 가장 고유한 존재가능에 있어서 자기에게 다급하게 다가선다. 이 가능성에 있어서 현존재에게는 자신의 세계-내-존재가 단적으로 중대하게 문제된다. 현존재의 죽음은 더 이상 현존재일 수 없다는 가능성이다. … 현존재는 존재가능으로서 죽음의 가능성을 뛰어넘을 수 없다. 죽음은 현존재의 절대적 불가능성이라는 가능성이다. 그리하여 죽음은 현존재의 가장 고유하고 비타협적이고 뛰어넘을 수 없는 가능성으로서 드러난다. 그러한 가능성으로서의 죽음은 하나의 두드러진 임박함이다."[208] 이러한 임박함은 현존재 자신을 앞지르는 방식으로 개시된다.

하이데거는 여기에서 우리가 죽음의 순간에 죽음 자체를 어떻게 느끼는가를 설명하려는 것이 아니라 언젠가는 우리에게 들이닥칠 죽음이 지금의 삶 속에서 어떤 의미를 갖는가를 실존론적으로 그리고 존재론적으로 기술하는 것을 과제로 삼는다.

어떠한 현존재라고 하더라도 자신의 고유한 죽음에 내던져 있고 우리가 세계-내-존재로서 살아가는 한 그러한 죽음에 직면함으로부터 벗어날 수 없다는 것은 결코 이론적으로 또는 객관적으로 설명할 수 없는 것이다. 죽음의 의미는 결코 막연한 앎을 통해서 드러나지는 않는다. 죽음 속에 우리가 내던져 있다는 사실은 오히려 앞서 언급했던 불안이라는 실존적인 현상을 통해서 잘 드러난다. 현존재의 실존을 구성하는 실존틀의 하나인 처해있음(Befindlichkeit)에 속하는 불안은 죽음에 직면한 현존재의 존재특성을 잘 드러내준다. 하이데거는 이 점을 다음과 같이 기술하고 있다: "죽음 앞에서의 불안은 가장 고유하고 비타협적이고 뛰어넘을 수 없는 존재가능에 직면한 불안이다. 불안의 대상은 세계-내-존재 자체이다. 불안의 이유는 단적으로 현존재의 존재가능이다. 죽음 앞에서의 불안은 생명이 끝나는 것(Ableben)에 대한 두려움과 혼동해서는 안 된다. 그것은 개인의 자의적이고 우연한 나약한 기분이 아니라 현존재의 근본적인 처해있음(Grundbefindlichkeit)이며 현존재가 자기의 종말을 향해 던져진 존재로서 실존한다는 것에 대한 개시성인 것이다."[209]

---

[208] SZ, 250쪽.
[209] SZ, 251쪽.

그러나 하이데거에 따르면 결코 우리가 피할 수 없는 죽음을 어떤 식으로든 일상인들은 회피하려고 한다. 현존재는 우선 대개 자신이 직면한 죽음으로부터 도피하여 자신의 유한성을 스스로 은폐시키려고 하기 때문이다. 그러나 이러한 도피와 은폐에도 불구하고 우리가 부정할 수 없는 사실은 "현존재는 실존하는 한 현실적으로 죽는다"는 냉엄한 현실이다.[210] 우리는 죽음 앞에서 그것을 회피하려고 하는 태도를 취하는 것이 당연하지만 그러나 그것을 회피하려고 하면 할수록 우리는 죽음 속으로 달려가는 것, 즉 죽음의 위력을 체험하는 것이다. 하이데거는 현존재와 죽음에 대한 이러한 설명을 통해서 죽음과 현존재의 존재인 염려와의 관계를 위한 밑그림을 제시하려고 한다.

하이데거는 51절에서는 현존재와 죽음의 관계를 일상성의 측면에서 고찰하고 있다. 앞서 현존재는 일상성 속에서 일상인이 되어버리고 공허한 말 속에서 자신의 이해를 드러낸다고 언급한 바 있다. 하이데거는 여기에서 일상인의 입장에서 죽음이 어떤 식으로 해석되는가를 언급하고 있다. 하이데거는 다음과 같이 말한다: "일상적인 상호성(Miteinander)이라는 공공성은 죽음을 부단히 발생하는 사건(Begegnis)으로서, 즉 죽는 일(Todesfall)로서 인식한다. 가깝거나 멀리 있는 사람들이 죽는다. 모르는 자들이 매일 매시간 죽는다. 죽음은 세계내부적으로 발생하는 주지의 사건으로서 만난다."[211]

우리는 죽음이란 현상이 일상인의 삶 속에서 쉽게 경험하는 것임을 알 수 있다. 우리는 일상인으로서 사람은 언젠가는 죽는다라고 쉽게 말을 할 수 있다. 그러나 이러한 말을 하는 일상인의 속마음은 어

▶210 SZ, 251쪽.
▶211 SZ, 251쪽 이하.

떤 것일까? 그것은 이러한 죽음은 결코 나 자신에게는 닥치지 않을 것이라는 점이다. 우리는 거리낌 없이 사람은 어쩔 수 없이 죽게 되어 있다고 말하면서도 그러한 죽음이 반드시 자신에게 어떤 식으로든 다가온다는 것을 모르는 척한다. 하이데거는 다음과 같이 말하고 있다: "사람은 죽는다는 것의 분석은 죽음에 이르는 일상적 존재의 존재양식을 의심의 여지없이 드러난다. 이 말 속에서 죽음은 규정되지 않은 어떤 것, 즉 애당초 어디서부터인가 찾아 들어오는 것은 틀림없지만 당장 자기 자신에게는 아직 눈앞에 있지 않기 때문에 위협적인 것이 아니라고 이해되고 있다."[212]

일상인에게 죽음은 다가오는 것이지만 그 죽음의 긴박함과 고유함은 사라지고 그냥 모든 사람에게 닥쳐오는 일반적인 사건이라는 식으로 느껴지게 된다. 따라서 일상인은 죽음 앞에서 자신의 존재를 염려하거나 걱정하지 않고 그냥 덤덤하게 마주하게 될 뿐이다. 이때에 죽음이라는 실존론적인 현상은 아무에게도 속하지 않는 일로 수평화되고 만다. 일상인이 존재자에 대해서만 관심을 가지면서 공허한 말을 하듯이 죽음에 대해서도 일상인은 공허한 말을 하게 된다. 죽음은 본질적으로 그 누군가가 대신해줄 수 없는 나의 고유한 죽음이지만 일상인은 무책임한 공허한 말 속에서 죽음은 도처에서 발생하는 것이며 나와는 상관없는 것처럼 간주한다. 공허한 말 속에서 일상인은 죽음의 비타협성과 뛰어넘을 수 없음을 은폐해버리고 만다. 얼핏 보기에 이러한 은폐는 우리가 죽음에 대해서 갖는 두려움과 걱정으로부터 우리를 위로하는 것처럼 보인다. 그러나 이러한 위안은 일상인이 죽음의 본질을 파악하는 것을 방해해버리고 죽음 앞에서

---

[212] SZ, 253쪽.

마땅히 다가오는 불안을 극복할 수 있는 실존적인 용기가 생기게 하지 않는다. 오히려 그러한 죽음으로부터 부단히 도망하도록 우리를 충동질할 뿐이다.

일상인은 죽음이 누구에게나 다가오는 것이라고 말하지만 정작 자기 자신은 그러한 죽음을 모면할 수 있을 것처럼 생각한다. 죽음에 이르는 존재는 일상인이라는 비본래적 존재 속에서 죽음으로부터 부단히 도피하려고 한다. 그러나 하이데거에 따르면 이러한 도피는 오히려 필연적으로 자신에게 다가오는 죽음의 절박함과 긴밀함을 드러내주는 역할을 한다. 죽음으로부터의 도피는 일상인이 죽음에 직면하고 있고 이러한 죽음을 회피할 수 없다는 것을 역설적으로 드러내준다. 하이데거는 이 점을 다음과 같이 설명하고 있다: "그러나 죽음으로부터의 몰락적인 도피로써 현존재의 일상성이 입증하는 것은 일상인이 비록 명백하게 죽음을 생각하지 않을 때에도 그때마다 이미 그 자신도 죽음에 이르는 존재로서 규정되어 있다는 것이다. 평균적인 일상성에 있어서도 현존재가 부단히 문제 삼는 것은 가장 고유하고 비타협적이며 뛰어넘을 수 없는 존재가능이다. 자기 실존의 가장 극단적인 가능성에 대항해서 번거롭지 않은 무관심이라는 배려의 양상 속에서도 그런 것이다."[213] 하이데거는 여기에서 일상인이 꺼려하는 죽음이라는 현상을 분석함으로써 죽음이 지닌 절박함, 피할 수 없음을 폭로하고 이러한 죽음이 지닌 실존적인 의미를 제시하려고 한다.

하이데거는 52절에서 죽음이라는 고유한 실존론적인 사건을 회피하려는 일상인의 태도에 대해서 부연 설명을 제시하고 있다. 이러한 부연 설명을 통해서 죽음에 대한 실존론적인 해석을 완전하게 하

[213] SZ, 254쪽 이하.

려는 것이 하이데거의 의도이다. 빠져있음이라는 비본래성 속에 놓여 있는 일상인은 자신이 죽음에 이르는 존재자라는 것을 은폐하면서 끊임없이 죽음을 회피하려고 한다. 이러한 회피는 사람이 언젠가는 죽지만 그러나 당장은 아닐 것이라는 생각에 근거하고 있다. 사람이 죽는다는 것은 결코 부인할 수 없는 필연적인 사실인데도 일상인은 이러한 죽음의 확실성을 애매하게 인정할 뿐이다. 일상인은 내가 언젠가는 죽겠지만 지금 당장은 아니라고, 다른 사람은 모르지만 나만큼은 죽음으로부터 벗어날 수 있다고 생각한다.

죽음이라는 사건은 모든 사람에게 다가오는 것이지만 그것을 사람들은 개연적인 것으로 이해하려고 한다. 그러므로 죽음이 현실로 된다는 사실을 심각하게 받아들이지는 않는다. 일상적인 현존재는 자신의 고유하고 비타협적이고 쉽게 뛰어넘을 수 없는 가능성을 교묘하게 은폐시켜버린다. 하이데거는 죽음에 대한 일상인의 이러한 태도가 현존재는 우선 대개 비진리 속에 있다는 점에서 이해될 수 있다고 본다. 이런 점에서 하이데거는 다음과 같이 말하고 있다: "사람들은 '죽음이 다가온다는 사실은 확실하다, 그러나 지금 당장은 아니다' 라고 말한다. 이 '그러나' 를 가지고 일상인은 죽음의 확실성을 거부한다. '당장은 아니다' 는 단순한 부정적 진술이 아니라 일상인의 자기 해석이다. … 이렇게 해서 일상인은 죽음은 모든 순간에 가능하다는 죽음의 확실한 특성을 은폐해버린다. 죽음의 확실성과 죽음의 무규정성은 결합되어 있다. 죽음에 이르는 일상적인 존재는 죽음의 무규정성에 규정성을 부여함으로써 그 무규정성을 회피하는 것이다."[214]

일상인은 자신의 삶 속에서 끊임없이 죽음으로부터 벗어나려는

---

[214] SZ, 257쪽.

성향을 갖고 있다. 그러나 우리는 여기에서 죽음에 대한 일상인의 이러한 회피적이고 애매한 태도일지라도 그가 죽음과 부단히 대결하고 있다는 것을 인정한다는 점을 간과해서는 안 된다. 이러한 회피는 오히려 인간이 어떤 식으로든 죽음에 대해서 관심을 갖고 있다는 것을 말해주며 나아가서 죽음이 인간에게는 숙명적인 것이라는 점을 드러내준다. 인간의 실존을 언급하는 하이데거에게 죽음에 대한 실존론적인 분석은 중요한 의미를 지닌다.

죽음에 대한 관심은 하이데거뿐만 아니라 서양철학의 전개에 있어서 중요한 역할을 했던 소크라테스에게서도 찾아볼 수 있다. 불멸하는 영혼의 존재를 믿었던 소크라테스는 죽음이 이러한 영혼을 소멸시키지 않는다는 것을 강조한다. 오히려 그에게 있어서 죽음은 다른 것이 아니라 인간의 존재가 영혼과 육체로 분리되는 것을 의미한다. 우리가 영혼을 선하고 올바르게 보살핀다면 죽은 후에도 영혼은 결코 소멸해버리지 않는다는 것이 소크라테스의 생각이다. 그에 따르면 철학은 이러한 영혼을 올바르게 돌보고 배려하는 것인데, 이런 이유에서 그는 철학은 다른 것이 아니라 영혼에 대한 배려(epimeleia)라고 규정한다. 이와 마찬가지로 철학은 죽음의 연습이라고도 할 수 있다. 소크라테스에 따르면 영혼은 죽음에 의해서 소멸해버리는 것이 아닌데, 우리는 이러한 죽음이 마치 우리의 영혼을 소멸시켜버리는 것처럼 생각하고 두려움을 느끼게 된다. 그러나 죽음은 단지 육체와 결합해 있는 영혼이 분리되는 현상일 뿐이다. 이러한 죽음의 본질을 직시하고 받아들이는 것이 필요한데, 여기에서 소크라테스는 철학을 죽음의 연습이라고 부르는 것이다.

하이데거는 53절에서 죽음에 이르는 현존재의 실존론적인 기투에 대해서 언급하고 있다. 이전까지는 죽음이 갖고 있는 실존론적인 의미를 다루었는데, 이를 통해서 일상인이 죽음에 대해 갖는 비본래적인 태도가 무엇인지를 밝혀냈다. 이제 하이데거는 여기에서 그러한 죽음에 대해서 우리가 어떻게 본래적인 모습을 드러낼 수 있는가를 다루고 있다. 하이데거는 다음과 같이 말하고 있다: "죽음에 이르는 본래적 존재는 가장 고유하고 몰교섭적인 가능성 앞에서 회피할 수도 없고 이렇게 도피하면서 그 가능성을 은폐할 수도 없으며 일상인의 상식에 맞추어 해석을 바꿀 수도 없다. 따라서 죽음에 이르는 본래적 존재의 실존론적 기투는 그러한 존재의 계기들, 즉 본래적 존재를 상술한 가능성에 대해 도피하지 않고 은폐하지 않는 존재라는 의미에서의 죽음의 이해로서 본래적 존재를 구성하는 그러한 존재의 계기들을 밝혀내야만 한다."[215]

하이데거는 이렇게 죽음의 적극적인 가능성에 대해서 현존재가 취할 수 있는 가능한 태도를 기대(Erwarten)라고 부르고 있다. 그러나 하이데거에 따르면 이러한 기대는 죽음의 적극적인 가능성을 드러내지는 않는다. 기대를 통해서 죽음의 의미를 이해하려는 것은 너무 소극적인 태도일 뿐이다. "모든 기대는 그것이 기대하고 있는 가능한 것이 과연 언제 어떻게 실제적으로 존재하게 될 것인가를 기반으로 해서 그 가능한 것을 이해하고 또 가지고 있는 것이다. 기대한다는 것은 가능한 것으로부터 때때로 눈을 떼어서 그것의 가능한 실현으로 눈을 돌리는 게 아니라 본질적으로 이러한 실현을 기다리는 것이다."[216] 하이데거가 현존재를 죽음에 이르는 존재로 규정하는 것은 죽음의 실현에 의미를 두는 것이 아니라 누구에게나 다가오는 죽음

>215 SZ, 260쪽.
>216 SZ, 262쪽.

의 가능성을 이해시키기 위한 것인데, 가능성으로서의 죽음은 기대 속에서 실현되어야 할 어떤 것을 현존재에게 제공해주지 않는다. 따라서 하이데거는 죽음에 대한 좀 더 적극적이고 실존적인 태도를 제시한다. 하이데거는 현존재가 기대가 아니라 앞서달려감(Vorlaufen)을 통해서 죽음의 본래적인 가능성을 잘 이해할 수 있다고 생각한다.

하이데거에 따르면 죽음의 가능성은 현존재의 존재가능을 잘 드러내준다. 현존재는 죽음으로 앞서달려감으로써 자신의 극단적인 존재가능을 개시한다. 즉 현존재는 죽음으로의 가능성으로 자신을 내던짐으로써 자기 자신의 존재를 이해하고 실존하게 된다. 하이데거는 이 점을 다음과 같이 강조하고 있다: "앞서달려감은 가장 고유하고 가장 극단적인 존재가능을 이해할 가능성으로서, 말하자면 본래적 실존의 가능성으로서 증명된다. 본래적인 실존의 존재론적인 틀은 죽음에로의 앞서달려감의 구체적인 구조를 밝혀내면 틀림없이 보이게 될 것이다."[217]

앞서달려감은 우리로 하여금 현존재가 자신의 가장 고유한 존재가능, 즉 죽음을 자신 스스로가 받아들이지 않으면 안 된다는 것을 말해준다. 오히려 이러한 앞서달려감을 통해서 비타협적이고 고유한 죽음은 현존재를 현존재 자신으로 단독으로 있게 한다. 이렇게 현존재를 자기 자신으로 혼자 있게 하는 것은 죽음으로의 앞서달려감이 실존의 한 과정이라는 것을 말해준다. 그런데 이러한 홀로있음(Vereinzelung)은 이러저러한 존재자에 몰두해 있는 것 그리고 타자와 더불어 함께 있다는 것이 죽음 앞에서는 아무런 소용이 없다는 것을 말해준다. 왜냐하면 죽음은 다른 누구의 죽음이 아니라 나의 죽음이며

[217] SZ, 263쪽.

그 죽음은 결코 어떤 것에 의해서도 대체될 수 없는 것이기 때문이다. 이러한 홀로있음은 죽음의 본래적인 의미가 그렇듯이 결코 부정적인 것을 의미하지 않는다. 하이데거는 이러한 죽음 앞에서 마주해야만 하는 홀로있음의 상황 속에서 현존재는 본래적인 자기 자신으로 있을 수 있다는 점을 강조하고 있다.

　　물론 이러한 홀로있음의 상황에서 죽음의 비타협적이고 뛰어넘을 수 없는 가능성은 현존재로 하여금 자기 자신을 포기하도록 할 수도 있다. 그러나 현존재는 이러한 상황 속에서 죽음으로의 앞서달려감을 통해서 뛰어넘을 수 없는 것처럼 보이는 죽음을 회피하지 않고 도리어 그것을 향해 자신을 내던지게 할 수 있다. 처절하게 홀로있음 속에서 현존재는 자신의 진정한 존재를 돌아보게 된다. 이렇게 죽음을 향해 자신을 내던짐으로써 현존재는 자기 상실로부터 벗어나게 되고 그때마다의 일상적인 존재이해를 극복하게 한다. 하이데거는 여기에서 죽음의 가능성으로 앞서달려감의 의미를 다음과 같이 정리하고 있다: "앞서달려감은 현존재에게 일상인 자신 속에 상실되어 있음을 드러내고 현존재를 배려적인 고려에 일차적으로 의존하지 않고 그 자신으로 있을 가능성 앞에 직면시킨다. 그러나 그 자신이란 일상인의 환상으로부터 해방된 정열적이고 현실적이고 자기 자신을 확신하고 불안해하고 있는 죽음을 향한 자유 가운데에 있는 자신인 것이다."[218]

2) 현존재의 결단성

하이데거는 54절에서 현존재의 본래적 존재가능을 입증해주는 것이 무엇인지에 대해서 논의하고 있다. 현존재는 우선 대개 일상인 자신이라는 모습으로 있지만 이것은 비본래적인 현존재의 모습이라는 것이 지금까지의 현존재분석을 통해서 확인되었다. 그러나 하이데거는 54절부터는 현존재의 본래적 모습에 대해서 다루고 있다.

비본래적인 현존재, 즉 일상인 자신은 자신의 존재가능에로 끊임없이 선택하는 것을 회피하고 아무것도 아닌 자로 남아 있으려고 한다. 그러나 하이데거에 따르면 현존재는 이러한 비본래성 속에서 빠져나와 일상인 속에서 상실된 자신이 모습을 만회해야만 한다. 현존재는 일상인으로부터 본래적인 자기로 되돌아올 수 있는 선택을 해야만 하는 것이다. 이러한 선택은 어떻게 가능할까? 하이데거의 다음과 같은 말에 귀를 기울여 보자: "… 현존재는 일상인 속에 상실되어 있기 때문에 먼저 자기를 찾지 않으면 안 된다. 도대체 자기를 찾기 위해서는 현존재는 자기의 가능한 본래성에 있어서 자기 자신에게 제시되지 않으면 안 된다. 현존재는 가능성에 따라서 그때마다 이미 그 자신으로서 있는 바 하나의 자기존재가능(Selbstseinkönnen)을 입증할 필요가 있다."[219]

하이데거는 이렇게 현존재가 자신의 존재가능을 입증할 수 있는 것이 양심의 소리(Stimme des Gewissens)라고 말한다. 양심이라는 용어는 여기에서 인간의 도덕적인 성향이나 심리학적인 성향을 드러내는 것이 아니라 현존재가 일상인이라는 존재방식으로부터 본래적인

---

[219] SZ, 268쪽.

방식으로 되돌아오게 하는 실존론적이고 존재론적인 현상을 의미한다. "양심은 현존재의 현상이지 결코 돌발적으로 일어나는 사실이나 때때로 눈앞에 있는 사실이 아니다. 양심은 오로지 현존재라는 존재양식 속에만 있으며 그때마다 오직 현실적인 실존과 함께 그리고 현실적인 실존 안에서만 현실로서 입증될 뿐이다."[220]

이러한 양심의 구체적인 역할은 무엇일까? 양심은 현존재로 하여금 어떤 것을 알아차리게 한다. 양심은 현존재에게 어떤 것을 개시한다. 즉 양심은 현존재 자신이 비본래적인 상태에 있다는 것을 깨닫게 한다. 양심은 현존재 자신의 존재위치를 고지한다. 이러한 양심은 일상성 속에서 잊어버렸던 자신의 본래적인 모습으로 다시 되돌아가라고 현존재에게 은밀하게 말을 건다. 하이데거는 이러한 양심의 특징을 부름(Ruf)이라고 말한다. "양심의 부름은 현존재를 그의 가장 고유한 존재가능으로 불러낸다는 특성을 갖고 있으며, 불러낸다는 것은 현존재를 그가 독자적으로 책임이 있다는 데로 불러일으킨다는 방식을 취한다."[221]

현존재가 이러한 양심의 소리에 귀를 기울이는 것은 자신의 실존을 적극적으로 결단하는 행위이다. 양심의 소리에 귀 기울이는 것은 현존재의 결단성(Entschlossenheit)에 의해서 가능하다. 하이데거는 이하의 해석에서 이러한 양심의 실존론적 존재론적 특성에 대해서 상세하게 설명하고 있다. 그러나 이러한 하이데거의 작업은 새로운 윤리학을 구축하려는 것을 의미하지 않고 현존재가 자신의 실존을 수행하기 위한 현상학적인 토대를 제시하기 위한 것이다.

>220 SZ, 269쪽.

>221 SZ, 269쪽.

하이데거는 55절에서 양심의 실존론적, 존재론적 토대를 언급하고 있다. 그에 따르면 양심이라는 현상은 처해있음, 이해 그리고 말과 함께 현존재의 개시성을 잘 드러내주는 것이다. 이러한 양심에 대해서 다루는 것은 현존재의 본래적 존재를 그 개시성에 의해서 더 근원적으로 분석하는 것을 가능하게 한다.

하이데거가 28절 이하에서 언급하고 있듯이 현존재는 처해있음과 이해 속에서 자신의 가능성을 향해 자신을 기투하거나 일상인으로 전락한다. 현존재는 여기에서 일상인으로 전락하면서 공공성과 공허한 말 속에서 자기를 상실해버리고 결국 자신의 내면의 실존적인 소리에는 귀를 기울이지 않게 된다. 이러한 일상인은 날마다 새로워지는 공허한 말과 다양해지는 애매한 말에 현혹되어 있을 뿐이다. 이렇게 현혹되어 있다는 것을 알아차리게 하는 것이 바로 양심이다. 양심은 일상성 속에 빠져 있는 현존재를 거기에서 벗어나도록 불러내는 것이다. 이러한 양심의 부름은 말의 본래적인 양상이기도 하다. 그러나 이러한 양심의 부름은 소리를 내서 발음되는 것은 아니다. 양심의 부름은 본래적인 자기로 되돌아오려고 결단하는 자에게 내면의 메아리 소리로 다가오게 된다.

하이데거는 이러한 양심의 부름이 지닌 특성을 56절에서 상세하게 다루고 있다. 하이데거는 여기에서 현존재가 언제나 자기를 이해하고 있다는 것을 강조하면서 이러한 현존재가 양심의 부름과 마주칠 수 있다고 말한다. 이러한 양심의 부름은 현존재가 세속적인 삶 속에 자신을 숨기려고 하는 성향을 무시한다. 이러한 양심의 부름 속에서 일상인은 스스로 붕괴되는 것이다. 앞에서 양심의 부름은 처해있음, 이해와 동근원적인 실존틀인 말의 한 양상이라고 했다. 그러나 양심의 부름은 현존재에게 이러저러한 존재자에 대해서 말하는 것을 의미하지 않는다. 그렇다면 양심은 현존재에게 무엇을 불러다주는 것일까? 하이데거는 이 점에 대해서 다음과 같이 말한다: "부름은 아무것도 진술하지 않으며 세계의 사건에 대해 아무런 정보도 주지 않고 어떠한 이야깃거리를 가지고 있지 않다. 부름은 부름 받는 자기 안에서 자기의 대화를 시작하려고 애쓰지도 않는다. 부름 받은 자기에게 아무것도 불러다주지 않고 오히려 그 자기가 자신을 향해, 즉 그의 가장 고유한 존재가능을 향해 불러세워 지는 것이다."[222]

하이데거는 여기에서 양심의 부름이 소리로 표현되지 않으며 한결같이 오로지 침묵의 양상으로 다가온다는 것을 강조한다. 여기에서 양심의 소리에 부름을 받은 현존재는 자기 자신에 대해서 침묵하도록 강요당한다. 침묵 속에서 양심은 끊임없이 현존재의 자기를 일상 속에서 일어나는 자기상실로부터 불러내 세운다. "우리는 양심을 부름이라고 특징지었으나 그 부름은 일상인-자기를 그 자기 속에서 불러내는 것이다. 이러한 불러냄으로서의 부름은 자기를 그 자기존재가능을 향해 불러세우는 것이며, 따라서 현존재를 그의 가능성을 향해 호출하는 것이다."[223]

현존재는 양심 속에서 자기 자신을 부르는데, 양심의 부름은 막연히 있는 존재자처럼 그렇게 있지 않으며 객관적으로 존재하는 것도 아니다. 그렇다면 이러한 양심의 부름은 도대체 어디에서 오는 것일까? 현존재는 본래적 자기존재의 가능성 속에서 자신을 부르는 자이면서 동시에 양심의 부름을 받는 자이다. 하이데거는 다음과 같이 말하고 있다: "부름은 물론 우리 자신에 의해서 계획되지도 않고 준

>222 SZ, 273쪽.

>223 SZ, 274쪽.

비되지도 않으며 의도적으로 수행되지도 않는다. 기대와 의지에 반해 그것이 부른다. 다른 한편 부름은 의심의 여지없이 나와 함께 이 세계에 있는 타자로부터 오는 것도 아니다. 부름은 나의 안으로부터 오지만 나를 초월한다."[224]

양심의 부름은 낯설고 친근하지 않은 것이며 우리가 불안 속에 처해 있다는 것을 드러낸다. 하이데거는 이러한 양심의 부름을 염려 (Sorge)의 부름이라고 말한다. 앞서 언급한 바 있는 현존재의 모든 존재 구성틀을 각인하는 염려가 바로 양심의 부름을 가능하게 한다는 것이다.

하이데거는 58절에서 이러한 양심의 부름은 현존재가 자신의 존재가능에 대해 책임이 있다는 것을 알려준다고 주장한다. 현존재의 존재양식은 본래성과 동시에 비본래성이 속하는데 여기에서 현존재는 자신의 본질, 자신의 존재로부터 쉽게 벗어날 수 있는 가능성을 지니고 있다. 양심은 바로 이러한 현존재가 자신의 존재에 대해서 책임을 져야 한다는 것을 말해주기 위한 것이다. 하이데거는 이 점을 다음과 같이 언급하고 있다: "그 존재가 염려인 존재자는 현실적인 책임을 자신에게 지울 수 있을 뿐만 아니라 자기 존재의 근거에 있어서 이미 책임이 있다."[225] 현존재는 자신을 일상인 속에서 야기되는 상실로부터 자기 자신으로 되돌려야 하는 책임을 갖고 있다. 이것은 현존재의 존재는 현존재 자신에게 책임이 있다는 말이다. 이러한 하이데거의 주장은 그의 철학이 실존철학의 면모를 지니고 있음을 단적으로 드러내주는 부분이기도 하다.

하이데거는 60절에서 이렇게 자신의 존재에 대해서 스스로 책임

---

[224] SZ, 275쪽.
[225] SZ, 286쪽.

져야 하는 현존재가 결단성(Entschlossenheit)을 획득해야 한다는 점을 강조하고 있다. 현존재의 결단성은 현존재 자신이 양심의 부름에 귀를 기울이고 스스로 자신의 존재에 대해서 책임지려는 적극적인 실존적인 행위인 것이다. "자신의 양심에 의해 현존재 속에서 입증된 본래적이고 두드러진 개시성 — 가장 고유한 책임존재를 향해 말없이 불안에 대비하는 자기 기투 — 을 우리는 결단성이라고 부른다."[226] 결단성을 통해서 현존재는 양심의 부름에 응답할 수 있고 이를 통해서 자신의 고유한 존재가능성을 실현시킬 수 있다. 이런 점에서 결단성은 현존재의 개시성의 적극적인 방식이라고 말할 수 있는데, 이것은 다음과 같은 하이데거의 언급에서 잘 살펴볼 수 있다: "결단한 현존재는 스스로 선택한 존재가능의 궁극적인 목적에 입각해서 세계를 향해 자기를 열어놓는다. 자기 자신에 대한 결단성으로 인해 현존재는 비로소 함께 있는 타자들로 하여금 그들의 가장 독자적 존재가능에 있어서 존재하게 할 수 있고 모범을 보이면서 해방시켜주는 고려 속에서 그들의 존재가능을 함께 개시할 수 있는 것이다."[227]

>226 SZ, 296쪽.
>227 SZ, 298쪽.

나오는 말

우리는 지금까지 하이데거철학의 기본적인 특징들에 대한 논의를 바탕으로 『존재와 시간』에 대한 해석을 전개하였다. 하이데거철학의 특징은 전통철학에서 논의된 다양한 주제에 대한 논의를 통해서 존재에 대한 심층적인 사유를 제시하고 있다는 점이다. 이러한 존재에 대한 사유는 고대 그리스에서부터 시작된 것인데, 이것은 중세와 근대를 거쳐 현대에 이르기까지 지속적으로 철학적인 탐구의 중심주제로 자리 잡고 있다. 그런 점에서 우리는 서양철학의 역사를 존재론의 역사라고 규정할 수 있을 것이다. 그러나 하이데거는 이처럼 서양철학의 흐름을 존재론의 역사로 규정하는 것에 동의하면서도 존재에 대한 물음이 서양철학의 시원에서부터 올바르게 제기되지 않았다고 비판하고 있다. 『존재와 시간』은 존재에 대한 전통철학의 이해를 비판하는 하이데거의 독특한 사유를 잘 드러내준다.

하이데거의 『존재와 시간』은 존재에 대한 독특한 해석 위에서 전통철학과는 다른 방식으로 존재에 대한 논의를 전개해나간다.[228] 그에 따르면 서양철학의 역사는 존재망각의 역사이며 이를 극복하기 위해서는 존재에 대한 전향적인 이해가 필요하다. 하이데거에 따르면 플라톤의 이데아, 아리스토텔레스의 우시아를 비롯해서 데카르트의 정신과 물질의 이원론, 칸트의 주관, 셸링의 인격, 헤겔의 절대정신과 같은 개념들은 우리에게 존재의 의미를 올바르게 제시해줄 수 없다. 이러한 개념들은 모두 막연히 있는 존재자(das Vorhandene)에 근거해서 전개된 존재론일 뿐이다. 비록 이러한 존재이해가 존재자의 존재에 대해서 다양한 방식으로 물음을 제기하지만 여기에서는 존재와 존재자 사이에 숙명적으로 놓여 있는 존재론적 차이에 대한 근원적인 이해가 왜곡되어 있을 뿐이다. 존재론적 차이에 대한 이러한 오해는 우선적으로 존재에 대한 잘못된 이해에서 생겨난 것이지만 이것은 또한 존재자, 즉 존재에 대해 물음을 제기하는 탁월한 존재자인 현존재에 대한 잘못된 이해에서 기인한다. 이런 이유에서 하이데거는 고대 그리스에서부터 현대에까지 이어지는 존재물음의 해체를 시도하면서 인간에 대한 새로운 이해를 제시하려고 한다. 하이데거는 『존재와 시간』에서 존재론과 형이상학, 현상학과 해석학적 그리고 실존철학적인 관점에서 이러한 작업을 전개했는데, 특히 기초존재론과 현존재분석론은 바로 이러한 작업의 중요한 결과라고 할 수 있다.

하이데거는 『존재와 시간』에서 존재물음의 올바른 전개를 위해서 먼저 전통철학에서 사용된 근본개념들, 즉 범주들에 대한 해체를 시도한다. 존재론적 차이, 현존재, 세계-내-존재, 실존, 막연히 있는 존

>228 우리는 하이데거가 고대 그리스철학의 주요개념들, 예를 들면 physis, logos, aletheia와 같은 개념들을 독창적으로 해석하는 것을 긍정적으로 평가할 수 있다. 그러나 이러한 하이데거의 해석에 대해서 많은 비판이 있다는 점을 간과해서는 안 된다. 특히 C. Iber에 따르면 Beierwaltes는 고대 그리스철학의 주요개념에 대한 하이데거의 해석이 고대 그리스어의 본래적인 의미를 제공하지 못한다고 비판하고 있다. Dieter Thomä(Hrsg), *Heidegger Handbuch. Leben-Werk-Wirkung*, Stuttgart 2003, 238쪽.

재자, 도구존재자, 현사실성, 내던져있음, 이해, 말, 침묵, 불안, 공포, 양심, 빠져있음, 죽음을 향한 존재, 탈자, 시간성, 결단성, 개시성 등의 용어들은 하이데거가 자신의 독특한 존재이해를 구축하기 위해 사용하는 실존범주들인 것이다. 하이데거는 현존재의 시간성을 토대로 이러한 다양한 실존범주들을 사용하여 현존재분석론을 구축한다. 이미 언급했듯이 『존재와 시간』의 궁극적인 목표는 시간이라는 지평을 바탕으로 존재의 의미를 제시하는 것인데, 이러한 작업은 현존재분석론 속에서 다양한 방식으로 전개된다. 물론 엄밀히 말하자면 우리는 하이데거의 철학을 각인하는 존재물음이 『존재와 시간』에서 충분하고 완전하게 논의되었다고 주장할 수는 없을 것이다. 『존재와 시간』에서 존재에 대한 논의는 어떤 식으로든 현존재의 존재를 중심으로 전개되는 제한적인 것이기 때문이다. 하이데거는 이런 점에서 『존재와 시간』의 문제점과 한계를 인정해야만 할 것이다. 그러나 이러한 한계에도 불구하고 하이데거는 『존재와 시간』에서 존재에 대한 물음을 제기할 수밖에 없는 현존재의 존재론적인 특징과 의미들을 다양한 방식으로 충실하게 논의함으로써 우리로 하여금 존재에 대한 보다 심도 있는 논의의 지평으로 진입할 수 있는 기회를 충분하게 제공하고 있다는 점을 부인할 수는 없다. 특히 『존재와 시간』에서 전개되는 현존재의 존재론적-해석학적-실존철학적 특성에 대한 상세한 논의들은 전통철학과는 다른 방식으로 인간의 존재에 대한 깊은 성찰을 가능하게 해주고 나아가 우리가 현대사회에서 겪고 있는 다양한 문제들을 올바르게 진단하고 그 해결책을 제시할 수 있는 철학적인 지표를 제공해줄 수 있을 것이다. 비록 난해하고 독창적인 용어사용 때문에 하이데거의 사상을 올바르게 이해한다는 것이 쉬운 일은 아니지만 우리는 존재물음을 통해서 전통철학의 다양한 철학적인 논의

들을 해체하는 그의 철학적 사유의 길을 함께함으로써 철학이 제시
해주어야 하는 궁극적인 의미의 세계에 한 발자국 더 가까이 다가갈
수 있을 것이다. 그런 점에서 『존재와 시간』은 우리 시대의 철학함의
여정을 비추어줄 수 있는 훌륭한 지침서가 될 수 있을 것이다.

참고문헌

1차문헌

Martin Heidegger, *Sein und Zeit*(16. Aufl.), Tübingen 1986.

Martin Heidegger, Gesamtausgabe Bd. 3, *Kant und das Problem der Metaphysik*, Frankfurt a.M. 1973.

Martin Heidegger, Gesamtausgabe Bd. 9, *Wegmarken*, Frankfurt a.M. 1976.

Martin Heidegger, Gesamtausgabe Bd. 24, *Die Grundprobleme der Phänomenologie*, Frankfurt a.M. 1975.

Martin Heidegger, Gesamtausgabe Bd. 55, *Heraklit*, Frankfurt a.M. 1979.

2차문헌

Aristoteles, *Metaphysik*, Hamburg 1994.

Arthur Schopenhauer, *Die Welt als Wille und Vorstellung*, Erster Band(hrsg. von W.F. von Löhneysen), Frankfurt a. M. und Leipzig 1996.

Barry Stocker, *Derrida on Deconstruction*, Oxon 2006.

Bernhard Taureck, *Levinas zur Einführung*, Hamburg 2000.

Brian Leiter, *Nietzsche on Morality*, London 2002.

Christian Iber, *Heidegger Handbuch*(Hrsg. von Dieter Thomä), Stuttgart 2003.

Cohen, *Logik der reinen Erkenntnis*, Berlin 1914.

Edelgard Spraude(Hg.), *Großen Themen Martin Heideggers*, Freiburg im Breisgau 1994.

Edmund Husserl, Gesammelte Werke Bd. 19, *Logische Untersuchungen*, Den Haag
  1975.

Günther Figal, *Heidegger zur Einführung*, Hamburg 1992.

G. Haeffner, *Heideggers Begriff der Metaphysik*, München 1981.

Hans-Georg Gadamer, *Heideggers Wege*, Tübingen 1983.

Hans-Georg Gadamer, Gesammelte Werke Bd. 1, *Hermeneutik 1. Wahrheit und
  Methode*, Tübingen 1990.

Herbert Schnädelbach, *Philosophie in Deutschland 1831-1933*, Frankfurt a. M.
  1983.

I. Kant, *Kritik der reinen Vernunft*, Hamburg 1990.

J-P. Sartre, *Sein und Nichts*(übszt. von H. Scöneberg und T. König), Hamburg
  1997.

Margot Fleischer, *Die Zeitanalysen in Heideggers "Sein und Zeit"*, Würzburg 1991.

Nicholas Royle, *Jacques Derrida*, Oxon 2003.

Hugo Otto, *Martin Heidegger. Unterwegs zu seiner Biographie*, Frankfurt a.M.
  1988.

T. W. Adorno, Gesammelte Schriften Bd. 6, *Negative Dialektik. Jargon der
  Eigentlichkeit*, Frankfurt a. M. 1977.

데리다, 『그라마톨로지』, 김성도 옮김, 민음사 1996.

존 레웰린, 『데리다의 해체주의』, 서우석 · 김세중 역, 문학과 지성사 1998.

M. Jay, 최승일 옮김, 『아도르노』, 지성의 샘 1995.

찾아보기